문재인
사람들

# 문재인 사람들

## 누가 새 정부를 움직이는가

한국경제신문 편집국 지음

**한국경제신문**

# 새 정부에 대한 기대,
# 결국은 사람이다

문재인 대통령 시대가 열렸습니다.

문재인 대통령 시대는 과거와 많이 다를 거라고들 합니다. 문 대통령 자체가 온유한 성품을 지녔습니다. 원칙을 지키려는 의지도 충만합니다. 참여정부에 깊숙이 참여하면서 시행착오도 겪었습니다. 그래서 국민들의 기대는 그 어느 때보다 큽니다.

따지고 보면 정권의 운명을 좌우한 것은 결국 사람이었습니다. 누가 정책결정에 깊숙이 관여하느냐에 따라 정책의 성패가 결정됐습니다. 환호성을 자아내기도, 되돌리기 힘든 후유증을 낳기도 했습니다. 대선 승리에 공헌했다는 이유로, 허울만 그럴듯한 사람들이 '완장'을 찬 채 활개치면 그 정권은 반드시 욕을 먹고 말았습니다. 반대로 '실세'들은 뒤로 물러난 뒤, 전문가적 식견과 경험, 그리고 국가와 민족에 대한 무한한 열정을 가진 사람들이 정책을 입안하고 실행하면 국민들은 후한 점수를 줬습니다.

그래서 정권 초기에는 대통령 주변 사람들에 대한 관심이 뜨겁습니다. '문고리 3인방'이니, '3철'이니 하는 말들도 그래서 나왔습니다. 새 정부가 인사를 할 때마다 이런저런 말들이 나도는 것도 과연 인사권에 영향을 미치는 사람이 누구인지에 따른 궁금증 때문일 것입니다.

문재인 대통령의 인사에 대한 평가는 다행히 괜찮습니다. 물론 아직 임기 초반 중 초반인 데다, 중요 직책을 맡을 사람들이 발표되지 않아 섣부른 평가일 수 있습니다. 하지만 청와대 참모들의 면면만 보면 문 대통령의 이지가 읽혀집니다. 방병과 능력 위주 인사를 통해 일하는 청와대, 일하는 내각을 만들겠다는 의지가 그것입니다.

문재인 대통령을 만든 주요 참모들이 중요 보직을 맡지 않겠다고 선언한 것도 높은 점수를 얻고 있습니다. 이런 모습이 계속 이어져 정말 국가와 국민을 편안하게 하는 문재인 정부가 되기를 기대합니다.

문재인 대통령을 만들고 문재인 정부를 이끌어갈 사람들은 크게 세 부류로 나눌 수 있습니다. 더불어민주당 전·현직 의원 및 당료가 첫 번째입니다. 문 대통령 자신이 "이 정부는 문재인 정부가 아니라 민주당 정부"라고 말할 정도로 더불어민주당은 문재인 정부의 버팀목입니다.

노무현 전 대통령의 참여정부 시절 내각에서 일한 각료들과 청와대에서 노 전 대통령을 보필한 참모들도 문 대통령의 중요한 자산입니다. 이들은 '10년의 힘 위원회'를 만들어 대선기간 중 맹활약했습니다. 특히 참여정부 시절 청와대 참모들은 문 대통령과 인간적으로 교류하면서 궂은 일을 도맡아 해온 주인공들입니다.

선거 기간 중 외부에서 영입한 교수 등 전문가그룹도 문재인 대통령의 든든한 원군입니다. 대학 교수 등 전문가 1000여 명이 참여한 싱크탱크 '정책공간 국민성장'을 비롯해 전직 외교관 지지 그룹인 '국민 아그레망', 군 출신 지지모임인 '더불어 국방안보포럼' 회원이 그들입니다. 이들은 문재인 정부의 중요 자리에 임명되면서 문재인 대통령의 국정 철학을 실천에 옮겨가고 있습니다.

이 책은 세 부류의 문재인 대통령 사람들을 모은 것입니다. 이 책을 내는 시점에 조각이 완료되지 않아 문재인 정부의 첫 내각을 온전히 다 담지는 못했습니다. 측근이나 인맥이 아닌, 전문성과 도덕성을 기준으로 인재를 영입하겠다고 한 만큼 의외의 인물이 등장할 수도 있습니다. 하지만 책에 소개한 사람들 상당수가 문재인 정부 5년 동안 중요한 역할을 할 것임은 분명해 보입니다. 이들이 어떤 인생을 살아왔고, 어떤 철학을 갖고 있으며, 어떻게 문재인 대통령의 국정철학을 이행할지를 살펴보는 것만으로도 큰 도움이 될 것으로 확신합니다.

책을 펴내는 과정에서도 후속인사가 발표되고 있습니다. 따라서 책에는 인사 내용을 다 싣지 못했습니다. 양해를 구합니다. 장관급 지명자 중에서는 국회 인사청문회를 거쳐야 하는 사람이 많습니다. 청문회를 통과한다는 전제로 후보자라는 말은 쓰지 않았습니다.

이 책을 내기 위해 한국경제신문 편집국의 모든 기자들과 한경BP

가족들이 한마음으로 노력했습니다. 정말 고생 많았습니다. 처음부터 끝까지 격려해주신 김기웅 한국경제신문 사장님과 한경준 한경BP 대표님의 열정이 없었으면 단기간 내 책이 나올 수 없었음도 밝힙니다. 두루두루 감사드립니다.

2017년 5월 20일
한국경제신문 편집국장
현승윤

**강철규** 전 공정거래위원장
**金東硏** 아주대 총장
**김석동** 전 금융위원장
**김용덕** 전 금융감독위원장
**김조원** 전 감사원 사무총장
**김진경** 전 청와대 교육문화비서관
**김화중** 전 보건복지부 장관
**박봉흠** 전 기획예산처 장관
**박선원** 전 통일외교안보전략비서관
**박종헌** 전 공군참모총장
**변양균** 전 기획예산처 장관
**성경륭** 전 국가균형발전위원장
**송영무** 전 해군참모총장
**신현수** 전 청와대 사정비서관
**양정철** 전 청와대 홍보기획비서관
**오거돈** 전 해양수산부 장관
**오종식** 전 청와대 행정관
**위성락** 전 러시아 대사
**유홍준** 전 문화재청장
**윤대희** 전 청와대 경제수석

**윤덕홍** 전 교육부총리
**윤태영** 전 청와대 대변인
**이수혁** 전 북핵6자회담 수석대표
**이영탁** 전 국무조정실장
**이정환** 전 한국거래소 이사장
**이종석** 전 통일부 장관
**이헌재** 전 경제부총리
**이호철** 전 청와대 민정수석
**전윤철** 전 감사원장
**정동채** 전 문화관광부 장관
**정만호** 전 청와대 의전비서관
**정세현** 전 통일부 장관
**정승조** 전 합참의장
**정의용** 전 주제네바대표부 대사
**정찬용** 전 청와대 인사수석비서관
**정태호** 전 청와대 정무비서관
**조병제** 전 주말레이시아 대사
**지은희** 전 여성부 장관
**추병직** 전 건설교통부 장관

**김광두** 서강대 석좌교수
**김기정** 연세대 행정대학원장
**김상곤** 전 경기교육감
**김현철** 서울대 국제대학원 교수
**김호기** 연세대 교수
**문정인** 연세대 명예특임교수
**박　승** 전 한국은행 총재
**이무원** 연세대 교수

**이진석** 사회수석실 사회비서관
**정해구** 성공회대 교수
**조대엽** 고려대 노동대학원장
**조흥식** 서울대 교수
**최정표** 건국대 교수
**최종건** 연세대 교수
**한완상** 전 한성대 총장

### 제1장

# 문재인과
# 문재인 사람들

# 제19대 대한민국 대통령
## 문재인, 그는 누구인가

### '문제아'였던 문재인

문재인은 대한민국 제19대 대통령이다. 2017년 5월9일 실시된 조기대선에서 당선됐다. 그는 6·25전쟁 중이던 1953년 1월24일 경남 거제에서 2남3녀 중 장남으로 태어났다. 그의 아버지는 함경남도 흥남 출신으로 1950년 12월 흥남철수 작전 당시 고향을 떠나 월남해 경남 거제 피란민수용소에서 정착했다.

부산 영도 판잣집에서 살던 시절 부친의 장사 실패 후 강냉이(옥수수)죽 급식으로 끼니를 때우고 모친의 연탄 배달을 도우며 생계를 꾸렸을 정도로 집안 형편이 넉넉지 못했다. 문 대통령은 2011년 펴낸 자서전 《운명》에서 "가능하면 혼자서 해결하는 것, 힘들게 보여도 일단 혼자 힘으로 해결하려고 부딪쳐 보는 것, 이런 자세가 자립심과 독립심을 키우는 데 많은 도움이 됐다고 생각한다. 가난이 내게 준 선물"이라고 썼다.

경남중·고교 시절에는 공부만 잘하는 모범생은 아니었다. 친구에게 시험 답안지를 보여주고, 폭력 교사에게 반항해 해당 과목을 공부하지 않기도 했다. 친구와의 의리를 지키기 위해 싸움판에 뛰어들어 네 번이나 정학당했고, 술과 담배도 한 '문제아(경남고 시절 별명)'였다.

## 대입과 사법고시 모두 '재수'로 성공하다

재수 끝에 1972년 경희대 법대에 들어갔다. 하지만 공부보다는 유신 반대 시위를 이끄는 데 앞장섰다. 1975년 4월 인혁당 관계자들이 사형당한 다음날 대규모 유신 독재 화형식을 주도해 서대문구치소에 4개월 동안 수감됐다. 장남에게 실망한 부친은 한 번도 면회를 오지 않았다. 이를 계기로 구속돼 대학에서 제적되고 강제 징집당했다. 특전사령부 제1공수 특전여단에 배치돼 31개월의 군 생활을 마쳤다. 자의가 아니라 타의에 의한 입대였지만 그의 특전사 군대 경력은 안보관 논란이 불거질 때마다 방패막이가 됐다.

제대 후 시위와 구속 전력으로 복학의 길은 막혀 있었고 취업도 힘들었다. 그 와중에 아버지가 돌아가시는 아픔을 겪었다. 문 대통령은 사법고시 공부를 하게 된 배경에 대해 "뒤늦게나마 한 번이라도 잘되는 모습을 보여드리고 싶다는 아들로서의 결심"이었다고 했다. 선친의 49재를 마친 다음날 전남 해남 대흥사에 들어가 고시공부에 몰입했다. 누우면 잠이 올까봐 방에 물을 뿌리며 공부에 전념했다. 이듬해인 1979년 1차 사법시험에 합격했다. 학내 시위와 공부를 병행하던 문 대통령은 1980년 '서울의 봄' 시위에 나섰다가 계엄령 위반으로 군사재판에 회부됐다. 결국 경찰서 유치장에서 2차시험 합격 통지서를 받았다.

## 노무현과 운명적으로 만나다

문 대통령은 사법연수원 시절 7년 연애한 같은 대학 성악과 2년 후배인 김정숙 여사(63)와 결혼했다. 대학 축제에서 만난 김 여사는 문 대통령을 만나기 위해 감옥, 군대, 대흥사 등을 찾아 다녔다. 김 여사는 "나를 자유롭게 해줄 것 같아서 재인씨와 결혼했다"고 말하기도 했다.

문 대통령의 사법연수원 동기로는 고(故) 조영래 변호사, 박원순 서울시장, 박시환 전 대법관, 송두환 전 헌법재판관, 이귀남 전 법무부장관, 박병대 대법관 등이 있다. 사법연수원을 차석으로 졸업했지만 시위 전력 때문에 판사에 임용되지 못했다. 결국 1982년 부산으로 내려와 변호사로 활동하던 중 운명적으로 노무현 전 대통령을 만났다. 노 전 대통령과 합동법률사무소를 차리고 인권변호사의 길을 걸으며 시국사건을 맡았다. 그 인연으로 2002년 당시 노무현 대선후보의 부산선거대책본부장직을 맡으며 정계에 입문했다.

노 전 대통령 당선 후 문 대통령은 청와대 민정수석ㆍ시민사회수석ㆍ비서실장을 맡으며 대표적인 '친노(친노무현) 인사'로 자리매김했다. 노 전 대통령 탄핵 당시엔 대리인단 간사 변호인을 맡기도 했다. 문 대통령의 발음이 다소 부정확해진 것도 이때 격무와 스트레스로 치아 10개가 빠졌기 때문이다.

## 2012년 현실 정치에 발을 딛다

노 전 대통령의 계속되는 권유에도 국회의원 선거 출마 등 정치권에 발을 들여 놓기를 꺼린 문 대통령은 노 전 대통령 서거 이후 재단법인 '사람사는 세상 노무현재단' 이사장직을 맡았다. 그 후 2011년 자서전《운명》을 출간하며 현실정치에 발을 내디뎠다.

그는 책에서 "당신(노무현)은 운명에서 해방됐지만, 나는 당신이 남긴 숙제에서 꼼짝하지 못하게 됐다"고 쓰며 정치인 문재인으로 홀로서기를 다짐했다. 2012년 19대 총선에서 부산 사상구에 출마해 국회의원에 낭선됐다. 문 대통령은 "노 전 대통령이 서거하지 않았다면 정치인의 길로 들어서지 않았을 것"이라고 회고한 적도 있었다. 2012년 12월 치러진 제18대 대선에서 역대 야권 후보 최다 득표인 1469만 표(득표율 48%)를 얻었지만 진영 대결의 문턱을 넘지 못하고 51.6%를 얻은 박근혜 전 대통령에게 패했다. 패인 중 하나로 '권력 의지' 부족이 꼽힐 만큼 당시엔 본인의 의지보다 운명에 이끌려 출마했다는 지적을 받았다.

## 인생 세 번째 재수인 대권에 도전하다

이후 차분히 대권 준비를 이어 온 문 대통령은 2015년 2월 새정치민주연합(현 더불어민주당) 당 대표 출마라는 승부수를 던졌고 결국 당선됐다. 그가 10개월간 당 대표직을 맡는 동안 당은 재·보선 패배, 안철수 전 대표의 탈당, 국민의당 분열 등을 겪으며 당 내외에선 그에 대한 사퇴 요구가 빗발쳤다. '친문(親文·친문재인) 패권주의'에 대한 당내 비주류 진영의 비판도 거셌다.

공세를 꿋꿋이 버텨낸 문 대통령은 경제민주화의 상징적 인물인 김종인 씨를 비상대책위원장으로 영입해 정면돌파를 시도했다. 결국 당초 100석도 힘들 것이라던 지난해 4·13 총선에서 민주당은 총 123석의 제1당 자리를 꿰차면서 위기론을 대세론으로 바꿔놓았다. 총선을 앞두고 인재 영입과 10만 온라인 당원을 모으며 당내 기반을 다지면서 권력 의지를 확고히 해왔다는 평가다.

이후 네 차례 당 순회 경선에서 '대세론'을 지속한 문 대통령은 지난달 3일 총 57%의 득표율을 기록하며 민주당 대선후보로 확정됐다. 대학 입학과 사법시험 모두 재수로 합격하는 등 자신을 재수에 강하다고 소개하며 두 번째 대권 도전에 나선 문재인. 그는 적폐청산과 완전히 새로운 대한민국을 약속하며 정치 입문 6년 만에 대한민국호를 이끌어갈 제19대 대통령에 당선됐다.

● ● ●

## 대한민국 '퍼스트레이디' 김정숙 여사

문재인 대통령이 취임하면서 4년여 동안 공백이었던 퍼스트레이디도 새로 탄생했다. 문 대통령의 부인 김정숙 여사(63)가 그 주인공이다. 김 여사는 선거 운동 기간에 '호남 특보(특별보좌관)'라는 별칭을 얻을 정도로 호남 민심을 살뜰히 살폈다. 지역에서는 "김정숙 때문에 문재인을 찍겠다"는 얘기도 나왔다.

그는 경희대 성악과를 다니다 친구의 아는 오빠에게서 문 대통령을 소개받았다. 경희대 법대 총학생회 총무부장이던 문 대통령이 민주화 시위에 앞장서다 최루탄을 맞아 실신했을 때 옆에 있던 김 여사가 물수건으로 얼굴을 닦아줬다는 일화는 유명하다.

김 여사는 문 대통령과의 연애사를 '면회의 역사'라고 말한다. 김 여사는 1975년 문 대통령이 집회 주도 혐의로 구치소에 수감됐을 때 찾아갔다. 야구광이던 문 대통령을 위해 그의 모교 경남고 야구부의 우승 기사가 담긴 신문도 들고 갔다. 문 대통령은 "내가 아무리 야구를 좋아한들 구치소에 수감된 처지에 야구 소식에 무슨 관심이 있을까. 그래도 그런 생각을 한 아내가 기여웠나"고 회고했다. 문 대통령은 김 여사가 군에 면회를 오면서 맛있는 음식이 아니라 안개꽃을 한아름 들고 온 '황당한' 일을 아직도 잊지 못한다.

그렇게 7년의 연애 끝에 "결혼하자"고 먼저 말한 사람은 김 여사였다. 김 여사는 "내가 무슨 일을 하든 자유롭게 해줄 것 같아 좋았다"고 했다. 자유를 꿈꾸는 여성이었지만 부산에서 법무법인을 개업한 남편을 내조하기 위해 단원으로 있던 서울시립합창단을 흔쾌히 그만뒀다.

대선을 두 번 치르면서 김 여사도 검증을 피할 수 없었다. 2012년 18대 대선후보였던 문 대통령이 TV 광고에서 앉은 의자가 수백만원짜리라는 논란이 일었다. 김 여사는 직접 트위터에 "모델하우스 전시 가구로 사용한 의자로 50만원에 구입했다"고 해명했다. 하지만 19대 대선 기간에도 같은 문제가 불거졌고 이 과정에서 말 바꾸기 논란이 있었다. 김 여사는 "남편이 퇴근길 광화문에 나가 막걸리 한잔 할 수 있는 대통령이 되고 싶다 했는데 저도 남대문시장에 가서 장을 보는 보통 사람의 삶을 살고 싶다"고 했다.

## 원칙주의자 문재인의 '통합리더십'

　문재인 대통령은 공식 선거 운동을 전후로 사회 각계 인사를 대거 포진시킨 '매머드급' 대선캠프를 꾸리며 '준비된 대통령'으로서 승부수를 띄웠다. 캠프 규모와 참여 인사의 인력풀(pool)에서 경쟁 후보 캠프들을 압도했다. 무차별식 인사 영입엔 구설수가 뒤따랐다. 선거 운동 기간 내내 영입인사의 과거 행적과 부적절한 발언이 공격 타깃이 됐고, 이들에 대한 논공행상식 포상인사 가능성은 비난을 자초했다. 더불어민주당 내에서조차 대규모 인사 영입은 집권 후 정치세력 간 연대와 협치의 공간을 허물 수 있다는 경계감이 퍼졌다.

　문 대통령은 이에 개의치 않고 "사회 각계 능력 있는 인사를 최대 1만 명 수준까지 영입해 통합정부를 꾸리겠다"고 밀어붙였다. 안철수 국민의당 후보 등 당 지도급 인사의 탈당 책임론으로 불거진 '통합 리더십' 논란을 '통합캠프' 구성으로 정면 돌파한 것이다.

　당 대표 시절 안 후보의 탈당 배수진에 맞서 당 혁신안을 고수한 것이나 2016년 국회의원 총선거를 앞두고 '삼고초려' 끝에 김종인 전 비상대책위원회 대표에게 전권을 맡긴 것 등이 '정면돌파형' 리더십의 사례로 꼽힌다.

　문 대통령은 원칙주의자다. "원칙을 지키는 게 가장 강한 것"이라는 말을 입에 달고 산다고 한다. 사법고시 3차 면접에서 안전기획부 직원이 "과거 학생운동에 반대하느냐"고 묻자 "달라진 것이 없다"고 한 것이나, 청와대 근무 시절 뒷말이 나올까 고교와 대학

동창회에 한 차례도 나가지 않은 것 등은 원칙주의자로서의 성품을 엿볼 수 있는 일화다. '고구마'란 별명도 답답해 보일 정도로 원칙을 앞세우고 신중하다는 뜻에서 붙여졌다.

YS(김영삼) 정권에서 통일부총리를 지낸 한완상 서울대 명예교수는 문 대통령의 골수 '팬'으로 알려져 있다. 한 명예교수는 선거 운동 과정에서 지지 이유를 묻자 "문재인 씨는 역대 대통령들과 캐릭터 자체가 다르다. '권력의지'보다는 '선한 의지'로 충만한 사람이다. 이제 한국에서도 이런 사람이 대통령이 될 때가 됐다"고 말했다.

문 대통령을 옆에서 지켜봐 온 측근들은 리더로서의 쇠고 강점으로 '경청'하는 습관을 꼽는다. 인권변호사의 길을 걸어오면서 피고소·고발인들의 민원을 귀담아들으면서 생긴 습관이 몸에 밴 것으로 추정한다. 이 같은 '경청리더십'은 원칙주의자로서 문 대통령이 범하기 쉬운 '소통부재'의 오류를 상당 부분 상쇄시키고 있다고 측근들은 전한다.

문 대통령이 생각하는 이상적인 리더십은 뭘까. 민주당의 대선 후보로 확정된 직후 한국경제신문과의 인터뷰에서 대통령의 리더십에 대해 언급한 적이 있다. 그는 "시대가 요구하는 리더십은 항상 변한다. 과거 투쟁 시기의 리더십과 민주화 이후 시민들의 권리의식과 주권자 의식이 높아진 시기의 리더십은 다르다. 투쟁 시기에는 뭔가 돌파해내고 부딪치는 리더십이 필요하지만 성숙한 사회가 되면 소통하고 함께 나아가는 민주적인 리더십이 필요하다"는 소신을 밝혔다. 문 대통령은 세종대왕과 프랭클린 루스벨트 미국 대통령을 가장 존경한다고 했다. 진보적이면서 통합적인 리더로 평가받은 점을 이유로 들었다.

정치적 롤모델과 달리 당 안팎에선 문 대통령의 '통합리더십'에 의문을 제기하는 이들도 있다. 대선후보를 정하는 당내 경선 과정에서도 그의 통합리더십이 도마에 올랐다.

친노(친노무현)계의 같은 뿌리를 둔 안희정 충남지사조차 "손학규, 김한길, 박지원, 안철수 등이 모두 당을 떠났다. 그 책임이 전부 문 전 대표에게만 있다고 돌리지는 않겠다. 그러나 당 대표이자 실질적인 리더로서 이 과정에서 통합의 리더십을 효과적으로 발휘하지 못했다"고 날을 세웠다. 또 한 명의 경선후보였던 이재명 성남시장도 "당내에서도 효과적인 리더십을 보여주지 못했는데 대한민국을 어떻게 이끄느냐"고 힐공했다.

이 같은 '문재인 리더십' 논란은 여전히 진행형이다. 여소야대 정국에서 대통령의 통합리더십 부재는 국가적 재앙이 될 것이란 우려가 나온다. 정권교체에 성공한 문 대통령은 이제 사회대통합과 성공적인 국정 운영을 위해 안철수 전 국민의당 후보를 비롯해 홍준표 전 자유한국당, 유승민 전 바른정당, 심상정 전 정의당 후보에게 손을 내밀어야 한다. 그의 통합리더십이 본격적인 시험대에 올랐다고 할 수 있다.

# 문재인의 사람들 분석해 보니

　문재인 대통령은 대선 바로 다음날인 5월 10일 대통령 업무를 시작했다. 당일 국무총리 후보자와 대통령 비서실장을 발표하는 등 청와대와 정부 인사를 차례로 실시하면서 국정의 기틀을 닦아 나가고 있다. 보궐선거로 당선된 문 대통령은 대통령직인수위원회가 없어 각종 인사를 일괄적으로 발표하지는 못하는 상황이다. 하지만 원칙과 소신이 들어간 인사안을 발표하면서 '준비된 대통령'이라는 구호가 단순한 구호가 아님을 증명하고 있다.

　청와대 참모진 등 일부의 인사가 발표됐지만, 인사원칙은 읽혀진다. 크게는 '탕평과 능력'이다. 탕평을 위한 의지는 측근 배제 인사에서 짙게 배어 나온다. 문 대통령은 실세로 꼽혀온 이른바 '3철(양정철 전 홍보기획비서관, 전해철 민주당 의원, 이호철 전 청와대 민정수석)을 중용하지 않았다. 이들은 2선으로 물러나 문 대통령 운신의 폭을 넓혀 주었다. 대신 호남출신인 이낙연 국무총리와 임종석 비서실장을 중용했다. 지역 및 세대 안배 등 탕평인사 실시를 통해 국민통합을 이루겠다는 의지를 내비쳤다.

능력위주 인사도 눈에 띈다. 조현옥 청와대 인사수석이나 하승창 사회혁신수석 등은 관련 분야 전문가로 꼽힌다. 오랫동안 해당 업무에 종사했을 뿐만 아니라 문재인 대통령의 국정철학을 잘 이해하는 사람들이다. 이들을 중용함으로써 자신의 국정철학을 제대로 구현할 인사를 실시하겠다는 방침을 분명히해 가고 있다.


## 인력 풀 확대 기회가 됐던 대선

문 대통령의 후보시절 가장 큰 문제는 '문빠' 였다. 측근 그룹이 그를 에워싸다보니 외연확장의 기회를 차단한다는 비판을 받았다. 문 대통령 특유의 친화력, 서민적인 풍모 등도 제대로 빛을 내지 못했다. 패권주의에 사로잡힌 '끼리끼리 대통령' 이 되지 않을까 하는 우려도 자아냈다.

대선을 치르면서 달라졌다. 측근 그룹의 인력 풀(pool)을 넓히는 데 성공했다. 대선후보 시절 선거대책위원회(국민주권 선거대책위원회)는 보수와 진보, 적과 아군을 모두 아우르는 이른바 '용광로 선대위' 로 불렸다. 선대위(캠프) 공식 인사만 430여 명이었다. 중앙선대위 46명, 중앙선대본부 산하 직능별 13개 본부 138명, 의원 특보단 31명, 55개 위원회 216명 등이다. 정부 17개 주요 부처의 장·차관과 실장 인원을 웃도는 '매머드급' 이었다.

이를 토대로 친노(친노무현)계에 뿌리를 둔 '패권정치' 의 딜레마를 탈피하기 위해 '통합정치' 를 펼칠 인적 기반을 구축했다. 당 안팎의 친문(친문재인)계와 비문(비문재인)계를 적절히 조화시켰기 때문이다. 그의 당선을 도운 그룹은 더불어민주당 전·현직 의원, 노무현 정부 인사, 외부 영입 인사 등 크게 세 부류로 나뉜다. 이들은 문재인 정부에서 요직을 맡으며 문 대통령의 국정철학을 구현하는 선봉대 역할을 하고 있다.

## 더불어민주당 전·현직 의원그룹

문 대통령 탄생의 주역은 뭐니뭐니해도 더불어민주당이다. 원내외 인사가 똘똘 뭉쳐 경쟁후보를 제압했다. 선거 때마다 나오던 분열과 갈등 양상도 이번엔 보이지 않았다. 마지막까지 행여 말실수라도 나올까봐 최선을 다했다.

이들은 캠프 살림과 조직 분야, 비서 업무 등 보이지 않는 일들을 도맡아 처리했다. 친노·친문그룹의 압도적 지지를 받아 당 대표로 선출된 추미애 상임선대위원장은 이번 대선을 총괄지휘했다. 과거 비문그룹이었지만 당내 후보경선 때 총괄선대본부장으로 전격 영입된 송영길 의원도 대선을 치르면서 친문 핵심 인사로 자리매김했다. 임종석 전 의원도 대선후보 비서실장에 발탁된 뒤 존재감을 드러내며 결국 청와대 비서실장 자리를 꿰찼다.

임 실장과 함께 캠프의 두뇌 역할을 맡았던 김병기 공동 1부실장, 윤건영 2부실장, 안민석 직능본부장, 황희 총무부본부장 등도 대표적인 당내 친문그룹이다. 전직 의원 출신으론 강기정 총괄수석부본부장, 김민석 종합상황본부장, 진성준 TV토론단장을 비롯해 원외에서 지원사격을 한 정청래 전 의원도 친문그룹에서 빼놓을 수 없는 인사다. 캠프 공동공보단장인 박광온·윤관석 의원과 총괄공동특보단장인 김태년 의원, 수석대변인인 유은혜 의원도 치열했던 '네거티브 선거전'에서 공수 완급 조절을 통해 눈에 띄는 활약을 펼쳤다.

후보 정책과 공약은 친문계이자 당 정책위원회 의장인 윤호중 의원이 대선캠프 공동정책본부장으로서 김용익 공동본부장과 짝을 맞춰 핵심 정책 개발을 주도했다. 이 가운데 눈에 띄는 인물은 친문계 홍종학 전 의원이다. 홍 전 의원은 19대 국회의원 출신으로 경선 캠프 때부터 정책을 총괄하며 문 대통령과 함께했다. 선대위가 꾸려진 뒤엔 정책위 부본부장으로 자리를 낮춰 물밑에서 각종 공약 및 정책 발굴 실무를 담당했다. 홍 부본부장은 경제·사회·외교·안보 등 각 분야 공약을 교통정리하는 역할을 맡았다. 특히 '정책 대변인'이라는 애칭을 얻을 정도로 각종 정책의 세부 내용을 언론에 전달하며 문 대통령의 공약 및 정책 홍보에 크게 기여했다.

당내 비문계 의원들의 활약도 돋보였다. 15인 공동선대위원장 중 김진표·박병석·김부겸·이종걸 의원은 모두 비문계다. 총괄공동특보단장인 민병두 의원도 당내 비주류 인사다.

박영선 의원은 경선 당시엔 안희정 충남지사를 도왔지만 본선에서 공동선대위원장을 맡아 서울과 수도권 지역 유세를 주도하며 문 대통령의 '특급도우미'로 활약했다. 비문그룹에선 우상호 원내대표와 박완주 원내수석부대표, 이재정·기동민 원내대변인 등도 전국 유세현장을 누볐다.

비문계인 이종걸·김부겸 의원도 공동선대위원장을 맡아 대구·경북지역과 경기 수도권 유세현장을 공략했다. 2012년 대선 당시 박근혜 새누리당 후보 캠프에서 국민행복추진위원회 부위원장을 맡았던 진영 의원은 4년 만에 경쟁 후보였던 문 대통령 캠프 공동선대위원장을 맡아 새로운 '킹메이커'가 됐다. 변재일·정성호·신경민·박용진 의원 등도 선거운동에 발벗고 나서 문 대통령 및 당내 친문그룹과 심리적 거리를 좁혔다.

## '핵심 3인방'과 '3철'

노영민·전병헌·최재성 전 의원은 캠프에서 주요 역할을 한 친문 그룹의 '핵심 3인방'으로 꼽힌다. 노영민 전 의원은 2012년 대선때 문재인 후보 비서실장을 지냈다. 이번에는 경선 캠프와 본선 선대위에서 모두 조직본부장을 맡았다. 결선 없는 경선 승리에 이어 대선 승리까지 이뤄냈다.

조직본부장은 각 지역 권리당원과 일반당원이 선거운동에 열심히 참여하도록 독려하고 조직을 모으는 중책이다. 조직특보단장을 맡은 원내 친문 핵심 인사인 전해철 의원과도 발을 맞췄다. 문 대통령을 지지하는 전·현직 의원 모임 '달개비'의 좌장이기도 하다. 능력을 인정받아 문재인 정부의 초대 주중 한국대사에 내정됐다.

전병헌 전 의원은 이번 선거에서 '매머드급' 캠프가 좌충우돌하지 않고 굴러갈 수 있도록 전략을 짜는 전략본부장을 맡았다. 그는 당내 대선후보 경선이 시작되기 전 서울 여의도에 개인 사무실을 차리고 캠프에 일찍이 참여해 문 대통령의 경선 전략을 주도했다. 4선의원 출신에 2013년 당 원내대표를 지내며 당시 여당인 새누리당(현 자유한국당)과의 각종 협상을 이끈 경험이 있다. 그의 정무적 능력을 높이 산 문 대통령은 그를 5월 14일 향후 당청 관계를 조정할 청와대 정무수석에 임명했다.

최재성 전 의원은 지난 2년여간 문 대통령의 '막후 헤드헌터'로 활약했다. 인재 영입은 주로 최 전 의원이 전담했다. 지난해 총선 당시 당내 외부 영입 인사 대부분을 최 전 의원이 주도했다. 대선 경선 국면에선 종합상황본부 1실장을 맡으며 유웅환 전 인텔 수석매니저, 귀화 일본인 교수인 호사카 유지 세종대 교양학부 교수, 박근혜 전 대통령 경제교사였고 이번 대선에서 문 대통령의 경제 철학인 '제이(J)노믹스'를 설계한 김광두 서강대 석좌교수 등의 영입에 관여했다.

이른바 '3철'은 문 대통령 당선의 숨은 1등 공신이다. 다름아닌 참여정부 청와대에서 문 대통령과 함께 일했던 양정철 전 홍보기획비서관과 전해철 민주당 의원, 이호철 전 청와대 민정수석이 그들이다. 이들은 박근혜 전 대통령의 '문고리 3인방(안봉근 전 국정홍보비서관, 이재만 전 총무비서관, 정호성 전 부속비서관)'과 비교되기도 했다.

이들은 대선기간 요직을 맡지 않은 채 헌신적인 선거운동을 했다. 그러다 보니 당선 후 요직을 장악할 것이란 우려가 많았다. 하지만 아니었다. 세 사람은 연이어 '백의종군'을 선언했다.

이호철 전 수석은 5월 10일 "정권교체는 이뤄졌고, 제가 할 일을 다 한 듯하다. 자유를 위해 먼 길을 떠난다"며 출국 소식을 전했다.

당초 청와대 인사와 예산을 담당하는 요직인 총무비서관으로 거론됐던 양정철 전 비서관은 5월 15일 백의종군 소식을 알렸다. 그는 "머나먼 항해는 끝났다. 제 역할은 여기까지"라며 2선후퇴를 선언했다. 양 전 비서관은 뉴질랜드로 출국해 측근의 폐해 우려를 아예 차단해

버렸다.

전해철 의원도 당분간은 당과 청와대의 가교역할에 충실할 것으로 알려졌다. 다만 새 정부의 성공을 위해서는 지위 고하에 상관없이 문 대통령을 도울 것으로 전해졌다.

## 참여정부 출신그룹

문재인 대통령의 든든한 지원군은 참여정부 인사다. 특히 참여정부 때 청와대에서 함께 생활한 사람들과의 '동지애'는 각별한 것으로 알려져 있다. 이들은 이번 대선에서도 문 대통령 당선을 묵묵히 도왔다.

참여정부 청와대 인사로 '3철' 외에 가장 눈에 띄는 인물은 노무현 전 대통령의 마지막 비서관인 김경수 의원이다. 그는 대선 기간 문 대통령의 전 일정을 수행하며 '그림자' 역할을 했다. 윤태영 전 청와대 대변인은 전면에 나서기보다 '숨은 조력자'로 대선 승리에 기여했다.

부산 친노그룹의 핵심멤버로 알려진 송인배 전 청와대 비서관(현 청와대 제1부속비서관)은 지금도 문 대통령의 최측근 인사다. 대선때는 중앙선대위 후보 일정총괄팀장을 맡았다. 문 대통령의 동선을 책임졌다. 당선 후에도 첫날부터 대통령의 청와대 일정을 함께하고 있다.

참여정부에서 각료를 지낸 사람들은 공약마련에 힘을 보냈다. 이들은 '10년의 힘 위원회'를 만들어 문재인 대통령 만들기에 적극 나섰다. 이들과 대선 당시 비상경제대책단으로 활약했던 관료들은 문재인 정부에서 정책마련에도 중요한 역할을 하고 있다.

참여정부 때 경제부총리와 교육부총리를 지낸 김진표 더불어민주당 의원은 문재인 정부 5년간 정책 밑그림을 그리는 국정기획자문위원회 위원장으로 임명됐다. 비상경제대책단장을 지낸 이용섭 전 의원은 일자리위원회 부위원장을 맡았다.

변양균 전 정책실장, 이영탁 전 국무조정실장, 정세현 전 통일부 장관, 박승 전 한국은행 총재, 강철규 전 공정거래위원장, 윤덕홍 전 부총리 겸 교육인적자원부 장관, 전윤철 전 감사원장, 조순용 전 청와대 정무수석 등도 주목을 받고 있다. 이 중 변 전 실장의 측근으로 꼽히는 홍남기 전 미래부 차관은 국무조정실장에 임명됐다. 역시 변 전 실장의 측근인 이정도 전 기재부 국장은 청와대 총무비서관으로 발탁됐다. 일부에서는 "변양균 전 실장의 위상을 보여준 인사"라는 말이 나왔다.

이들 외에 권오규 전 부총리 겸 재정경제부 장관, 장병완 전 기획예산처 장관, 김영주 전 산업자원부 장관, 김대기 전 정책실장, 김동연 아주대 총장(전 국무조정실장, 당시 기획예산처 국장) 등도 문재인 정부에서 때가 되면 중요한 역할을 할 것으로 보인다.


## 외부 영입 전문가그룹

문재인 정부의 중요한 축은 외부영입 전문가 그룹이다. 이들은 대선 당시 싱크탱크인 '정책공간 국민성장'에서 핵심 공약을 만들었다. 'J노믹스'도 이들의 손을 거쳐 탄생했다.

가장 주목을 받는 사람은 정책공간 국민성장 소장을 맡은 조윤제 서강대 교수다. 노무현 전 대통령 경제보좌관을 지낸 조 교수는 유럽

연합 및 독일 특사를 맡아 문재인 정부에서의 위상을 보여줬다. 문 대통령 대표 공약인 '공공일자리 81만개 창출' '당당한 외교' 공약 등은 조 교수의 손을 거쳐 완성됐다.

김광두 서강대 석좌교수도 주요 영입인사다. 영입 때만 해도 당내 잡음이 있었다. 2007년 17대 대선 당시 '줄푸세'(세금을 줄이고, 규제를 풀고, 법질서를 세운다)라는 경제 공약 기본 틀을 짜 2012년 박근혜 대통령의 경제공약 근간으로 완성시키는 등 박 전 대통령의 싱크탱크 역할을 한 인물이었기 때문이다. 하지만 문 대통령의 경제 비전인 J노믹스를 실계하면서 존재감을 느러냈다.

김상조 한성대 교수는 막바지에 캠프에 참여해 재벌 개혁과 경제민주화 공약을 다듬었다. 또 문재인 정부 초대 공정거래위원장에 임명됐다. 김호기 연세대 교수도 중요한 역할을 했다.

교수로 구성된 자문그룹은 문재인 정부 5년동안 학문적 뒷받침을 하면서 필요할 경우 직접 정책 담당자로 나설 것으로 보인다.

이들 외에 예종석 전 아름다운재단 이사장과 권인숙 명지대 교수, 윤영찬 전 네이버 부사장, 강경량 전 경기지방경찰청장, 위철환 전 대한변호사협회장이 대선기간 중 영입된 주요 인사로 꼽힌다. 이 중 윤영찬 전 네이버 부사장은 청와대 국민소통수석(옛 홍보수석)으로 임명됐다. 다른 인사도 중용될 가능성이 있음을 시사하는 부분이다.

제2장

# 새 정부 각료,
# 청와대 참모 및 특사

# 이낙연 ——

**국무총리**

| 출생 | 1952년 전남 영광
| 학력 | 광주제일고, 서울대 법대
| 경력 | 동아일보 논설위원, 새천년민주당 제1정책조정위원
장, 새천년민주당 대변인, 국회 농림수산식품위원회 위
원장, 민주당 원내대표, 제37대 전남지사

## 기자, 4선의원, 전남도지사 거친 화합형 총리

4선 의원 출신에 37대 전남지사를 지낸 호남권 온건 비문(非文) 계열 인물이다. 전남 영광군 출신으로 광주제일고와 서울대 법대를 나왔다. 1979년 동아일보에 입사한 뒤 도쿄특파원을 거쳐 논설위원, 국제부장 등을 역임했다. 정치부 기자 시절 옛 민주당을 출입하다 김대중 전 대통령과 알게 되면서 정치권에 입문했다. 이 총리는 1963년 최두선 전 동아일보 사장 이후 50년 만에 탄생하는 언론인 총리다.

2000년 제16대 국회의원 선거에서 새천년민주당 후보로 함평군·영광군 선거구에 출마해 당선되며 본격적인 정치인의 길을 걷기 시작했다. 2002년 제16대 대통령 선거를 앞둔 새천년민주당 대통령 후보 선출 전당대회에서는 노무현 전 대통령을 지지했고 노 전 대통령이 당선된 이후엔 당선인 대변인을 맡은 인연이 있다. 민주당에선 대변인과 사무총장 등을 역임했다.

2014년 지방선거에선 전남지사로 당선됐다. '100원 택시' '찾아가는 영화관' 서비스 등 이색 공약이 눈길을 끌었다. 100원 택시란 전남 벽지마을 주민들이 택시를 부르면 마을에서 가장 가까운 버스정류장까지 100원을 받고 데려다 준 뒤 차액을 지방자치단체에서 지급하는 것이다. 도지사 당선 후 고흥과 장흥에 영화관을 세워 벽지 주민도 문화 혜택을 누릴 수 있도록 했다. 광역자치단체 중 처음으로 공공산후조리원을 설립하기도 했다. 이외에 '개천에서 용 나게 하는 사업' '서민 빚 100억 탕감 프로젝트' 등 50개 이상 서민 시책을 발굴하고 추진했다. 이런 성과로 2017년 3월 '전국 시도지사 직무수행 능성평가'에서 안희정 충남지사의 뒤를 이어 2위를 기록하기도 했다.

이 총리 인선은 문재인 대통령이 호남 지역을 배려한 화합형 인사라는 평가를 받고 있다.

2000년 정치 입문 이후 특별히 물의를 빚은 일도 없었다. 아들이 군면제를 받은 것을 두고 의혹이 있었으나 아들을 입대시키기 위해 쓴 탄원서를 통해 해명하기도 했다.

이 총리는 문 대통령과 기본적으로 철학을 공유하며, 야당과도 허물없이 소통하겠다는 계획이다. 그는 총리로 내정된 뒤 기자회견에서 "막걸리도 마셔가며 야당 정치인과 틈나는 대로 소통하겠다"며 "과거 노무현 대통령 당선인 시절에도 대변인을 한 만큼 문 대통령과 철학의 차이가 없을 것"이라고 밝히기도 했다.

# 김이수

**헌법재판소장**

| 출생 | 1953년 전북 정읍
| 학력 | 전남고 서울대법학과
| 경력 | 사법시험 합격(19회), 대법원 재판연구관, 청주지법·
인천지법·서울남부지법 법원장, 특허법원장, 사법연
수원장, 헌법재판소 헌법재판관

## 헌법수호·인권보호 의지 확고 … 사회적 약자를 위한 소수의견 내

헌법재판소 재판관 중 가장 진보적이라는 평가를 받는다. 전북 정읍
에서 태어났다. 서울대 법학과에 재학 중인 1974년 유신정권 반대운동
을 하던 '민청학련' 사건에 연루돼 64일 동안 구금된 전력이 있다.

1977년 제19회 사법시험에 합격했다. 사법연수원(9기) 수료 후
1982년부터 판사로 재직했다. 2006년 청주지방법원장을 맡았다.
2010년 특허법원장과 2011년 사법연수원장을 지냈다. 2012년 야당(당
시 민주당) 추천으로 헌법재판소 재판관에 임명됐다. 이정미 헌법재판
소장 권한대행이 퇴임한 2017년 3월 14일부터 이를 물려받았다.

2014년 통합진보당을 해산한 정당해산심판 사건에서 헌재 재판관
중 유일하게 반대 의견을 내는 등 헌재 내 대표적인 진보 성향으로 분
류된다. 2015년에는 간통죄에 대해서 위헌 선고를 내렸다. 전국교직
원노동조합을 법외노조로 판단한 교원의 노동조합 설립 및 운영 등에

관한 법률(교원노조법) 사건에서도 홀로 위헌 의견(8대 1)을 냈다.

2017년 3월 박근혜 대통령 탄핵 심판에서 "박 대통령이 세월호 참사에 대처할 때 헌법상 성실한 직책수행의무 및 국가공무원법상 성실의무를 위반했다"는 보충의견을 내 눈길을 끌었다. "미래의 대통령들이 국가 위기상황에서 직무를 불성실하게 수행해도 무방하다는 그릇된 인식이 우리의 유산으로 남겨져 수많은 국민의 생명과 안전이 상실되는 불행한 일이 반복되어서는 안 된다는 것이 이런 의견을 내놓은 취지"라고 설명했다.

그는 젊은 판사 시절 사형을 선고한 적이 있다. 헌재 재판관 국회 인사청문회 당시 그는 "지금 생각하면 부끄러운 재판이었다"며 "사형제도는 폐지해야 한다"고 소신을 밝히기도 했다.

# 김진표

**국정기획자문위원장**
**(더불어민주당 의원)**

| 출생 | 1947년 경기 수원
| 학력 | 수원중, 경복고, 서울대 법대, 서울대 행정대학원, 미국 위스콘신대 공공정책학 석사
| 경력 | 행정고시(13회), 재정경제원 세제실장 · 차관, 대통령 비서실 정책기획수석비서관, 국무조정실장, 16대 대통령직 인수위 부위원장, 재정경제부 장관 · 부총리, 교육 인적부 장관 · 부총리, 17 · 18 · 19 · 20대 국회의원

## 행정 · 정치 경험 풍부 ··· 경제 · 교육 '부총리 2관왕'

관료 출신으로 17~20대 국회의원으로 활동한 4선 의원이다. 1973년 제13회 행정고시에 합격하고 재무부에서 관료 생활을 시작했다. 이후 재정경제원 · 재정경제부에서 금융정책실 · 세제실 등을 거쳐 차관까지 역임했다. 김대중 정부 말기인 2002년 대통령비서실 정책기획수석비서관과 국무조정실장을 맡으며 정무 감각을 키웠다.

노무현 정부에서도 중용됐다. 16대 대통령직 인수위원회 부위원장을 거쳐 노무현 정부 초대 재정경제부 장관 겸 부총리를 1년간 지내다가 총선 출마를 위해 물러났다. 고향인 경기 수원에서 17대 국회의원 배지를 달며 정치인의 길로 접어들었다. 2005년 1월부터 이듬해 7월까지 교육인적자원부 장관 겸 부총리를 맡았다. 경제 · 교육에서 각각 부총리를 지낸 것은 그가 유일하다.

이후 세 차례 총선(18~20대)에서 거듭 승리했다. 2011년 5월 '탈(脫)

계파'를 내세워 민주당(민주통합당) 원내대표로 뽑혔다. 최고위원 등 주요 보직을 두루 거쳤다. 수십 년간 다져온 행정·정치 경험을 바탕으로 다양한 사람의 이해관계를 조정하는 데 능하다는 평가다.

20대 총선을 앞두고 산악회 행사에 참석해 유권자에게 쌀을 돌리고 허위사실을 공표해 공직선거법 위반으로 기소됐으나 2016년 12월 1심 재판부가 사전선거는 유죄, 기부행위는 무죄로 판단해 벌금 90만원을 선고해 당선무효를 면했다.

19대 대선에서는 공동선대위원장과 일자리특별위원회 위원장을 맡았다. 문재인 정부가 출범한 후에는 인수위원회 역할을 할 국정기획자문위원회 위원장으로 임명됐다. 오는 6월 말까지 운영될 예정인 이 자문위는 일자리 대책 등 국정 전반의 큰 그림을 그릴 예정이다.

그는 경제개혁을 위해 노동개혁과 재벌개혁이 함께 필요하다는 주장을 펼치고 있다. 교육에 관해선 대규모 재정을 투입해 공교육을 살려야 한다고 밝힌다. 성장을 위해 공공일자리 확대가 필요하다는 입장으로 '큰 정부' 선호 성향을 보인다.

수원중앙침례교회에서 장로를 맡고 있는 기독교 신자다. 기독교계에서는 김 의원이 천주교를 믿는 문재인 대통령과의 '가교'가 되길 바라고 있다. 김 의원은 2012년과 2017년 두 차례 대선 때 각각 종교특별위원장을 맡아 동성애와 동성혼을 법적으로 허용하지 않도록 노력하고 교과서에 서술되도록 하겠다고 공언했다.

문재인 정부의 국정기획자문위원장을 맡아 5년간 국정과제를 설계하고 있다.

이용섭 ─────

**일자리위원회 부위원장**
(전 더불어민주당 의원)

| 출생 | 1951년 전남 함평
| 학력 | 학다리고, 전남대 무역학과, 미국 미시간대 경제학 석사, 성균관대 경제학 박사
| 경력 | 행정고시(제14회), 재정경제부 세제총괄심의관, 관세청장, 국세청장, 대통령비서실 혁신관리수석비서관, 행정자치부 장관, 건설교통부 장관, 제18·19대 국회의원, 한반도미래연구원 원장

## 정부 청와대 국회 모두 경험한 민주당 경제통

관료 출신 재정조세 전문가다. 더불어민주당을 대표하는 '경제통'으로 이번 대선에서 비상경제정책단을 이끌었다. 문재인 후보에게 경제 상황 전반에 대해 조언하고 처방전을 제공했다. 선거기간 정기적으로 비상경제점검회의를 열어 시급한 경제현안에 대응했다.

호남 출신 민주당 경제통인 데다 관료 경험도 풍부해 경제부총리로 제격이라는 평가를 받았다. 이 전 의원은 이례적으로 청와대, 정부, 국회를 모두 경험했다.

1951년 전남 함평의 평범한 농가에서 3남3녀 가운데 셋째로 태어났다. 학다리고등학교와 전남대 무역학과를 졸업한 그는 대학교 4학년 때 행시에 합격했다. 당시 전남대 상과대를 비롯해 재학생 중 합격자는 이 전 의원이 유일한 것으로 알려졌다.

행시에 합격한 뒤 국세청에서 처음 사회생활을 시작한 이 전 의원은 3년 정도 일하다 재무부로 자리를 옮겼다. 김대중 정부, 노무현 정부에서 재정경제부 세제실장, 관세청장, 국세청장, 청와대 혁신관리수석, 행정자치부 장관, 건설교통부 장관 등을 역임했다. 공무원 생활을 할 때 미국 미시간대 대학원에서 경제학 석사 학위를 받았으며, 성균관대 대학원에서 경제학 박사과정을 밟았다. 이 전 의원은 노무현 정부 초 '국세청장 내정자 변경 파동'으로 갑작스럽게 국세청장에 임명됐으나 리더십과 조정능력으로 논란을 잠재웠다는 평가를 받았다.

18대 국회의원으로 여의도에 입성한 이 전 의원은 지역구인 광주 광산을에서 재선에 성공했다 정치 입문 후 18·19대 국회에서 당 정책위 의장, 2016년 총선공약단장 등 당의 핵심 경제통 의원으로 활약했다.

문 대통령과의 인연은 참여 정부에서 시작됐다. 김대중 정부에서 관세청장을 지낸 이 전 의원을 노무현 정부 초대 국세청장으로 발탁한 사람이 문 대통령이었다. 당시 이 전 의원은 문 대통령은 물론 노무현 정부와 아무런 인연이 없었다. 문 대통령은 자서전《운명》에서 "이용섭은 나중에 우리 쪽과 인연과 연줄이 전혀 없는데도 발탁된 것을 신기해했고, 그 때문에 참여 정부의 인사 철학을 높이 평가하게 됐다는 심정을 토로하곤 했다"고 썼다.

문재인 대통령의 후보시절 비상경제대책단장을 맡았다. 정부 출범후에는 일자리 위원회 부위원장을 맡아 문 대통령의 1호 지시인 '일자리 만들기'의 중책을 수행하고 있다.

## 서훈
### 국가정보원장

| 출생 | 1954년, 서울
| 학력 | 서울고, 서울대 교육학과, 미국 존스홉킨스대 국제관계
         대학원(SAIS) 석사, 동국대 대학원 정치학 박사
| 경력 | 한반도에너지개발기구 대표, 국가안전보장회의 정보
         관리실장, 국가정보원 대북전략실장, 국가정보원 제3
         차장

## 28년 정통 국정원맨 … 북 관료 협상 스타일 꿰뚫고 있는 북한통

1980년 국정원에 들어가 2008년 3월까지 28년3개월간 근무한 정통 국정원맨이다. 두 차례 남북정상회담을 모두 기획하고 협상에도 참여하는 등 북한 업무에 가장 정통하다는 평가를 받고 있다. 서울고와 서울대 교육학과를 졸업한 뒤 미국 존스홉킨스대 국제관계대학원 (SAIS) 석사, 동국대 대학원 정치학 박사 학위를 받았다. 이후 국정원 3차장, NSC정보관리실장, 남북총리회담 대표를 지냈고 이화여대 북한학과 초빙교수를 맡았다.

김정일 북한 국방위원장을 가장 많이 만난 인물이기도 하다. 1997년 북한 신포 경수로 건설사업 당시 현장사무소장으로 북한에 2년 동안 상주하고 정상회담을 위한 남북 간 접촉에 투입되면서부터다. 2000년과 2002년, 2005년 당시 통일부 장관이 김 위원장을 만날 때 모두 배석했다. 노무현 정부 시절인 2007년 10·4 정상회담 준비를 위한 김만복 국정원장의 비공개 방북 때도 동행했다. 국정원 관계자는 "서 원장은 이런 과정을 거쳐 북한 관료들의 협상 스타일을 파악했다"고 말했다.

국제기구(KEDO) 근무와 미국 브루킹스연구소를 거치면서 해외업무에도 상당한 전문성을 갖췄다는 평가다. 청와대는 "국정원의 국내정치 관여 행위를 근절하고 순수 정보기관으로 재탄생시킬 임무를 충실히 수행하고, 북핵 문제 해결과 한반도의 안정과 평화를 하루속히 이뤄낼 적임자"라고 인선 배경을 밝혔다.

서 원장은 국정원 개혁과 관련해 "국정원의 정치 개입을 근절하는 것은 어제오늘의 숙제가 아니다"며 "이번이 마지막 기회라고 생각하고 정치 개입, 선거 개입, 사찰 등을 근절할 것"이라고 강조했다. 이어 "25년 동안 근무하며 내부 사정을 너무나 잘 알기 때문에 이번 문재인 정부에서는 반드시 조직과 활동을 정치로부터 떼어놓겠다"고 거듭 강조했다. 대북 정책과 관련해서는 "지금 남북 정상회담 얘기를 꺼내는 것이 시기상조이긴 하지만 최소한 한반도 군사적 긴장을 낮출 수 있는 여건 등이 마련되면 평양에 갈 수도 있다고 생각한다"고 말했다.

# 홍남기

**국무조정실장**

| **출생** | 1960년 춘천
| **학력** | 춘천고, 한양대 경제학과
| **경력** | 기획예산처 예산기준과장, 기획재정부 대변인, 미래창
조과학부 제1차관

## 노무현 · 박근혜 정부 이어 문재인 정부에서도 신임 받은 정통 경제관료

박근혜 정부에 이어 문재인 정부에서도 중용된 정통 경제관료다. '워커홀릭'으로 불릴 정도로 일에 몰두하는 것으로 유명하다. 지난 대선에서 문재인 캠프 자문그룹 핵심멤버였던 박봉흠 · 변양균 전 청와대 정책실장의 예산라인 직계 후배다.

1960년 춘천에서 태어나 춘천고, 한양대 경제학과를 졸업했다. 행정고시 29회로 공직에 입문했다. 경제기획원 행정사무관을 시작으로 기획예산처 예산총괄과 서기관, 기획예산처 예산기준과장을 거치는 등 공직생활 대부분을 예산 · 기획 · 재정 분야에서 보냈다.

능력과 성실성을 인정받아 진보 성향인 노무현 정부 때 청와대에서 대통령비서실 경제정책수석실 정책보좌관으로 근무했다. 질 높은 정책 개발과 혁신에 앞장선 공로로 노 전 대통령으로부터 격려금을 받아 화제가 되기도 했다. 당시 정책실장이 변양균 전 기획예산처 장관이었다. 이후 주미 대사관 공사참사관으로 갔다. 이 때문에 국제 감각도 뛰어나다는 평을 받는다.

이명박 정부에서는 기획재정부 대변인, 정책조정국장 등을 맡았다. 기재부 복권위원회 사무처장 시절에는 당첨금을 20년간 분할 지급하는 연금복권 발행에 주도적인 역할을 했다.

박근혜 정부에서는 대통령인수위원회 경제1분과에 참여했으며, 대통령비서실 정책조정수석비서관실 기획비서관으로 일했다. 지난해 1월엔 박근혜 정부의 상징적 부처인 미래창조과학부 1차관에 임명돼 창조경제 · 연구개발 · 과학기술전략 · 미래인재 정책 업무를 총괄했다. 이런 이유로 문재인 정부 출범 뒤 다른 장 · 차관과 함께 사표를 제출했지만, 정부의 국정과제를 총괄하는 국무조정실장(장관급)에 다시 임명됐다.

기재부와 대통령비서실, 미래부 등 다양한 분야의 공직 경험을 통해 정책기획 분야와 조정업무 등에서 탁월한 역량을 갖췄다는 것이 인선 배경이다. 특히 정부 출범 초기 경제 활성화, 일자리 마련, 복지 공약 등 정책의 우선순위를 따져 부처 간 의견을 조율하는 국무조정실장 자리에 적임이라는 평이다.

그는 새 정부 5년간 국정운영의 밑그림을 그릴 국정기획자문위원회의 부위원장직도 함께 맡는다. 국정기획위는 사실상 대통령직인수위원회 역할을 담당한다. 문 대통령의 대선 공약을 바탕으로 새 정부의 국정과제 5개년 계획 로드맵을 만들 계획이다.

# 김상조

**공정거래위원장**

| **출생** | 1962년 경북 구미
| **학력** | 대일고, 서울대 경제학과, 서울대 대학원 경제학 석사, 서울대 대학원 경제학 박사
| **경력** | 노사정위원회 경제개혁소위 책임전문위원, 참여연대 경제민주화위원회 부위원장, 참여연대 재벌개혁감시단 단장, 한국금융연구센터 소장, 한성대 교수, 공정거래위원장

## 20년간 경제민주화 주장 … 현실주의적 '재벌 저격수'

진보 성향의 소장파 경제학자. 문재인 정부의 경제 모델인 '제이(J)노믹스' 밑그림을 짠 주역 중 한 명으로 꼽힌다.

1990년대 후반부터 경제민주화를 외쳤다. 경제 전문 시민단체인 경제개혁연대와 그 전신인 참여연대 경제개혁센터의 소장을 맡아 17년간 활동했다. 소액주주 권리 증진, 기업 지배구조 개혁 등을 주장하는 쓴소리를 많이 해 '재벌 저격수', '재벌개혁 전도사'라는 별명을 얻었다. 지난해에는 최순실 국정농단 의혹사건 국정조사 청문회에 참고인으로 출석해 국내 대기업의 경영 방식을 비판했다.

정치·행정 경험은 없다. 오랫동안 정치권과 선을 그어왔다. 2012년 19대 총선 당시 야당 두 곳이 상위권 비례대표 의원으로 영입하겠다고 제안했지만 김 교수는 "나는 이미 광의의 정치를 하고 있다"며 거절했다. 같은 해 열린 18대 대선 때도 특정 후보의 캠프에 들어가지 않겠다는 입장을 분명히 했다.

문재인 대통령과의 본격적인 인연은 지난해 말부터다. 대선 후보였던 문 대통령과의 경제 공부 모임을 김광두 서강대 경제학과 석좌교수, 김호기 연세대 사회학과 교수와 함께 열었다. 5차례 모임 뒤 대선을 두 달 앞두고 문재인 캠프에 합류해 주변을 놀라게 했다. 김 교수는 영입 발표 기자회견에서 "문재인의 곧은 자세와 개혁 의지에 감명받았다"고 설명했다.

그는 재벌개혁을 경제민주화의 출발점으로 본다. 재벌에 대한 경제력 집중이 줄어들면 하도급업체와 중소기업의 사정이 나아지고, 이를 통해 다양한 일자리가 창출될 것이라는 주장이다.

유연한 방법론으로 재벌개혁론자 중 '현실주의자'라는 평을 듣는다. 진보진영의 기존 시각과 어긋나는 발언도 곧잘 한다. 김 교수는 "공정거래위원회가 300만개 넘는 기업 모두를 일률적으로 규제하긴 힘들다"며 "4대(삼성·현대차·LG·SK) 재벌그룹으로 범위를 좁혀 감시와 개혁을 집중해야 한다"고 역설해왔다. 나머지 대기업은 준법 여부를 점검하는 정도면 충분하다는 생각이다. 산업자본의 은행 지배를 금지하는 은산분리 규제에 대해서도 마찬가지다. "61개 재벌 모두에 사전적 금지 원칙을 내세우는 기존 방식보다 시장 친화적인 통합감독체계를 구축하는 것이 효과적"이라고 소신을 밝혔다.

이상보다는 실천에 무게를 두는 인물이란 평가도 받고 있다. "법을 새로 만드는 것보다 기존 법을 엄정하게 적용하는 실천방안이 필요하다"고 강조해왔다. 이를 위한 수단으로 공정위의 대기업조사국을 꼽고 있다.

# 피우진 ——————

### 국가보훈처장

| 출생 | 1956년 충북 충주
| 학력 | 청주여상, 청주대 체육학과
| 경력 | 육군 소위, 제1군사령부 여군대장, 제16항공대 부대장,
제11항공단 본부 부단장, 육군항공학교 학생대 학생대
장, 육군 중령

## 헬리콥터 조종사 출신 '여전사'

대한민국 육군 헬리콥터 조종사. 예비역 중령. 1979년 소위로 임관했다. 특전사 중대장, 육군 205 항공대대 헬기조종사 등 남성 군인들도 감당하기 어려운 길에서 스스로의 힘으로 유리 천장을 뚫고 여성이 처음 가는 길을 개척해 왔다.

2002년 유방암에 걸려 투병하다가 병마를 이겨냈다. 하지만 군 신체검사에서 장애 판정을 받고 2006년 11월 강제 퇴역됐다. 국방부의 강제 퇴역 조치에 맞서 인사소청을 냈으나 받아들여지지 않자 행정소송을 제기했다. 피 중령의 강제 퇴역 조치는 남성 중심의 군대 문화에서 상대적으로 약자인 여군의 지위 문제를 국민적인 관심사로 끌어내는 계기가 됐다. 결국 소송에서 승소했다. 국방부는 2008년 5월 복귀 명령을 내렸다. 이후 2009년까지 육군항공학교 교리발전처장을 지낸 뒤 제대했다.

강제 퇴역 조치 이후 여러 차례 소송을 통해 군으로 되돌아오기까지 과정은 한 여성의 승리라는 차원을 넘어 복무 중 심신장애를 얻을 경우 원치 않은 전역을 해야 하는 우리 군의 관행에 쐐기를 박았다는 평가를 받았다. 군에서조차 피 중령 사건이 군의 재량권 남용과 자의적 차별행위를 공론화해 이를 바로잡는 계기가 됐다는 목소리가 나왔다.

2006년 '여군은 초콜릿을 좋아하지 않는다' 는 제목의 자서전을 펴내 여군으로서 경험담과 암 투병, 강제 퇴역 조치에 맞서 싸운 내용 등을 담아냈다. 여군이 처한 상황과 부당한 대우에 맞서 싸운 '여전사'의 기록이란 서평도 있었다.

전역 후 2008년 진보신당 제18대 국회의원 비례대표로 출마하기도 했다. 지난 4월 더불어민주당 여의도 당사에서 열린 여군 예비역 문재인 대선후보 지지선언 회견에서 지지 이유를 설명하기도 했다.

청와대는 피 예비역 중령을 국가보훈처장으로 임명하면서 "보훈과 안보는 동전의 양면과 같다. 모든 국민이 함께 뜻을 모아야 한다. 그러나 그동안 국가보훈처는 국민의 마음을 모으지 못했다"면서 "온몸으로 나라 사랑의 의미를 보여준 신임 보훈처장의 임명으로 국가보훈처가 국민과 함께하는 보훈처가 될 것으로 기대한다"고 밝혔다.

# 홍석현

**미국 특사**
**(전 중앙일보 JTBC 회장)**

| 출생 | 1949년 서울
| 학력 | 경기고, 서울대 전자공학과, 미국 스탠퍼드대 경제학 박사
| 경력 | 세계은행 이코노미스트, 재무장관 비서관, 한국개발연구원(KDI) 연구위원, 삼성코닝 상무 전무 부사장, 중앙일보 사장 회장, 주미한국대사, 중앙일보·JTBC 회장, 한국기원 총재, 대한바둑협회장, 국제바둑연맹 회장

## '큰 꿈' 간직한 경제학 박사 … 언론사 사주 출신

경기고와 서울대 전자공학과를 나와 미국 스탠퍼드대에서 경제학 박사학위를 받았다. 집안도 좋다. 부친 홍진기 씨는 이승만 정부에서 법무장관과 내무장관을 지냈다. 장인인 신직수 씨는 박정희 정부에서 검찰총장, 법무장관, 중앙정보부장을 역임했다. 이건희 삼성 회장의 부인 홍라희 씨가 친누나다. 이 회장과는 처남 매부 사이다. 중앙일보 JTBC의 오너다. 학벌 인맥 경력 재산 등 남부러울 게 없는 사람이다.

처음부터 중앙일보 경영에 관여한 건 아니었다. 세계은행 이코노미스트를 지낸 뒤 재무장관 비서관 등으로 공직 경험을 거쳤다. 한국개발연구원(KDI)에서 연구위원도 지냈다. 삼성코닝에서 부사장까지 지내는 등 기업 경영 경험도 많다. 중앙일보 경영을 맡아 뛰어난 경영능력을 발휘했다.

노무현 대통령 때 '첫 번째 가출'을 했다. 2005년 2월 주미대사로

문재인 사람들

발탁됐다. 외교관 경험이 전혀 없는 언론사 사주가 대사로 임명된 것 자체가 뉴스였다. 일정 기간 주미대사를 지낸 뒤 유엔 사무총장에 입후보한다는 계획이었다고 한다.

그러나 순탄치 않았다. 그해 7월 이른바 '삼성 X파일 사건'이 터졌다. 홍 전 회장은 주미대사에서 물러날 수밖에 없었다. 유엔 사무총장에 대한 꿈도 물 건너갔다. 이후 그는 중앙일보 경영에 몰두했다. JTBC 인가를 받아 공중파와 어깨를 나란히 하는 종편으로 키워냈다. 그러던 그가 2017년 3월 돌연 중앙일보와 JTBC 회장직을 던졌다. 조기 대선 국면인 터라, 그의 대권 도전설이 그럴듯하게 나돌았다.

그를 아는 사람들은 그의 능력 커리어 네트워크 등이 아깝다고 한다. 홍 전 회장 자신도 그의 '배경'을 뛰어넘는 꿈을 꾸고 있는 것으로 알려져 있다. 정·관계, 재계, 언론계, 학계, 문화계 등에 폭넓은 인맥을 갖고 있는 그다. 한국기원 총재, 대한바둑협회장, 서예진흥위원장 등을 지내 네트워크가 다방면이다.

해외 인맥도 탄탄하다. 그는 '삼극위원회(The Trilateral Commission)' 회원이다. 이 위원회는 1973년 데이비드 록펠러 전 JP모간체이스 회장이 만들었다. 미국의 헨리 키신저 전 국무장관, 매들린 올브라이트 전 국무장관, 커트 캠벨 전 동아시아·태평양 차관보, 폴 볼커 전 중앙은행(Fed) 의장 등을 비롯해 고바야시 에이조 이토추그룹 회장, 마키하라 미노루 미쓰비시상사 고문, 리자오싱 전 중국 외교부장 등이 회원으로 있다. 한마디로 국제사회에 영향을 미칠 수 있는 파워 엘리트 모임이다. 그의 이런 대외 네트워크를 인정해 문재인 대통령은 취임하자마자 그를 미국 특사로 임명했다.

# 이해찬 —

**중국 특사
(더불어민주당 의원)**

| 출생 | 1952년 충남 청양
| 학력 | 용산고, 서울대 사회학과
| 경력 | 돌베개출판사 대표, 13 · 14 · 15 · 16 · 17 · 19 · 20대
국회의원, 교육부 장관(38대), 새천년민주당 최고위원,
열린우리당 창당준비위원회 창당기획단장, 국무총리
(36대), 민주통합당 당대표

## 친노그룹 좌장인 7선의원 ··· 당내 정신적 지주

친노(친노무현) 진영 좌장 격인 7선 의원이다. 노무현 정부 탄생의 일등 공신으로 친노 세력이 주도한 열린우리당 창당 선봉에 섰다. 이번 대선 때 더불어민주당 공동선거대책위원장을 맡았다. '노무현 정신'을 계승하는 문재인 정부에서 상징적인 존재감을 가지는 것으로 평가된다.

충남 청양 출신으로 서울 덕수중과 용산고를 거쳐 서울대 사회학과를 졸업했다. 대학 재학 중이던 1974년 전국민주청년학생총연맹(민청학련) 사건으로 김근태 전 고문과 함께 투옥되면서 운동권의 길을 걷게 된 '제1세대 운동권' 출신이다. 출소 후 번역 일을 하고 사회과학서점인 광장서적과 출판사 돌베개를 운영했다. 1980년 김대중 내란음모 사건에 엮여 다시 투옥됐다.

이후 민주화운동청년연합(민청련) 상임부위원장, 민주쟁취국민운동본부 집행위원, 민주평화통일연구소장 등을 맡으며 본격적으로 재야

민주화운동을 벌였다. 1988년 평민당 공천을 받아 13대 국회에 입성했다. 그해 열린 5·18 광주청문회에서 노 전 대통령과 함께 관련 증인들을 매섭게 몰아붙이며 일약 '청문회 스타 정치인'으로 떠올랐다. 이후 서울 관악구에서 내리 5선을 했다.

평민당 원내부총무를 비롯해 새정치국민회의 정책위 의장, 새천년민주당 최고위원 등 당 요직을 두루 거쳤다. 당 정책위 의장만 세 차례 지낸 정책통이다. 1997년 대통령선거 기획 수석부본부장으로 대선을 실무적으로 총괄해 사상 처음으로 선거에 의한 여야 정권교체를 이뤄내는 데 크게 기여했다.

김대중 정부 첫 교육부 장관에 임명돼 고교 평준화, 연합고사 폐지, 보충수업 폐지 등 교육 개혁에 앞장섰다. 하지만 성급한 개혁으로 학생들에게 "공부 안 해도 대학 갈 수 있다"는 잘못된 인식을 심으면서 이른바 '이해찬 세대'를 대거 양성, 학력 저하 현상을 초래했다는 비판도 받았다.

노무현 정부 때 국무총리를 맡으며 친노 이미지를 확실히 굳혔다. 역대 국무총리 중 가장 파워가 센 '실세 총리'로 꼽힌다.

2012년 대선 때 문재인 대통령과 안철수 전 국민의당 대표 간 후보 단일화 과정에서 이른바 친노 패권주의 청산 문제가 거론되면서 당 대표에서 물러났다. 2016년 4·30 총선 당시 공천에서 배제된 뒤 탈당, 무소속으로 세종시에 출마해 7선 고지에 올랐다. 추미애 더불어민주당 대표가 당권을 잡으며 복당했다. 문 후보에게 앙금이 있을 법도 하지만 대선 국면에서 안철수 국민의당 후보의 약진으로 '문재인 대세론'이 흔들릴 때 충청권의 비문(非문재인) 의원들을 소집해 결속을 당부하며 힘을 실어줬다.

# 문희상

**일본 특사**
**(더불어민주당 의원)**

| **출생** | 1945년 경기 의정부
| **학력** | 서울대 법학과
| **경력** | 학교법인 경해학원 이사장, 민주연합청년동지회 회장,
한국청년회의소 중앙회장, 14·16·17·18·19·20
대 국회의원, 국가정보원 기획조정실장, 노무현 대통령
비서실장, 국회부의장(18대), 한일의원연맹 회장

## 김대중·노무현 대통령을 가까이서 보필한 산증인

1979년 김대중 전 대통령을 처음 만난 문희상 의원은 이후 38년 동안 격랑의 정치 한복판에 서 있었다. 1980년 민주연합청년동지회 회장을, 1985년 한국청년회의소(JC) 중앙회장을 지냈다. 1992년 14대 총선에서 당선되며 본격적인 직업 정치인의 길을 걷기 시작했다. 2016년 20대 국회의 6선 의원이 되기까지 경기 의정부시 갑 지역구를 지키고 있다.

오랜 시간 정치인의 길을 걸어온 만큼 대통령들과의 인연도 남다르다. 국민의정부에선 초대 정무수석과 국가정보원 기조실장을, 노무현 정부에선 초대 대통령 비서실장을 지내며 김대중·노무현 전 대통령을 가장 가까운 곳에서 보좌했다. 2005년에는 열린우리당 의장을, 2008년에는 18대 국회 부의장을 지냈다. 2012년과 2014년에는 대선과 보궐선거의 패배로 격랑에 휩쓸린 민주당의 비상대책위원장을 맡았다. 이명박 · 박근혜 전 대통령은 이때 야당 의원과 대표로서 가까이서 접했다.

문재인 대통령과의 인연도 깊다. 노무현 정부 비서실장을 맡았을 당시 문재인 민정수석을 밑에 두고 있었다. 문 의원이 당으로 복귀한 뒤에도 '당대표 문희상'과 '청와대 비서실장 문재인'의 인연은 계속 이어졌다.

그는 이런 경험을 바탕으로 2017년 3월 《대통령》이란 책을 냈다. 주권자인 국민들이 제대로 된 대통령을 선별할 수 있는 안목을 갖추게 하겠다는 간절한 마음을 담았다는 게 문 의원의 설명이다.

"겉은 장비지만 속은 조조"란 말을 들을 정도로 정치 감각이 있는 것으로 정평이 나 있다. 통합과 조정 능력이 뛰어나 두 번의 당 비상대책위원장에도 적격이었다는 평가를 받고 있다. 문재인 정부에서 일본 특사가 된 것도 이런 평가들을 기반으로 한다. 2004~2008년 한일의원연맹 회장을 지내 일본 정계의 인맥도 매우 넓은 것으로 알려졌다.

문 의원의 일본 특사 파견이 경색된 한 · 일 관계의 새로운 돌파구가 될 수 있을지 많은 국민의 관심이 쏠리고 있다. 그는 한일 위안부 합의에 대해 일본 측에 전향적 입장 표명을 요구할 것임을 시사했다. 한 매체와의 인터뷰를 통해 "위안부 합의 재협상을 요구하지 않는 대신 일본 측이 새로운 담화를 발표하는 등 파기나 재협상이 아니라 '제3의 길'이 필요하다"고 말하기도 했다. 위안부 동원의 강제성을 인정한 '고노 담화' 수준의 입장 표명을 일본에 요구하겠다는 것으로 풀이되고 있다.

# 송영길 ——————

## 러시아 특사
(더불어민주당 의원)

| 출생 | 1963년 전남 고흥
| 학력 | 광주대동고, 연세대 경영학과
| 경력 | 연세대 총학생회장, 제36회 사법시험 합격, 사법연수원 13기, 민선 5기 인천시장, 16·17·18·20대 국회의원(4선)

## 인천시장 지낸 당내 대표적 외교전문가

더불어민주당 핵심 계파인 '386 운동권' 그룹의 맏형으로 손꼽힌다. 전남 고흥에서 6남매 중 넷째 아들로 태어났다. 형제자매 중 네 명이 고시에 합격한 수재 가문이다. 4남인 송 의원(사시 36회)을 비롯해 장남인 송하성 경기대 교수(행시 22회), 차남인 송영천 법무법인 새빛 대표변호사(사시 23회), 장녀이자 송 시장의 바로 아랫동생인 송경희 미래창조과학부 국제협력담당관(행시 39회) 등이다.

그는 인천시장 시절 한국경제신문과의 인터뷰에서 "면 서기를 하셨던 아버지는 식량 생산량을 상부에 보고할 때 직접 벼 나락과 포기를 하나씩 일일이 셀 정도로 고지식한 분이셨다"며 "형제들이 보자기를 펴놓고 함께 그 쌀알을 전부 셌던 기억이 난다"고 말했다.

연세대 총학생회장으로 민주화 운동에 앞장선 그는 1987년 부평에 있는 대우 르망공장 배전용접공을 시작으로 처음 인천과 인연을 맺었다. 1990년엔 택시기사로 일하면서 전국택시노동자연합회 인천지부 사무국장을 맡기도 했다. 이 시절 평생 배필인 남영신 여사도 만났다. 이화여대 출신인 남 여사 역시 구로에 있던 공장에 위장취업해 노동운동을 했다.

1994년 36회 사법시험에 합격했다. 연수원을 마친 뒤 다시 인천으로 내려가 인권변호사로서 지역 운동에 투신했다. 그는 "솔직히 법조인 생각은 별로 없었지만 정치 안하고도 할 수 있는 게 있어야 정치를 제대로 할 수 있지 않겠느냐고 생각했다"고 밝혔다.

1998년 새정치국민회의 인천시지부 정책실장 겸 고문변호사로서 제도권 정치와 첫 인연을 맺었다. 2000년 16대 총선에서 당선돼 처음으로 금배지를 달았다. 18대까지 내리 3선을 했다. 2010년 4월 지방선거에서 인천시장 후보로 출마해 안상수 한나라당 후보를 꺾고 민선 5기 광역단체장이 됐다. 2016년 4월 20대 총선에서 4선 의원에 등극했다. 19대 대선 경선에서부터 문재인 후보 캠프 선대총괄본부장을 맡아 사령탑 역할을 했다.

당내에서 중국·러시아 외교통으로 평가받는다. 2014년 6·4 지방선거에서 인천시장 재선에 실패한 뒤 중국 칭화대로 유학길에 올랐다. 인천시장 시절인 2013년 우리나라 지방자치단체장으로는 처음 블라디미르 푸틴 러시아 대통령의 초청으로 크렘린을 방문하는 등 푸틴 대통령과도 인연이 있다. 당시 인천시와 러시아 상트페테르부르크시 간 자매결연을 비롯해 한·러 교류협력과 우의증진에 기여한 공로로 푸틴 대통령으로부터 평화 우호 훈장을 받기도 했다. 문재인 정부 출범 이후 첫 러시아 특사로 파견됐다.

조윤제 ————

**유럽 및 독일 특사**
**(서강대 교수)**

ㅣ**출생**ㅣ 1952년 부산
ㅣ**학력**ㅣ 경기고, 서울대 국제경제학과, 미국 일리노이대 경제학
석사, 스탠퍼드대 경제학 박사
ㅣ**경력**ㅣ 세계은행 경제분석관, 국제통화기금(IMF) 경제분석관,
재정경제원 장관 자문관, 서강대 국제대학원 교수, 대
통령 경제보좌관, 주영국대사, 서강대 국제대학원장,
'정책공간 국민성장' 소장

## 문재인 대통령의 경제정책 설계자

문재인 대통령의 대선 싱크탱크 '정책공간 국민성장' 소장을 맡아 경제정책을 입안했다. 문 대통령과의 인연은 노무현 정부 시절 시작됐다. 조 교수는 노무현 정부에서 경제보좌관을 지냈다. 2003년 당시 노 대통령이 조 교수를 발탁했다. 주변에서는 의외라는 평가가 많았다. 그는 경기고, 서울대를 나오고 스탠퍼드대에서 경제학 박사 학위를 받았다. 말 그대로 '주류 경제학자'라는 시각이 많았기 때문이다.

경제보좌관 역할을 하고 주영국대사로 임명될 만큼 높은 신임을 받았다. 이후 박근혜 정부에서는 국민경제자문회의 위원으로 활동하기도 했다. 2015년 그는 젊은 학자들과 함께 소득분배의 문제점을 담은 보고서를 작성했다. 이 보고서는 청와대가 공개를 만류해 1년 뒤 《한국의 소득분배, 추세 원인 대책》이라는 제목으로 출간됐다.

19대 대선을 앞두고 문 대통령의 요청으로 공약개발 싱크탱크인

'정책공간 국민성장' 소장을 맡았다.

한국사회의 스펙트럼으로 보면 중도에 가깝다는 평가를 받는다. 역사적 맥락을 중시하고, 균형과 효율을 강조한다. 그는 "시장은 지고한 존재성을 가지지 않는다. 시장이 장기적으로 건전하고 효율적으로 발전해 국민경제 속에 들어와 국민의 삶이 균형있고 풍요로워지도록 질서를 잡아주는 것이 국가의 역할"이라고 말한다. 또 친기업 정책과 친재벌 정책을 구분하는 것이 필요하다는 지론을 갖고 있다. 재벌의 기득권을 강화하는 정책은 피해야 한다는 것이다. 그는 "이미 그들(재벌)의 활동과 영향력은 단순히 재화와 서비스의 생산과 이윤추구라는 경제적 영역을 넘어 우리 사회의 정치 여론 형성 등 공적인 부분까지 깊숙이 장악하고 있다"고 지적한다.

재벌이 성장하는 과정에서 국가 사회의 역할을 강조하기도 한다. 그는 "재벌은 이익은 사유화하고, 손실은 사회화는 과정에서 지금과 같은 힘을 갖게 됐다"고 말한다. 망하면 국민이 손실을 책임지고, 재벌이 잘되면 오너 일가가 그 이익을 향유했다는 얘기다. 그는 재벌개혁을 통한 전문화된 대기업 육성을 강조한다.

중소기업에 대한 무조건 지원은 반대한다. 중소기업 지원금이 자칫 대기업 근로자의 주머니로 흘러들어갈 가능성이 있기 때문이다. 한국 사회의 하청구조에서 대기업은 끊임없이 협력업체 납품단가 인하를 요구하기 때문이다.

그의 또 다른 관심은 '국가 거버넌스'다. 거버넌스는 지배구조란 말로는 다 표현하기 힘든 국가의 운영시스템을 말한다. 그는 "책임과 효율이란 면에서 대통령 중임제가 바람직하다"고 말한다.

# 임종석

**대통령 비서실장**

| 출생 | 1966년 전남 장흥
| 학력 | 용문고, 한양대 무기재료공학과
| 경력 | 한양대 총학생회장, 전국대학생대표자협의회 3기 의장, 16·17대 국회의원, 열린우리당 대변인, 민주당 원내수석부대표, 서울시 정무부시장

## 운동권 스타 출신 합리적 개혁주의자 … 여야 경계 없는 마당발

'86세대(80년대 학번·1960년대 출생)'의 대표적인 운동권 스타다. 김대중 전 대통령의 발탁으로 2000년 새천년민주당에 영입된 이후 같은 해 16대 총선에서 당선되며 제도권 정치를 시작했다.

전대협 의장 시절 임수경 전 의원의 '평양 축전참가'를 진두지휘한 것으로 유명하다. 1989년 한양대 총학생회장이자 전국대학생대표자협의회(전대협) 3기 의장을 맡던 시절이었다. 지명수배됐지만 경찰의 추적을 매번 따돌려 '임길동'이라는 별명을 얻기도 했다. 결국 체포돼 3년6개월간 옥고를 치렀고, 출소 후엔 시민운동을 이어갔다.

제도권 정치엔 2000년 발을 들였다. 전대협 출신인 이인영·오영식·우상호 전 의원과 함께 새천년민주당에 '젊은 피'로 영입됐다. 같은 해 16대 총선에 서울 성동을에 출마해 34세 최연소 의원으로 국회에 들어왔다. 2004년 재선에 성공했지만 2008년 18대 총선에서 낙선했다.

문재인 대통령과의 인연은 2011년에 시작됐다. 문 대통령은 2011
년 '혁신과 통합' 상임공동대표를 맡아 민주통합당을 창당하고, 2012
년 4월 19대 총선에 출마해 여의도 정치권에 합류했다. 임 비서실장
은 당 사무총장으로 19대 공천 실무를 맡았는데, 삼화저축은행 측으
로부터 불법 정치자금을 받은 혐의로 검찰 수사를 받으면서 19대 총
선에 불출마했다. 이와 관련해선 대법원에서 무죄 판결이 확정됐다.
문 대통령은 당시 임 비서실장의 불출마 결단을 눈여겨봤던 것으로
알려졌다.

박원순 서울시장의 정무부시장을 지낸 '박원순 맨'으로 분류됐으
나, 지난해 말 문 대통령의 요청으로 문재인 캠프에 영입됐다. 이후
민주당 대선후보 경선과 본선 과정에서 문 캠프 비서실장을 지냈다.

대선후보 경선에 뛰어든 박원순 서울시장의 측근이었던 데다 당내
친노(친노무현)·친문(친문재인)계가 아니란 점에서 그의 비서실장 임명
은 파격으로 받아들여진다. 탁월한 정무감각과 함께 당내 친화력과
소통 능력 등을 높이 평가받은 것으로 알려졌다. 여야를 가릴 것 없는
마당발 인맥으로도 유명하다. 청와대와 국회의 가교 역할을 할 것이
라는 기대도 나온다.

의원 시절에는 통일외교통상위원회에서만 6년을 활동하며 외교분
야 전문성을 쌓았다. 또 2007년 '개성공단 지원법' 제정에 앞장서는
등 북한 문제에도 상당한 식견이 있는 것으로 알려졌다. 남북관계 개
선에 대한 문 대통령의 정책 의지를 보좌할 수 있을 것이란 기대가 나
온다.

# 주영훈 ——————
### 대통령 경호실장

| 출생 | 1956년 충남 금산
| 학력 | 한국외국어대 아랍어과
| 경력 | 대통령경호실 안전본부장

## 노무현 대통령을 끝까지 지킨 '봉하마을 경호실장'

　　노무현 정부 때 청와대 경호실 가족부장을 맡아 노무현 전 대통령과 가족의 관저 경호를 담당했다. 노 전 대통령 퇴임 후 김해 봉하마을로 내려가 경호팀장으로 근무했다. 노 전 대통령이 자전거를 타면 같이 자전거를 타고 뒤를 따랐다. 작업복에 모자를 쓰고 논일을 하면 똑같은 복장으로 등장해 일을 도왔다. 노 전 대통령 경호뿐 아니라 마을 일도 돌봤다. 노 전 대통령 서거 당시 운구 행렬과 가족을 곁에서 묵묵히 지켰고, 이후에도 권양숙 여사 경호를 맡았다. 이 때문에 '봉하마을 실장'이라는 별명도 얻었다. 19대 대선에서는 더불어민주당 선거대책위원회 산하 '광화문 대통령 공약 기획위원회' 부위원장으로 활동했다.

　　한국외국어대 아랍어과를 졸업했다. 1984년 경호실 공채로 청와대에 들어왔다. 보안과장 인사과장 경호부장 안전본부장 등 경호실 요직을 두루 거쳤다. 노태우 대통령 재임 시절에도 가족 경호 업무를 담당한 적이 있다. 근무 기간이 길고, 가족 경호 경험도 많아 경호실 사정을 누구보다 잘 안다는 평가다. 문재인 대통령과도 잘 통한다는 얘기를 듣는다.

지난 1월 박근혜 당시 대통령의 '세월호 7시간 행적'을 놓고 박 대통령 측이 "당시 박 대통령은 관저에서 근무했다. 이전 대통령들도 관저에서 근무하는 일이 잦았다"고 주장하자, 페이스북에 글을 올려 "진실을 호도하는 짓을 묵과할 수 없다. (집무실에) 등·퇴청을 하지 않은 (역대) 대통령은 아무도 없었다"고 말하기도 했나.

주영훈 경호실장은 문 대통령의 대선 공약인 '경호실 개혁'을 주도할 전망이다. 문 대통령은 대선 당시 "당선되면 청와대가 아니라 광화문 정부서울청사에서 근무하겠다"는 이른바 '광화문 대통령 시대' 공약을 내놨다. 또 청와대 경호실을 폐지하고 경찰청 산하 대통령 경호국으로 바꾸겠다고도 했다. 주 실장은 대선 기간 민주당 선대위에서 청와대 집무실 이전 및 이에 따른 경호·시설 안전과 관련한 밑그림을 그리는 작업을 했다.

문 대통령은 주 실장을 경호실장으로 발표하면서 "(주 실장은) 경호 조직의 변화와 새로운 경호 제도를 구현할 전문가"라며 "청와대 조직 개편안이 통과되는 대로 경호실도 개혁이 필요하다. 조직을 안정시키고 개혁도 추진해주기를 기대한다"고 말했다.

주 실장은 소셜네트워크서비스(SNS)를 통해 "친근한 경호, 낮은 경호, 열린 경호로 문 대통령이 바라는 경호실 개혁을 이끌겠다"고 다짐했다.

# 전병헌 ———

## 대통령비서실 정무수석

| 출생 | 1958년 충남 홍성
| 학력 | 휘문고, 고려대 정치외교학 · 경제학 학사, 고려대 정책
대학원 경제학 석사
| 경력 | 김대중 대통령 정책기획 비서관 · 청와대 국정상황실장,
열린우리당 정책위원회 상임부의장, 17~19대 국회의
원, 새정치민주연합 원내대표, 더불어민주당 최고위원

## 국정 경험, 정무감각 두루 갖춘 3선 의원 ··· 당내 '전략 · 기획통'

더불어민주당에서 손꼽히는 '전략 기획통'이다. 유연한 협상력과
타고난 순발력의 소유자로 정세 판단 능력이 뛰어나다는 평가 속에서
당내 총선, 대선 등에서 전략가로 활약했다. 그는 이번 19대 대선에서
도 더불어민주당 선거대책위원회 전략기획본부장을 맡아 선거 전략
을 주도했다.

충남 홍성 출신으로 휘문고와 고려대 정치외교학, 경제학과와 같은
대학 정책대학원에서 경제학 석사를 마쳤다. 1987년 김대중 전 대통
령이 이끌던 평화민주당 당료로 정치권에 발을 들여놨다. 이후 30년
가까운 정당 경력을 통해 국정 경험과 정무 감각을 두루 갖췄다.

김대중 대선 캠프에서 최연소 대선기획단으로 참여, 당선을 이끌었
다. 김대중 정부가 들어서면서 청와대 정책기획비서관, 국정상황비서
관, 국정상황실장 등을 맡아 다양한 국정 경험도 쌓았다. 노무현 전

대통령 탄핵사태 이후 치러진 2004년 17대 총선에 당선되면서 국회에 입성한 이후 18·19대까지 3선 의원을 지냈다. 18대 국회에선 국회 문화체육관광방송통신위원회 야당 간사로 미디어법 투쟁을 이끌었고, 19대 국회에선 2013년 민주당 전반기 원내대표로 선출돼 당시 친박 핵심 인물이던 최경환 새누리당 원내대표에게 맞서 협상력을 발휘, 경제민주화 법안과 국정원 개혁법 등을 타결했다.

범동교동계, 정세균계 핵심 인사로 분류되지만 2015년 문재인 대통령이 새정치민주연합 대표를 맡았을 때 최고위원으로 함께 당을 이끌면서 문 대통령과 인연을 맺었다. 당시 민주당이 4일 재·보선에서 참패하자 비주류들이 문 대표 사퇴를 요구했지만 통합을 강조하면서 문 대표를 적극 엄호한 것으로 알려져 있다.

하지만 지난해 김종인 전 대표가 주도한 20대 4·13 총선 공천 과정에서 정세균계 인사들과 함께 공천 탈락의 고배를 마셨다. 당시 탈당을 고민했지만 문 대통령의 권유로 당에 남아 대선을 준비했다. 대선후보 경선이 시작되기 전부터 일찌감치 서울 여의도에 개인 사무실을 차리고 문재인 캠프에 참여했다.

# 조국

## 대통령비서실 민정수석

| **출생** | 1965년 부산
| **학력** | 부산 혜광고, 서울대 법학과, 미국 캘리포니아대 버클리캠퍼스 로스쿨 법학 석·박사
| **경력** | 참여연대 사법감시센터 소장, 참여연대 운영위원회 부위원장, 서울대 법학전문대학원 교수, 한국경찰법학회 회장, 새정치민주연합 혁신위원회 위원

## 검찰개혁 중책 맡은 소장파 교수 … '강남좌파' 지적받기도

현실 정치에 적극적으로 개입해온 진보진영의 대표적 지식인으로 꼽힌다. 부산에서 태어나 서울대 법대와 대학원을 졸업했다. 1993년 남한사회주의노동자연맹(사노맹) 사건에 연루돼 국가보안법 위반 혐의로 구속돼 5개월 넘게 옥살이를 했다.

미국 캘리포니아대 버클리캠퍼스에서 법학박사 학위를 받았다. 울산대와 동국대를 거쳐 2002년 서울대 법대 교수로 자리를 옮겼다. 2000년대 초반부터 참여연대의 사법감시센터 부소장과 부운영위원장으로 활동했다. 2007년에는 국가인권위원회 위원과 대법원 2기 양형위원회 위원도 역임했다.

그를 따라다니는 별명 중 하나는 '강남좌파'다. 이른바 '금수저' 출신이어서다. 조 수석 가문은 사학재단 웅동학원을 소유하고 있다. 별로 고생을 안해본 듯한 곱상한 외모도 그에게 '강남좌파'라는 별명을 안겨주는 데 한몫했다. 하지만 그는 미국의 촘스키, 영국의 러셀, 프 랑스의 사르트르 등 세계적인 진보 지식인 중 상당수가 상류층 출신 이었다는 점을 들며 이런 비판에 개의치 않는 모습을 보였다.

서울대 교수로 재직하면서 트위터 등 소셜네트워크서비스(SNS)를 적극 활용해 자신의 정치적 견해를 활발히 개진해 왔다. 2012년 대선 을 2년 앞두고 오연호 오마이뉴스 대표와의 대화록인 '진보집권플랜' 을 출간하며 진보진영의 정권 창출을 측면 지원했다. 사회 양극화 문 제, 양심적 병역거부 등을 주제로 대중 강연도 많이 했다. 그가 이처 럼 현실정치에 적극적으로 뛰어드는 모습을 본 보수층은 '폴리페서' 라고 비난하기도 했다.

정치권의 오랜 러브콜을 받아왔다. 2009년 삼성경제연구소가 작성 한 정세 분석 관련 비공개 보고서에서 조국 수석은 '인물 부재에 시달 리는 민주당에 새로운 바람을 불어넣을 대안 인물'로 꼽혔다.

2012년부터 SNS를 통해 문재인 대통령을 공개적으로 지지해 왔다. 지난해 4·13 총선 당시 새정치민주연합(현 더불어민주당) 혁신위원을 맡아 당 혁신에 힘쓰기도 했다. 19대 대선 기간에도 유세 현장에 합류 해 지지를 호소했다.

형법학자인 조 교수가 비(非)검사 출신으로는 이례적으로 민정수석 에 발탁되면서 문 대통령의 지휘를 받아 권력기관 사정과 검찰 개혁 을 이끌 것으로 예상된다. 그동안 그는 법학자로서 검찰 개혁에 대해 깊은 공감을 표시했었다.

# 하승창
## 대통령비서실 사회혁신수석

| 출생 | 1961년 서울
| 학력 | 서울 마포고, 연세대 사회학과, 연세대 대학원 사회학 석사
| 경력 | 경제정의실천시민연합 정책실장, 함께하는시민행동 사무처장, 시민사회단체연대회의 운영위원장, 희망과 대안 운영위원장, 서울특별시 정무부시장

## '박원순 맨'에서 문재인 대통령의 혁신관리자로

대표적인 '박원순 사람'으로 꼽는다. 박 시장의 서울시장 선거 총괄을 두 차례나 맡을 정도로 신임이 두텁다. 지난해 시민운동가 출신으로는 최초로 서울시 정무부시장에 임명됐다. 박 시장과 함께 서울시의 다양한 혁신적인 정책을 만들고 실행하는 데 기여했다는 평가를 받는다.

더불어민주당 선거대책위원회에서 '사회혁신·사회적경제위원회' 위원장으로 합류해 문재인 대통령의 당선을 도왔다. 사회적경제 정책 생산과 운영 경험을 지역사회로 확대하는 것을 목표로 광주와 충북, 충남 등 10여개 지역에서 '사회적경제 정책간담회'를 진행하며 사회적 연대에 기반한 '공동체 경제' 패러다임 전환 구상을 주도하기도 했다.

대학 시절 민주화 운동에 적극적으로 참여했다. 국가보안법과 집회 및 시위에 관한 법을 위반한 혐의로 두 차례나 옥살이를 했다. 경제정의실천연합에 1992년 합류하면서 시민 운동을 시작했다. 경실련에서 간사, 조직국장, 정책실장 등 주요 요직을 거쳤다. 그는 경실련에서 1997년 김영삼 전 대통령의 차남 김현철 씨 비리 의혹 통화 테이프 은폐 사건, 1999년 경실련 내 고위 간부의 칼럼 표절 사건 등을 겪으면서 개혁적인 시민 운동이 필요하다고 판단했다. 하 사회혁신수석이 시민단체 '함께하는 시민행동'을 직접 창설한 이유다. 함께하는 시민행동은 정부 예산을 감시하는 등 납세자 운동을 적극적으로 펼쳤다.

이번에 새로 생긴 사회혁신수석은 시민사회와의 소통과 대화를 담당하는 자리다. 사회혁신·시민사회·제도개선 비서관을 관장한다. 청와대 관계자는 "오랜 시민사회 활동을 이어온 시민사회 대표 격인 인사"라며 "시민사회와 지역에서 광범위하게 일어나고 있는 풀뿌리 혁신을 국정에 반영해 공동체 발전과 국민통합을 뒷받침할 적임자"라고 인선 배경을 설명했다.

그는 "촛불현장에서 보았듯 시민이 사회문제를 해결하는 데 나서는 흐름이 일반화됐다"며 "우리 사회가 성장하고 발전하도록 여러 지원·제도·법령 등을 고치고 만들어 시민을 돕는 일이 사회혁신수석의 임무이자 도리"라고 소감을 밝혔다. 그는 "서울시에서 해본 여러 일 가운데 검증된 것을 전국적으로 가능하게 하는 것을 돕는 게 제 업무가 될 것"이라면서 "문재인 대통령이 지금까지 우리 사회가 풀지 못한 숙제를 국민과 풀겠다는 국정철학을 구현하는 것을 충실히 보좌하겠다"고 강조했다.

# 윤영찬

**대통령비서실 국민소통수석**

| **출생** | 1964년 전북 전주
| **학력** | 영등포고, 서울대 지리학과, 서강대 공공정책대학원 국제관계 석사
| **경력** | 동아일보 정치부 차장, 미국 존스홉킨스대 객원 연구원, 네이버 부사장, 한국인터넷기업협회 상임부회장, 제19대 대통령선거 더불어민주당 중앙선거대책위원회 SNS본부 공동본부장

## 신문 · 뉴미디어 거친 미디어 전문가 … 원만한 성품 · 폭넓은 인맥 강점

일간지 정치부 기자와 네이버를 거친 '미디어 전문가'로 문재인 정부 첫 국민소통수석(옛 홍보수석)으로 임명됐다. 전북 전주 출신으로 영등포고와 서울대 지리학과를 졸업하고 1990년 동아일보에 입사했다. 정치부 차장과 문화부 차장, 노조위원장을 거쳤다. 지난 2008년 1월 네이버에 입사해 이사와 부사장을 거치며 홍보 업무와 뉴미디어 사업을 맡았다.

정치부 기자 시절 노태우 비자금을 특종 취재해 1995년 한국기자상을 수상했다. 2002~2003년 동아일보 노조위원장으로 근무할 때는 김대중 · 노무현 정부에 비판적인 회사의 논조를 비판하기도 했다. 기자생활의 대부분을 민주당 계열 정당을 주로 출입해 정치권 인사들과의 교분도 두텁다.

이낙연 총리와는 동아일보 정치부 선후배 사이다. 이 총리가 정치

문재인 사람들

부장을 맡을 때 윤 수석이 초임 기자로 함께 일했다. 이 총리가 당시 윤 수석을 혹독하게 가르쳤다는 후문도 있다. 2008년 동아일보에 사표를 쓰고 네이버로 옮겨 미디어서비스 실장(미디어 담당 이사)과 부사장을 지냈다. 당시 뉴미디어에 관심이 많았던 그는 익숙하지 않은 정보기술(IT) 용어를 수첩에 일일이 적어가며 익혔다고 한다.

올해 3월 네이버에 사표를 내고 문재인 대선 캠프에 합류해 소셜네트워크서비스(SNS) 본부장을 맡았다. 대선기간 정책 쇼핑몰을 표방한 '정책쇼핑몰 문재인 1번가', '전국을 덮자 파란 캠페인', 그리고 박원순 서울시장과 안희정 충남지사, 김부겸 의원마저 춤추게 한 '투표참여 캠페인' 등의 기획을 주도했다.

원만한 성품으로 언론과 정치권 인맥을 폭넓게 쌓았다. 윤 수석의 형은 참여정부 시절 외교통상부 장관을 지낸 윤영관 서울대 명예교수다.

온 · 오프라인을 넘나드는 미디어 전문가인 만큼 기존의 일방적 홍보가 아닌 소통과 공감 홍보를 구현할 것이란 기대를 받고 있다. 취임 직후 청와대 출입기자들이 만든 단체 채팅방에 합류하기도 했다. 청와대는 "언론을 국정운영 동반자이자 대국민 소통의 창구로 생각하는 대통령의 언론철학을 충실하게 보좌할 적임자"라고 그를 소개했다.

## 조현옥
### 대통령비서실 인사수석

| 출생 | 1956년 서울
| 학력 | 숙명여고, 이화여대 정치외교학과, 독일 하이델베르크
대 정치학 박사
| 경력 | 한국여성정책연구원 연구원, 여성정치세력민주연대
상임대표, 서울시민연대 공동대표, 서울시 여성가족정
책실장, 이화여대 정책과학대학원 초빙교수, 더불어민
주당 국민주권선대위 성평등본부 부본부장, 대통령비
서실 인사수석실 균형인사비서관

## 여성 '유리천장' 깰 인사 전문가

국책연구기관인 한국여성정책연구원과 여성정치세력민주연대 등
시민단체를 두루 거친 여성정책 전문가다. 문재인 대통령과는 노무현
정부 청와대 고위공직자 인사검증자문회의 위원을 거쳐 2006~2007
년 인사수석실 균형인사비서관을 지내며 인연을 맺었다. 19대 대통령
선거에서는 선거대책위원회 성평등본부 부본부장을 지냈다.

노무현 정부 시절 인사정책을 다룬 경험을 바탕으로 대통령이 강조
하는 시스템 인사, 균형인사를 청와대와 행정부, 공기업 전반으로 확
산시켜 나갈 적임자라는 평가다.

청와대 근무 이후 이화여대 정책과학대학원 리더십개발원 초빙교
수를 지냈고, 박원순 서울시장 취임 직후인 2011년 12월 서울시 여성
가족정책관에 발탁돼 2015년까지 여성가족정책실장을 지냈다. 서울
시 정무부시장을 지낸 임종석 비서실장과 함께 '박원순계'로 분류되

기도 했다.

시민단체에서 활동하면서 '여성공천할당제'를 주장하며 여성의 정치 참여와 권익 보호에 힘써왔다. 서울시에서는 여성가족정책실장으로 보육서비스 확대, 일·가족 양립을 위한 지원체계 강화와 여성 참여 확대 등 여성과 가족복지를 위한 사무를 총괄했다. "내각 여성 비율을 30%까지 끌어올리겠다"는 문 대통령의 의지가 반영된 '맞춤형' 인사라는 분석이다.

업무에서는 따뜻함과 소통을 필수 덕목으로 꼽는 인물이다. 앞서 서울시 개혁 시절엔 "싱과 지향석이면서 차가운 사람도 나름대로 쓰임새가 있겠지만 따뜻한 마음을 갖는 것이 더 중요하다"고 말했다.

옆에서 지켜 본 서울시 공무원들은 "합리적인 의사 결정에 업무 파악이 빠르고 일에 대한 이해도가 높다"고 입을 모았다. 조 수석과 2년간 함께 일했다는 과장급 공무원은 "외부에서 온 사람 치고 공무원들에게 욕을 먹지 않는 사람들이 별로 없는데 전혀 그렇지 않은 보기 드문 케이스"라며 "합리적이고 똑똑한 데다 예의바르고 공정한 일처리로 부하직원들 모두 칭찬 일색이었다"고 기억했다. 시민단체 출신임에도 한 방향으로 치우치지 않고 공무원들의 의견도 존중해 균형 감각이 뛰어나다는 얘기도 들린다.

한 서울시 공무원은 "지나치게 '동안'이라는 게 단점이라면 단점"이라고 했다. 40대 밑으로 보이는 젊은 외모 탓에 민원인 등을 상대하면서 엉뚱한 대접을 받을 때도 있었다는 후문이다. 의전을 위해 보좌 인력으로 배치된 사무관 1명과 비서 1명을 홍보 업무로 전환 배치한 것은 유명한 일화다.

## 김수현 —— 대통령비서실 사회수석

| 출생 | 1962년 경북 영덕
| 학력 | 서울 경북고, 서울대 도시공학과, 서울대 도시공학 석사, 서울대 환경대학원 도시 및 지역계획학 박사
| 경력 | 노무현 대통령 국정과제 비서관, 국민경제 비서관, 사회정책비서관, 환경부 차관, 세종대 도시부동산대학원 교수, 서울연구원장

## 10년 만에 돌아온 '종부세 설계자'

2005년 노무현 정부에서 청와대 국정과제비서관을 지내면서 이정우 당시 정책실장을 도와 종합부동산세 도입을 주도했다. 대표적인 부동산 규제안인 '8·31 부동산종합대책'의 골격을 만든 인물이다. 그가 주택도시정책을 담당하는 사회수석으로 10년 만에 '컴백'하면서 문재인 정부의 부동산정책에도 변화가 오는 것 아니냐는 관측이 나온다. 김 수석은 사회정책·교육문화·주택도시·기후환경·여성가족 정책을 총괄한다.

청와대는 "도시정책 분야의 전문가이자 노무현 정부에서 사회정책비서관, 국정과제비서관, 환경부 차관을 지내는 등 사회분야에서 풍부한 국정 경험과 전문성을 갖춘 인사"라고 소개했다.

도시 빈민운동가 출신으로 문재인 대통령의 핵심 공약 중 하나인 '도시재생 뉴딜정책'을 설계했다. 도시재생 뉴딜정책은 재개발·재건축이나 신도시 건설 등 철거를 통한 전면 개발 대신 도시의 본 모습을 유지하면서 주거지를 개선하는 사업이다. 김 수석이 원장으로 있는 서울연구원은 거시적인 도시환경 변화와 전략 수립을 연구하는 곳이다. 그가 사회수석에 임명되면서 도시재생 뉴딜정책을 추진하는 데 속도가 붙을 것이란 관측이 나온다.

문 대통령이 지난 대선 기간 철회한 공약인 부동산 보유세 인상도 재추진할지 주목된다. 과거 경제수석이 관할하던 주택도시정책이 사회수석 담당으로 바뀐 것도 김 수석이 부동산정책에 깊숙이 관여할 것이란 예상이 나오는 이유다. 김 수석은 문 대통령의 성책 브레인 그룹인 '심천회' 핵심 멤버로 활동했다.

김 수석은 "일자리 늘리기가 가장 먼저 추진할 정책"이라며 "일자리는 알다시피 경제, 사회 등 모든 영역 총화의 결과"라고 말했다. 이어 "추경예산을 통과시키고 돈을 풀어서 공공부문(일자리)만 하면 될 것 같지만 그렇게 해서는 일자리 문제가 해결이 안 된다는 것은 상식"이라며 "본질적으로 마켓(시장)이 움직여야 한다"고 강조했다. 김 수석은 또 "노무현 정부 당시는 '이쪽' 진영의 인적 자원이 성숙하기 전이었지만 10여 년간 현장에서 절치부심하고 정부를 운영할 능력을 높였다고 확신한다"고 강조했다.

# 이정도 ——— 대통령비서실 총무비서관

| **출생** | 1965년 경남 합천
| **학력** | 초계종합고, 창원대 행정학과
| **경력** | 7급 공채, 기획예산처 예산실 예산기준과·기획예산
처 차관실, 대통령비서실 경제정책수석실 경제정책 행
정관, 기획재정부 장관비서관, 기획재정부 예산실 행정
안전예산심의관

## 7급 흙수저 출신 공무원 꼼꼼한 일처리 유명

지방직 7급 공무원 출신으로 기획재정부 예산실 국장 자리에 오른 입지전적인 인물이다. 5급 행정고시 합격자 중에서도 최상위권만 들어가는 기재부에서 깔끔하고 꼼꼼한 일처리 능력을 인정받았다. 기재부 내에선 일을 하려면 '이 정도는 해야 한다'는 농담이 있을 정도다.

창원대 행정학과를 졸업하고 경남 합천군청 주사로 공직을 시작했다. 공직 생활 중에 국가직 7급 시험에 다시 합격한 뒤 경제 부처로 옮겼다. 공직생활 대부분을 예산실에서 근무한 '예산통'으로 꼽힌다. 농림예산과장, 문화예산과장 등을 거쳐 지난해 10월 국방·법사·안전·지방 관련 예산을 책임지는 행정안전예산심의관(국장급)을 맡았다. 7급 공무원 출신이 예산실 국장에 선임된 건 매우 이례적인 일로 주목받았다. 당시 기재부 실·국장급(1·2급) 고위공무원 32명 중 비고시 출신은 그가 유일했다.

문재인 대통령과의 개인적인 인연은 따로 없다. 문 대통령은 "그동안 총무비서관은 가족처럼 그런 (친분) 관계 있는 분이 맡아야 하는, 뭔가 좀 비밀스러운 직책이었는데 저는 좀 투명하게 운용해 보고 싶다"며 이 비서관 선임 이유를 밝혔다.

변양균 전 참여정부 청와대 정책실장과 가깝다. 변 전 실장이 2003년 기획예산처 차관을 지냈을 때 비서였다. 변 전 실장이 기획예산처 장관이 되자 장관실로 이동했고, 청와대 정책실장이 되자 함께 청와대에 들어갔다. 매끄러운 일처리 등으로 변 전 실장의 신뢰가 두터웠던 것으로 알려졌다. 원칙에서 벗어나면 윗사람에게도 쓴소리를 내뱉는 사람으로 알려졌다. 관가에선 변 전 실장의 추천으로 총무비서관으로 발탁된 것으로 보고 있다. 변 전 실장은 관료 출신으로 구성된 '10년의 힘 위원회'를 통해 문 대통령의 당선을 도왔다.

특정 성향에 편중된 스타일이 아니다. 이명박 정부 실세였던 강만수 전 기재부 장관 시절에도 비서로 발탁됐다. 당시 참여정부 사람이라면 무조건 배격하던 상황에서 매우 이례적인 인사였다. 이 비서관은 강 전 장관이 '대우조선해양 비리'에 연루된 의혹을 받고 힘들어했을 때도 곁을 지켰던 것으로 알려졌다.

2012~2014년 기재부 핵심 보직 중 하나인 인사과장을 지냈다. 통상 정권이 바뀌면 인사과장도 교체된다. 하지만 그는 2012년 이명박 정부의 박재완 기재부 장관 시절 발탁돼 2013~2014년 박근혜 정부의 현오석ㆍ최경환 장관을 거칠 때까지 인사과장 자리를 지켰다. 기재부 내에선 이 역시 이례적인 일로 회자되고 있다.

# 한병도

**정무수석실 정무비서관**

| **출생** | 1967년 전북 익산
| **학력** | 원광고, 원광대 신문방송학
| **경력** | 원광대 총학생회장, 제17대 국회의원, 노무현재단 자
문위원

## '친노'임을 자랑스럽게 여기는 전북지역 대표적 친문인사

원광대 총학생회장을 지낸 학생운동권 출신. 17대 국회의원을 지냈다. 전북의 대표적인 친노·친문 인사로 꼽힌다. 임종석 대통령비서실장 등 청와대 주요 인사들과도 신의가 두텁다는 평가를 받고 있다.

18대 대통령 선거에서 문재인 후보 시민캠프운영지원단장을 지냈다. 19대 대통령 선거기간에는 선대위 조직본부 부본부장으로 맹활약했다. 전북지역에서 문재인 대통령이 높은 득표율을 올리는 데 단단히 한몫했다는 평가를 받는다.

전북 익산에서 태어나 원광고와 원광대를 졸업했다. 17대 총선에서 첫 도전에 나서 74.5%의 득표율로 현역의원을 누르고 당선됐다. 민주통합당 당무위원, 민주정책연구원 이사, 열린우리당 원내부대표 등을 지냈다.

열렬한 노무현 지지자다. "가장 존경하는 사람은 노무현 전 대통령"이라고 스스럼없이 말한다. 그는 "(자신을) '친노'라고 말하는 사람들에 대해 오히려 친노의 실체를 묻고 싶다. 수구 보수세력이나 일부 종편에서 편향적으로 쓰는 용어라고 생각한다. 저는 김대중 대통령의 민주화에 대한 열망, 노무현 대통령의 기득권을 버리고 이룬 수평적 리더십, 반칙과 특권이 없는 사회, 사람 사는 세상의 정치 구현에 뜻을 같이 하고 있다"고 역설한다. "일부에서 폄훼하려는 의도로 표현하는 '계파적 친노'가 아닌 '가치적 친노'이며, 그렇다고 한다면 세간의 평가를 자랑스럽게 생각한다"고 말하고 다닌다.

18내 대선 때는 문재인 대선 후보캠프에서 시민캠프운영지원단장을 맡았다. 전국 단위의 시민단체와 교수단, 노동계, 자발적으로 참여한 수많은 시민들이 시민캠프를 꾸려 대선에 임했다. 여기서 전체를 총괄하는 안목과 역량이 쌓였으며, 뜻을 함께한 전국 각지의 사람들과 인맥을 쌓으면서 네트워크를 구축했다고 한다. 그의 조직역량과 열정을 높이 산 문재인 대통령이 정무비서관으로 임명한 것으로 알려졌다.

# 박형철 ——— 민정수석실 반부패비서관

| 출생 | 1968년 서울
| 학력 | 서울대 공법학과
| 경력 | 사법연수원 25기, 대검찰청 공안2과장, 서울지검 공공
형사수사부장, 대전지검 검사, 부산고검 검사, 법률사
무소 담박 변호사

## 외압에 흔들리지 않는 용기 보여준 최고 수사 검사 출신

2012년 대선을 앞두고 논란이 된 국가정보원의 대선 개입 사건을 진두지휘했다가 인사보복 끝에 검사복을 벗은 부장검사 출신. 뚝심과 강한 의지를 인정받아 청와대 직제개편에 따라 신설된 민정수석실 반부패비서관에 발탁됐다.

검사 시절 검찰 최고의 수사검사로 정평이 났다. '면도날'이라는 별명이 붙을 정도였다. 2012년 국정원 대선 개입 사건을 수사하며 '당대 최고의 칼잡이'로 알려진 윤석열 당시 대구고검 검사와 함께 권력의 외압에 흔들리지 않고 꼿꼿하게 수사를 진행한 것으로 잘 알려져 있다. 그러나 국정원 대선 개입 수사 이후 좌천성 인사로 수사직에서 배제됐다. 결국 2016년 검찰을 떠나 변호사로 일해왔다.

청와대는 "신설된 첫 반부패비서관에 가장 적합하며 수사능력과 반부패 소신이 검증된 인물"이라며 "2012년 국정원 대선 개입 사건

수사 당시 윤 검사와 함께 외압에 흔들리지 않는 용기를 보여줬다"고 인선 배경을 밝혔다. 이어 "국정농단 사태 이후 부정부패 청산에 대한 국민적 요구가 그 어느 때보다 높다. 대통령은 부패 척결 의지를 강조해왔고, 이에 따라 반부패 전담부서인 반부패비서관을 청와대에 신설했다"며 "어떤 타협도 없이 부정부패를 척결하겠다는 대통령 의지를 집행할 최적의 인물이 박형철 신임 반부패비서관"이라고 덧붙였다.

반부패비서관은 이번에 처음 만들어졌다. 그만큼 부패 척결에 대한 문재인 대통령의 의지가 강하다. 문 대통령은 대선공약 첫머리에 '부정부패 없는 대한민국'을 내걸 정도로 부패 처결에 대한 소신이 확고하다. 그 핵심 역할을 박 비서관이 맡게 됐다.

청와대 직제개편에서 '반부패'를 키워드로 별도 조직이 신설된 것은 부정부패 척결에 대한 대통령의 확고한 의지를 뒷받침하는 것으로 문재인 정부의 반부패 시스템 구축 등 핵심적 역할을 맡게 될 전망이다.

## 윤건영 ——

**청와대 국정상황실장**

| 출생 | 1969년 부산
| 학력 | 배정고, 국민대 무역학 학사, 국민대 대학원 경제학
  석사
| 경력 | 성북구의회 의원, 대통령비서실 정무기획 비서관, 경남
  과학기술대 산업경제학과 초빙교수, 사람사는세상 노
  무현재단 기획위원, 문재인 정부 청와대 국정상황실장

## '1m(미터) 그룹' 핵심 멤버 … 문 대통령 그림자

문재인 대통령의 '복심'으로 통한다. 1998년 최연소 구의원(성북구)으로 정계에 입문한 그를 2003년 참여정부는 청와대 행정관으로 발탁했다. 참여정부 이후엔 노무현재단에서 당시 이사장을 맡았던 문 대통령과 함께 일했다. 2012년 문 대통령이 19대 국회의원이었을 때 윤건영 전 청와대 정무기획비서관은 그의 보좌관을 지냈다.

문 대통령의 최측근 인사들을 일컫는 세칭 '1m(미터) 그룹'에 속한다. 이 그룹엔 전해철 더불어민주당 최고위원, 양정철 전 청와대 홍보기획비서관, 이호철 전 청와대 민정수석 등 '삼철'이 포함된다. 하지만 윤 상황실장도 이들에 못지않은 최측근으로 알려져 있다. 2016년 20대 총선에서 공천파동이 발생했을 때 문 대통령이 김종인 전 대표와 독대하는 자리에 유일하게 동행했을 정도다. 문 대통령이 속마음을 터놓고 얘기하는 몇 안 되는 인물로 꼽힌다.

2012년 문 대통령이 대권에 도전할 당시 일정기획팀장으로 일했다. 이번 대선에선 선거대책위원회 종합상황본부 부실장을 맡았다. 문 대통령 취임 후 청와대 국정상황실장에 임명됐다.

부산에서 태어난 그는 경남 거제 출생인 문 대통령과는 부산·울산·경남(PK) 인맥을 형성하고 있다. PK는 문 대통령의 생물학적·정치적 고향이다. 노무현 전 대통령과 부산에서 변호사로 활동할 때부터 연을 맺어 온 이호철 전 민정수석도 부산이 고향이다. 경남 창녕 출생인 최인호 민주당 의원과 부산대 총학생회장 출신인 송인배 청와대 제1부속비서관도 대표적인 PK 인맥이다.

참여정부와 문 대통령의 주요 지지 기반인 '86세대(1960년대에 태어나 1980년대 대학에 다니면서 학생운동과 민주화 투쟁에 앞장선 세대)'다. 1969년생으로 1991년 국민대 총학생회장을 맡았다.

## 송인배
### 대통령비서실 제1부속비서관

| **출생** | 1968년 부산
| **학력** | 부산 사직고, 부산대 독어독문학과
| **경력** | 부산대 총학생회장, 노무현 대통령 비서실 행정관 및
비서관, 문재인 대선캠프 일정총괄팀장

## 노무현 비서 출신 … 문재인 대통령 일정 담당한 최측근

문재인 대통령의 동선을 담당한다. 일거수일투족을 알 수 있는 자리다. 그만큼 대통령의 신뢰가 두텁다는 의미다.

1968년 부산에서 태어나 사직고와 부산대 독어독문학과를 나왔다. 대학에 들어갈 때만 해도 교수가 되는 것이 꿈이었다고 한다. 그러나 입학 뒤엔 공부보다 사회에 더 관심을 두었다. 학생 운동을 하며 친하게 지내던 선배가 자살하면서 민주화 운동에 앞장섰다. 1990년엔 총학생회장까지 맡았다.

그는 노무현 전 대통령이 1995년 부산시장에 출마했을 때 유세 전 연설을 하는 등 선거를 지원하면서 노 전 대통령과 첫 인연을 맺었다. 노 전 대통령이 1998년 서울 종로 국회의원 보궐 선거에서 당선되자 비서를 맡았다.

1999년엔 수행비서로 발탁돼 노 전 대통령을 가장 가까이서 보좌했다. 2000년 8월 노 전 대통령이 해양수산부 장관으로 임명된 뒤엔 외부 출신으로는 유일하게 사무관으로 발탁됐을 정도로 신임을 받았다.

2001년 10월 민주당 전당대회를 앞두고 주위 권유로 부모가 있는 경남 양산지구당 위원장을 맡으면서 정치 생활을 시작했다. 민주당 내 최연소 지구당 위원장으로 지역구와 중앙당을 오가며 당 개혁에 주력했다. 이후 민주당 대선후보 경선 캠프에서 노 전 대통령의 의전을 담당했다.

2004년 양산에서 17대 총선에 첫 출마했으나 1000여 표 차이로 낙선했다. 그러나 노 전 대통령의 부름으로 청와대 시민사회수석실 행정관으로 발탁돼 사회조정2비서관까지 거쳤다. 당시 시민사회수석이 문 대통령이었다. 그는 청와대 시절 양산 부산대병원 완공과 부산대 양산캠퍼스의 한의학전문대학원 유치 등에도 기여했다.

노무현재단 양산지회 운영위원, 양산 YMCA 이사 등도 맡았다. 그러나 2016년 4월 20대 총선에서도 석패했다. 재선거까지 포함해 다섯 번째 국회의원 도전이었다.

문 대통령이 지난해 10월 당내 경선과 대선 본선을 위해 서울지하철 광흥창역 인근에 마련한 초기 캠프 '광흥창팀' 멤버로 합류했다. 이후 더불어민주당 선거대책위원회 일정총괄팀장을 맡았다. 문 대통령 취임 후에도 청와대 제1부속비서관으로 모든 일정을 챙기고 있다. 평소 '국민들 밥 먹여주는 것'이 정치라고 생각하고 있다. 무상급식과 누리예산 개편 등에 관심을 보여 왔다.

유송화 ———————

**대통령비서실 제2부속비서관**

| 출생 | 1968년 전남 고흥
| 학력 | 송원여고, 이화여대
| 경력 | 더불어민주당 부대변인, 제19대 대선후보 수행2팀장

## 김정숙 여사를 '호남 특보'로 만든 숨은 공신

문재인 대통령 부인 김정숙 여사의 그림자 수행원으로 통한다. 지난 18대 대선은 물론 19대 대선에서도 선대위 수행2팀장 명함을 갖고 문 대통령 부인 김정숙 여사를 그림자처럼 수행했다. 호남 출신인 유 비서관은 2012년 대선 때도 김 여사 수행을 맡았었다. 이번 대선에서 김 여사가 '호남 특보'로 불릴 정도로 호남 밑바닥 표심을 훑는 데 큰 공을 세운 사람이 유 비서관이다. 김 여사가 광주광역시 단골 목욕탕을 방문할 때도 동행했을 정도다.

송원여고와 이화여대를 나왔다. 이화여대 총학생회장을 지낸 '운동권' 출신이다. 문 대통령이 참여정부 시민사회수석을 맡았을 때 보좌하며 인연을 맺었다. 당에서는 주로 부대변인으로 일했다. 노동과 여성인권 문제, 대기업 재벌 특혜 등의 분야에서 각별히 논평을 많이 냈다. 2013년 대표적인 '갑질'로 맹위를 떨친 남양유업과 공정거래위원회 간 과징금 반환청구 소송에서 공정위가 불성실한 대응으로 패소해 결국 남양분유가 낸 119억원의 과징금을 다시 돌려줘야 했을 때, "공정위는 '을'들의 눈물을 닦아주는 임무에 충실하라"고 따끔하게 질타하기도 했다.

자신을 드러내지 않은 채 당을 위해 힘써왔다. 이런 열정이 청와대 입성으로 이어졌다는 분석이다.

# 박수현

**청와대 대변인**

| **출생** | 1964년 충남 공주
| **학력** | 공주사대부고, 서울대 서양사학과 중퇴, 한국방송통신대
| **경력** | 제19대 국회의원, 더불어민주당 원내대변인, 문재인 대통령후보 대변인

## 당 대변인만 3번 거친 안희정 지사 측근 … 소통의 달인

안희정 충남지사의 측근으로 꼽힌다. 언론과의 소통에 뛰어난 장점을 가졌다. 더불어민주당 대변인과 원내대변인 등 당 대변인만 세 번을 거쳤다. 민주당 경선에서 안희정 후보 대변인을 지냈다. 본선에서는 문재인 대통령 후보의 대변인을 맡았다. '직업이 대변인'이라는 별명도 따라다닌다. 친화력 면에서는 누구보다 뛰어나다는 평을 받고 있다. 기자들이 뽑은 '국회를 빛낸 바른 언어상'을 2회 연속 수상할 정도로 언론의 신뢰도 받고 있다. '백봉신사상'을 받을 정도로 부드러운 어투의 말솜씨를 자랑한다.

충남 공주 출신으로 공주사대부고를 나왔다. 서울대 서양사학과에 입학했으나 중퇴했다. 나중에 한국방송통신대를 나와 연세대 행정대학원에서 행정학 석사학위를 받았다. 민주당 불모지였던 충남 공주에서 19대 국회의원으로 당선됐다. 하지만 20대 총선에서는 이완구 전 총리의 지역구였던 부여·청양과 선거구가 합쳐지면서 정진석 전 새누리당 원내대표에게 석패했다.

민주당 전략홍보본부장을 지내며 정책과 전략 분야에서도 능력을 인정받았다. 조용한 성품이지만 토론할 때는 나지막한 목소리로 상대방의 논리를 무력화시키면서 설득하는 능력이 탁월하다는 평가를 받는다. 그러다 보니 같은 정치인 사이에서도 호평을 받는다.

19대 국회의원 당시 4년 내내 고속버스와 대중교통을 이용해 지역구인 충남 공주와 국회를 오갔다. 일부에서는 차세대 국회의원의 모습이라는 평가를 받기도 했다. 이 같은 소통능력과 시민직인 삶의 궤석을 평가받아 문재인 정부 초대 대변인에 선임됐다.

# 권혁기

**청와대 춘추관장**

| 출생 | 1968년, 서울
| 학력 | 국민대 국사학과, 고려대 감사행정학 석사
| 경력 | 국회 대변인실 부대변인, 민주당 전략기획국 국장, 해
양수산부장관 정책보좌관, 청와대 국내언론비서실 행
정관

## 더불어민주당 내 대표적 홍보 전략통

정치권 입문 후 대언론 업무를 주로 해온 더불어민주당 내 대표적인 홍보 · 전략통 중 한 명이다. 19대 대통령 선거에 민주당 선거대책위원회 수석부대변인을 맡아 '문재인 캠프'의 언론 소통 창구 역할을 성공적으로 수행한 뒤 문 대통령 집권 후 청와대 춘추관장으로 발탁됐다.

문 대통령의 더불어민주당 후보 경선 캠프인 '더문캠'에 부대변인으로 참여했다. 북한의 미사일 발사와 김정남 피살 사건 등으로 안보 이슈가 부상하는 가운데 외교 자문을 맡고 있던 정세현 전 통일부 장관이 김정남 피살 사건을 놓고 "김대중 납치사건 등 우리도 그런 역사가 있었다"고 발언해 문 대통령에 대한 '불안한 안보관' 논란이 확산되던 시기였다.

그는 더문캠 부대변인으로서 문 대통령이 안희정 충남지사와 이재명 성남시장 등 다른 경선 후보들과 치열한 경쟁을 거치며 민주당 후보로 확정되는 과정에서 각종 현안에 대한 논평을 만들고 이를 통해 언론 대응을 하는 데 핵심적인 역할을 했다.

문 대통령이 민주당 대선 후보로 확정된 이후 시작된 '대선 본선'에서는 선대위 수석부대변인으로 자리를 옮겼다. 상대당의 네거티브 공세에 적극 대응하면서 선대위의 궂은일을 도맡아 했다. 특히 문 대통령의 아들 준용씨의 한국고용정보원 특혜 채용 의혹 등에 대해서는 '철벽 방어'를 했다.

정치권에서 논평이 메시지가 분명하고 일처리가 신속하며 단호하다는 평가를 받는다. 문 대통령의 초대 청와대 인선에서 춘추관장으로 발탁된 이유다. 2012년 18대 대선에서도 문재인 후보와 동행하며 취재진을 지원했던 경험도 있다. 춘추관장으로서 문 대통령의 국정 철학을 정확히 파악해 언론에 전달하는 역할을 할 것으로 예상된다.

1968년 서울 출신으로 청량고등학교, 국민대 국사학과를 졸업한 후 고려대에서 감사행정학으로 석사 학위를 받았다. 1997년 김대중 전 대통령 계보의 민주연합청년동지회(연청) 청년조직국장으로 정치에 입문했다. 이후 청와대 홍보수석실 행정관(2003~2004년), 해양수산부장관 정책보좌관(2005~2007년) 등을 역임했다.

2016년 4 · 13총선에서 당직자 몫으로 비례대표 22번에 이름을 올렸지만 당선권에 들지는 못했다. 이후 정세균 국회의장을 보좌하며 국회 부대변인직을 맡아 '정세균계'로 분류되기도 한다.

# 고민정

청와대 부대변인
(전 KBS 아나운서)

| 출생 | 1979년 서울
| 학력 | 분당고, 경희대 중어중문학 학사
| 경력 | KBS 공채 아나운서, 작가, 더불어민주당 선거대책위
원회 대변인

## 시인과 결혼한 아나운서 ⋯ 문재인 캠프 '영입 1호'

2004년 공채 아나운서(30기)로 KBS에 입사해 '스펀지' '밤을 잊은 그대에게(라디오)' '국악 한마당' '생로병사의 비밀' 등의 프로그램을 진행했다. KBS의 간판 아나운서로 활동했지만 대중적으로 널리 이름을 알린 때는 대학 선배인 조기영 시인과의 러브 스토리가 방송을 타면서부터다.

2015년 방영된 KBS 단막극 '결혼이야기'에선 고 전 아나운서 부부의 연애 이야기가 극으로 재연됐다. 고 전 아나운서는 대학 선배인 조씨가 희귀병(강직성 척추염)을 앓고 있다는 사실을 알고도 2005년 그와 결혼했다. 조씨와의 사이에 두 자녀를 뒀다.

2017년 1월 KBS에서 퇴사했다. 이후 문재인 당시 더불어민주당 대통령 후보 캠프에 '인재 영입 1호'로 합류했다.

더불어민주당 선거대책위원회 대변인을 맡아 유세를 진행하는 등

물심양면으로 문 후보를 도왔다. 고씨는 당시 "언론자유를 지키기 위한 몸부림에 작은 힘이라도 보태고 싶다"며 문 후보 캠프에 합류한 이유를 밝혔다.

그는 아나운서 시절부터 한국의 언론 문제에 대해 관심을 가져온 것으로 알려졌다. 2010년 KBS 파업에 참가한 새노조 조합원 60여명에 대해 사측이 징계 방침을 통보하자 소셜네트워크서비스(SNS)를 통해 "우린 언제까지 그냥 회사원이어야 하나요"라고 썼다.

고씨는 2012년 언론노조 파업 당시에 KBS 새노조 조합원으로 활동하며 공영방송의 정상화를 요구해 주목을 받기노 했다. 앞서 2009년에는 중국으로 1년간 어학연수를 떠나 칭다오대학 한국어과에서 강의를 한 경력도 있다.

경희대 재학 시절 민중가요 동아리 '작은 연못'에서 활동하면서 소수자·서민 문제에 대해 관심을 갖게 된 것으로 알려졌다. '옳지 않은 일에 대해 심장이 가리키는 곳을 택함으로써 보다 나은 세상이 열리기를 꿈꾼다'는 게 고씨의 소신이다.

문 후보가 대통령에 당선된 뒤 유튜브 방송 '김어준의 파파이스'에 출연했다. 그는 이 자리에서 "문재인 당시 후보와 처음 만난 날, 자리 약속 같은 것은 없었다"고 밝혀 눈길을 끌기도 했다.

고씨는 아나운서로 일하면서 여러 책을 쓰는 등 작가로도 활동했다.《샹그릴라는 거기 없었다》,《그 사람 더 사랑해서 미안해》등 에세이집을 냈다.

제3장

# 더불어민주당
# 지자체장 및 현역 의원

# 박원순 ———

### 서울시장

| **출생** | 1956년 경남 창녕
| **학력** | 경기고, 서울대 중퇴, 단국대 사학과
| **경력** | 사법시험(22회), 대구지검 검사, 역사문제연구소 초대
이사장, 참여연대 사무처장, 부패방지입법시민연대 공
동대표, 아름다운가게 상임이사, 희망제작소 상임이사,
서울특별시 시장(35 · 36대)

## 인권변호사 시민운동가 출신 재선 서울시장

2011년 10 · 26 재보궐선거로 서울특별시 시장에 당선돼 정치권에 입문하면서 문재인 대통령(당시 노무현재단 이사장)과 '정치적' 인연을 맺었다. 당시 무소속 야권 · 시민사회 단일후보로 선거에 승리해 이후 민주당에 입당했다. 당시 문 이사장은 민주당의 차기 유력 대선주자였다. 두 사람은 사법연수원 동기(12기 · 사법시험 22기)다.

경남 창녕의 농가에서 태어났다. 중학교 졸업 뒤 상경해 경기고를 졸업하고 1975년 서울대 사회계열에 입학했다. 입학한 지 3개월 만에 유신체제에 항거하는 교내시위에 나섰다가 투옥돼 4개월간 옥살이를 하고 제적됐다. 이후 단국대 사학과에 입학해 독학으로 사법고시를 준비했고, 1980년 사시에 합격했다. 대구지검에 검사로 임용됐지만 1년도 채 되지 않아 사표를 냈다.

이후 변호사로 개업해 고(故) 조영래 변호사와 함께 부천경찰서 성고문 사건, 박종철 고문치사사건, 미국 문화원 사건, '말' 지(誌) 보도지침 사건 등을 맡으며 인권변호사의 길을 걷기 시작한다. 1986년 역사문제연구소를 설립해 초대 이사장을 지냈다. 1988년에는 진보 성향 법학자 모임인 '민주사회를 위한 변호사 모임'의 창립 멤버로 활동했다. 인권변호사로서 왕성한 활동을 벌이던 그는 조 변호사가 별세하자 1991년 돌연 영국과 미국으로 유학길을 떠났다. 귀국 후 1995년 시민단체인 참여연대를 결성해 2002년까지 사무처장으로 활동하며 시민운동가로서의 변신을 꾀했다. '1인 시위'라는 시위문화를 만들었고 소액주주 권리찾기 운동과 총선 낙천·낙선 운동을 펼치면서 정치권과 재벌의 감시자를 자처했다. 2000년에는 새로운 시민운동을 주창하며 '아름다운재단'을 설립했다. 전국에 '아름다운가게'를 세우고 기부문화 확산과 소기업 창업을 주도했다. 2005년 아이디어로 사회혁신운동을 펼치는 '희망제작소'를 만들었다.

문재인 대통령과는 1983년 사법연수원 수료식에서 함께 찍은 사진이 유명하다. 연수원 시절 동기생 사이에선 학창 시절 민주화 운동으로 구속되거나 제적되는 등 고초를 겪은 경력이 있는 사람이 세 명 꼽혔다고 한다. 인권변호사인 조영래 변호사(1990년 별세)와 박원순 시장, 문재인 대통령이다. 박 시장은 "(우리 셋은) 엄혹한 시대를 어떻게 살아갈 것인가를 함께 고민했고, 그 같은 동지의식으로 가깝게 지낸 사이"라고 말한 바 있다.

2014년 서울시장에 재선(6·4 지방선거)될 때도 문재인 당시 국회의원이 박 시장을 적극 지원했다. 이번 대선에선 박 시장이 더불어민주당 당내 경선을 포기한 뒤 '박원순계'로 불리는 다수 인사가 문재인 선거캠프와 새 정부에 기용됐다.

# 안희정 ——————

**충남지사**

| 출생 | 1964년 충남 논산
| 학력 | 고교 중퇴 후 검정고시, 고려대 철학과
| 경력 | 민주당 노무현 대선후보 대선캠프 정무팀장, 민주당 국
가전략연구소 부소장, 참여정부평가포럼 상임집행위
원장, 민주당 최고위원, 더좋은민주주의연구소 소장,
36 · 37대 충남지사

## 노무현 보좌관 지낸 차기 대선주자

"오래된 민주당의 아들, 노무현 전 대통령의 적자이자 장자."

안 지사는 스스로를 이렇게 소개한다. 20년 넘게 줄곧 민주당을 지켜오면서 '민주정부' 10년에 기여했다는 자부심의 표현이라고 주변에서는 해석한다.

1964년 충남 논산에서 철물점 가게 2남3녀 중 셋째로 태어났을 때, 부친은 박정희 당시 대통령의 이름 앞뒤 글자를 바꿔 '희정'이라고 이름을 지었다. 하지만 안 지사는 박 전 대통령과는 다른 길의 '혁명'을 꿈꾸는 소년이었다. 고교 중퇴 후 검정고시를 통해 고려대에 입학한 안 지사는 강성 운동권으로 옥살이도 했다. 이후 26살에 상도동계 김덕룡 의원의 비서로 정계에 입문했다.

스스로를 정치인이라 칭한 건 30살이 된 1994년 노무현 전 대통령과 지방자치실무연구소에서 일하면서부터다. 2002년엔 노 전 대통령 대선캠프의 정무팀장을 맡아 당선에 큰 역할을 했지만, 불법 대선자금 모금의 책임을 지고 다시 영어의 몸이 됐다. 2004년 5월 검찰이 징역 7년을 구형하자 "저를 무겁게 처벌해 승리자도 법과 정의로부터 자유로울 수 없다는 걸 증명하게 해달라"고 말한 최후진술은 유명하다. 전과 이력으로 2008년 총선 공천을 받지 못했지만, 같은 해 전당대회에서 최고위원에 선출됐다. 2년 뒤엔 민주당 최초로 충남지사에 당선됐고 재선에도 성공했다.

토론을 즐기고 탈권위적이며, 민주주의와 지방 자치분권에 애착을 보이는 점 등은 노 전 대통령과 비슷하다는 평이 많다. 다만 안보·경제에선 '우클릭' 하는 등 확장력이 크다. 안 지사는 스스로를 '민주주의자' 라고 규정하면서 "진보와 보수의 이분법에 갇히지 않겠다"고 강조한다. 가까운 당내 인사로는 김종민, 조승래, 정재호 의원 등이 꼽힌다. 지난 대선에서 민주당 당내 경선에 뛰어들었다. '탈이념, 현실주의' 를 내세우며 대선 '다크호스' 로 부상했으나 최종 경선에선 득표율 21.5%로 2위에 그쳤다.

친노 출신임에도 젊은 층부터 노년 층까지 폭넓은 지지를 얻고 있다. 진보 정치인 중에 다소 온건하고 합리적이라는 평가를 받기 때문이다. 지방자치 전문가로 도지사 직무 수행에서 높은 평가를 받았다는 점도 긍정적으로 작용한다. 스스로 "보수적인 충남에서 재선에 성공하고, 70%가 넘는 지지를 받았다. 1 대 3의 의회 구도에서 대화와 타협을 통해 훌륭하게 협치를 이뤄냈다"는 점을 경쟁력으로 내세운다. 소셜네트워크서비스(SNS)를 적극 활용하는 등 소통하는 정치인이다.

# 이재명

**성남시장**

| 출생 | 1964년 경북 안동
| 학력 | 중앙대 법학과
| 경력 | 사법시험 합격(28회), 민주사회를위한변호사모임 국제
연대위원, 성남사회단체연대회의 운영위원장, 민주당
성남분당갑 지역위원장, 민주통합당 기초자치단체장
협의회 회장, 제19대 대통령선 경선 후보

## 흙수저 노동자서 성남시장으로 … 촛불정국 이슈메이커

소년 노동자에서 시민운동가, 인권변호사에 이어 지방자치단체장
에 오른 입지전적인 인물이다. 물려받은 정치적 유산이나 기반 세력
도 없지만 지난해 촛불정국 이후 전국적인 인지도를 가진 정치인으로
부상했다. 정치공학적인 셈법 없는 발언과 행동으로 이슈메이커가 됐
다. '흙수저' 성공스토리와 뛰어난 대중연설 능력으로 지지자들로부
터 '전투형 노무현' 이라는 별명을 얻기도 했다.

1964년 경북 안동 가난한 농가에서 5남2녀 중 다섯째로 태어났다.
초등학교를 졸업하고 1976년 경기 성남시 상대원공단에 취업했다. 12
세 때부터 시계공장, 장갑공장 등에서 일했다. 집안이 어려워 중·고
등학교를 다니지 못했다. 공단에서 일할 때 공장 프레스기에 왼쪽 팔
을 찧혀 장애 6급 판정을 받았다. 뒤틀린 팔을 감추려고 한여름에도
헐렁한 긴팔 작업복을 입고 다녔다. 부끄러움과 상실감에 삶을 포기

하는 극단적인 선택도 여러 번 했다.

검정고시를 거쳐 1982년 중앙대 법학과에 입학, 졸업과 동시에 사법시험에 합격했다. 1989년 인권변호사의 길을 걷기 시작했다. 열린우리당에 입당해 2006년 성남시장에 출마했지만 떨어졌다. 2007년 대선을 앞두고 정동영 대통령후보 비서실 수석부실장으로 활동했다. 이후 2008년 총선에서 성남시 분당구갑에 공천을 받았지만 다시 고배를 마셨다. 결국 2010년 6·2 지방선거에서 성남시장에 출마해 당선됐으며 이후 재선에도 성공했다.

그의 남다른 삶의 궤적은 성남시 운영에도 나타났다. 당선 직후 성남시 채무를 상환하기 어렵다며 '모라토리엄'(채무지급유예)을 선언해 주목을 받았다. 이후 사업투자 순위조정, 공무원 복지사업 취소 등 초긴축 재정으로 3년6개월 만에 모라토리엄 종식을 선포했다. 이 시장의 시정은 싸움의 연속이었다. 그는 시의회 및 중앙정부와 잦은 마찰에도 '성남 시민들을 위한 길'이라며 정책들을 강행했다. 청년배당, 산후조리 지원, 교복 지원 등 '3대 무상복지' 정책을 펼치면서 스타 시장으로 주목을 받았다.

최순실 국정농단과 박근혜 전 대통령 탄핵 등 촛불정국에선 거침없는 발언으로 전국적인 유명세를 치렀다. 한때 문재인 대통령을 위협하는 더불어민주당 대선후보까지 거론됐으나 촛불정국이 지나면서 지지율이 급락했다. 민주당 대선후보 경선에서도 안희정 충남지사에 이어 3위를 했다. 당내 지지세력이나 뚜렷한 지역 기반이 부족한 것도 약점이다. 2018년 6월 지방선거에선 서울시장이나 경기지사에 출마할 것이라는 관측이 나온다.

# 기동민

**더불어민주당 의원**

| 출생 | 1966년 전남 장성
| 학력 | 광주인성고, 성균관대 언론정보대학원 석사
| 경력 | 성균관대 총학생회장, 김대중 대통령 비서실 행정관,
김근태 보건복지부 장관 정책보좌관, 민주당 부대변인,
박지원 민주당 원내대표 특별보좌관, 서울시 정무부시
장, 20대 국회의원

## '박원순의 남자'에서 '문재인의 안전벨트'로

문재인 대통령은 5월 9일 치러진 제19대 대통령선거 개표 방송을 자택에서 지켜봤다. 당시 문 대통령과 함께 방송을 본 측근 가운데 한 명이 기동민 더불어민주당 의원이다.

기 의원은 선거 과정에서 문 대통령 수행실장을 맡았다. 대선 기간 유세 현장에서 단상 밑의 지지자와 악수하는 문 대통령이 떨어져 다치지 않도록 허리춤을 잡고 보호해 '안전벨트'라는 별명을 얻었다. 또 자신의 소셜네트워크서비스(SNS)에 문 대통령이 휴게소에서 빈 그릇을 직접 들고 나르는 모습이 담긴 사진을 올려 온라인 커뮤니티에서 큰 화제를 모으기도 했다.

기 의원은 더불어민주당 소속 박원순 서울시장과 한솥밥을 먹은 이른바 '박원순의 남자'로 불린다. 박원순 서울시장 후보 비서실장을 거쳐 2012년 11월부터 2014년 4월까지 서울시 정무부시장을 지냈다.

민주당 대선후보 경선을 앞두고 박 시장을 도왔지만 박 시장이 지난 1월26일 대선 불출마를 선언하자 고심 끝에 안희정 충남지사 지지를 선언하고 비서실장으로서 캠프에 합류했다. 경선이 끝난 뒤 다시 문재인 캠프에 참여했다.

임종석 대통령 비서실장과도 매우 가까운 사이로 알려졌다. '민주화의 대부'로 불리는 고(故) 김근태(GT) 의원 계열에 속했던 데다 서울시 정무부시장 '선후배' 사이이기 때문이다. 임 비서실장은 기 의원의 바통을 이어받아 2014년 7월부터 2015년 12월까지 서울시 정무부시장을 맡았다.

지난해 4월 치러진 20대 총선에서 서울 성북을에 출마해 'MB맨'으로 불리던 김효재 새누리당 후보를 누르고 당선됐다. 2014년 7 · 30 재보선에서 광주 광산을에 공천을 신청했지만 당시 김한길 · 안철수 통합민주당 공동대표가 권은희 의원을 전략공천하면서 서울 동작을에 출마했다가 정의당 노회찬 후보에게 야권 단일후보 자리를 양보하기도 했다.

# 김경수 ——————

**더불어민주당 의원**

| 출생 | 1967년 경남 고성
| 학력 | 진주동명고, 서울대 인류학과
| 경력 | 대통령비서실 연설기획비서관, 대통령 비서실 제1부속실 행정관, 대통령비서실 공보담당비서관, 봉하재단 사무국장, 노무현재단 봉하사업부 본부장, 민주당 경남 김해을 지역위원장, 20대 국회의원

## 노무현의 마지막 비서관 출신 '친문'

노무현 전 대통령이 세상을 떠날 때까지 보좌했다. 이때 이력으로 '노무현의 마지막 비서관'이라는 별명을 얻었다. 노 전 대통령이 스스로 생을 마감했던 날, 자고 있던 문재인 대통령에게 전화를 걸어 가장 먼저 소식을 알린 사람이 바로 김 의원이다.

19대 대선 전부터 문 대통령과 가장 가깝게 있었던 측근 중 한 명이다. 당 선거대책위원회 대변인과 수행팀장을 맡았다. 경선 캠프가 공식적으로 출범하기 전까지 문 대통령의 대변인 역할을 해왔다. 공식 선거운동 기간에는 문 대통령의 옆자리를 지켰다. 문 대통령의 의중을 가장 세심하게 읽는 인물로 꼽힌다. 문 대통령은 그를 두고 "내 영혼까지 아는 사람"이라고 표현하기도 했다.

1967년 경상남도 고성군에서 태어나 진주시에서 성장했다. 진주동명고와 서울대 인류학과를 졸업했다. 1994년 신계륜, 임채정 의원 보좌관으로 정치에 발을 내디뎠다. 새천년민주당 노무현 대통령 후보 선거대책위원회 전략기획팀 부국장으로 노무현 대통령과 인연을 맺기 시작해 참여정부에서는 청와대 국정상황실 행정관, 연설기획비서관, 대통령 공보비서관 등을 지냈다.

노 전 대통령이 세상을 떠난 후에는 봉하재단 사무국장과 노무현재단 봉하사업본부장을 지냈다. 2011년 민주통합당에 입당해 2012년 19대 국회의원 선거에서 경상남도 김해을 선거구에 나와 새누리당 김태호 후보와 맞붙어 48%에 가까운 득표율을 얻었으나 석패했다. 이후 2016년 20대 국회의원 선거에서는 새누리당 이만기 후보를 큰 차이로 따돌리고 당선했다.

최재성 전 의원, 노영민 전 의원, 전해철 의원과 더불어 대표적인 친문재인계 정치인으로 손꼽힌다. 원내에 진입한 뒤로는 문 대통령의 대변인 격으로 활동해 왔다. 유튜브 등에서 문 대통령의 행보를 담은 동영상을 보면 그를 그림자처럼 수행하는 김 의원의 모습을 자주 볼 수 있다. 김 의원은 문 대통령을 지근거리에서 수행·보좌하고, 청와대 대변인 역할까지 일부 하고 있어 본업인 국회의원을 포함하면 '1인 3역'을 소화하고 있다.

대통령직 인수위원회가 없는 특수한 상황 때문에 김 의원의 역할이 늘어났지만 그가 문 대통령 의중을 가장 정확히 알고 있는 '복심'인 만큼 당분간 대통령의 곁을 지킬 것이라는 전망이 나온다. 초선 의원이지만 경남의 대표적 차세대 주자 중 한 명이며 문재인 정부 출범 이후 정치적 행보가 눈길을 끌고 있다.

# 김경협

**더불어민주당 의원**

| 출생 | 1962년 전남 장흥
| 학력 | 부산기계공고, 성균관대 사회학과
| 경력 | 부천지역 금속노조위원장, 정치개혁시민연대 상임대
표, 한국산업인력공단 상임감사, 한국고용복지센터 이
사장, 청와대 사회조정 비서관, 19, 20대 국회의원, 더
불어민주당 제1정책조정위원장

## 노조위원장 출신 재선의원 …
## 노무현 청와대서 비서관으로 문 대통령과 인연

노조위원장 출신으로 시민운동을 주도하다 노무현 정부 청와대에서 비서관을 지낸 친노 재선의원이다. 사회조정비서관으로 일하면서 청와대에서 민정수석과 비서실장을 역임한 문재인 대통령과 인연을 맺었다. 국민의당이 지난 3월 김 의원을 '친노 패권세력'으로 지목할 정도로 친문(친문재인)계 핵심 인사로 꼽힌다.

전남 장흥의 한 농가에서 나고 자란 김 의원은 학비를 해결하기 위해 국립부산기계공고에 장학생으로 입학했다. 이후 성균관대 사회학과에 진학해 군사독재 퇴진과 민주화를 외치며 학생운동을 하다 학교에서 제적되고 2년간 수감 생활을 했다. 6·29 특사로 석방돼 부천 공장에 취직했다. 부천 최초로 지역노사정위원회를 설립하고 부천 한국노동자총연맹 의장으로 일하며 노동 분야에서 다양한 경험을 쌓았다.

그는 노사가 맹목적으로 대립하는 관계가 아니라 상생하는 관계 정립이 필요하다고 생각해 전국 최초로 '노사정 거버넌스'를 만들었다. 그것이 인연이 돼 노무현 대통령으로부터 청와대 비서관 제의를 받았고 1년여간 근무했다.

2002년 대선 이후 부천의 시민단체들과 함께 '정치개혁 시민연대'를 결성해 상임대표를 맡았다. 그는 시민연대를 통해 부패정치 청산과 정치개혁을 위한 시민운동을 전개했다. 2004년 노무현 대통령 탄핵 때는 지역 시민단체들과 함께 '탄핵무효 국민주권 수호를 위한 촛불시위'를 주도했다. 그는 청와대 사회조정비서관으로 일하면서 새만금 간척지문제, 부안 방사능폐기물 처리장 사태, 천성산 고속철도 터널문제 등 다양한 사회갈등을 해소하는 과정에 참여했다.

박근혜 전 대통령이 2015년 1월 이완구 새누리당 원내대표를 국무총리 후보자로 지명하자 이 후보자의 이른바 '언론 외압 녹취 파일'을 공개하는 등 총리 인사청문회에서 저격수 역할을 했다.

당 수석사무부총장직을 맡고 있던 2015년 자신의 트위터에 "비노(비노무현)는 당원의 자격이 없다. 새누리 세작(細作·간첩)들이 당에 들어와 당을 붕괴시키려 하다가 들통났다"고 비노세력을 비난해 논란을 불러일으키기도 했다.

일정 수준의 생활임금제 도입과 양질의 일자리 문제 등 고용, 노동 부문에서 두각을 나타냈으며 소득주도성장론을 주창했다. 그는 "제가 제안해서 시작된 생활임금제를 전국으로 확산시키고, 대기업과 중소기업 간 임금 격차를 해소하는 데 힘을 쏟겠다"고 말했다.

19대 대선에서 선거대책위원회 노동위원회 집행위원장을 맡아 노동분야 선거운동을 주도했다.

# 김두관
## 더불어민주당 의원

| 출생 | 1959년 경남 남해
| 학력 | 남해종고, 동아대 정치외교학과, 동아대 정치학 명예
박사
| 경력 | 남해군 고현면 이어리 이장, 남해신문 대표, 38 · 39대
남해군수, 행정자치부 장관, 열린우리당 최고위원, 34
대 경남지사, 20대 국회의원, 20대 국회 기획재정위원
회 위원 · 예산결산특별위원회 위원

## 마을 이장에서 행자부 장관, 경남도지사, 의원까지

마을 이장에서 시작해 행정자치부 장관, 경남지사, 의원까지 지낸
입지전적인 인물이다. 경남 남해 출신으로 남해종고, 동아대 정치외
교학과를 졸업했다.

1986년 민주통일민중운동연합 간사로 활동하다가 개헌추진본부
충북지부 결성대회를 주도한 혐의로 구속됐다. 이듬해인 1987년 동아
대를 졸업한 뒤 고향인 경남 남해에서 농민회를 결성해 사무국장을
지냈다. 1988년에는 남해군 고현면 이어리 마을의 이장에 뽑혔다. 통
상 이장은 40~60대 장년들이 하지만 20대 후반의 나이에 이장에 도
전했다.

1989년에는 주민들로부터 주식을 공모해 남해신문을 창간했다. 농
민회 사무국장, 이장, 신문사 대표 등 여러 분야에서 쌓은 경험과 인
지도에 힘입어 1995년 첫 남해군수 선거에 출마해 당선됐다. 해외 축

구 국가대표팀 훈련 유치 등으로 인구 5만의 작은 남해군을 연간 500만 명이 찾는 관광지로 만들었다. 파격적 행정으로 MBC 다큐멘터리 '성공시대'의 주인공이 되기도 했다.

2002년 새천년민주당 후보로 경남지사 선거에 도전했으나 떨어진 뒤 노무현 전 대통령의 눈에 들어 행정자치부 장관에 전격 발탁됐다.

직설적인 화법과 굴하지 않는 성격으로 '리틀 노무현'으로 불리기도 했다. 참여정부 때 노무현 전 대통령 탄핵 정국의 예고편이었던 '행자부 장관 해임건의안 통과' 사건의 주인공이기도 하다. 2003년 8월 한총련의 미군기지 기습 불법시위 사건이 벌어지자 당시 입도석 다수당이었던 한나라당은 치안책임자인 김두관 행자부 장관이 책임져야 할 일이라며 해임건의안을 일방적으로 가결시켰다. 노 전 대통령은 해임 건의를 받아들이지 않으려 했고, 여론조사에서도 거부권을 행사해야 한다는 의견이 58%에 달했지만 대통령에게 정치적 부담을 줄 수 있다는 판단에 스스로 사표를 제출했다.

행자부 장관에서 물러난 뒤 그의 관운은 다한 듯했다. 2004년 17대 총선, 2006년 4회 경남지사 선거, 2008년 18대 총선에 나섰으나 연거푸 낙선했다. 하지만 그의 끈질긴 도전은 2010년 5회 경남지사 선거에서 다시 빛을 발했다. 2년 뒤 도지사직을 사퇴하고 민주통합당 대선 후보 경선에 뛰어들었으나 뜻을 이루지 못했다. 2014년 경기 김포로 옮겨 보궐선거에 나서며 정치적 재기를 시도했으나 또다시 실패했다가 20대 국회에 입성했다. 네 번째 총선 도전 만의 승리였다.

하지만 이번 대선에선 상임공동선거대책위원장으로 경기·경남 공략의 선봉에 섰다.

# 김병관 ——

**더불어민주당 의원
(최고위원)**

| 출생 | 1973년, 전북 정읍
| 학력 | 서울대 경영학과, KAIST 산업경영학 석사
| 경력 | 국회 산업통상자원위원회 위원, 더불어민주당 비상대
책위원회 위원, 웹젠 의사회 의장, 더불어민주당 전국
청년위원장

## 문 대통령의 '인재 영입 2호' … 벤처기업가 출신

문재인 대통령이 더불어민주당 대표 시절 영입한 정보기술(IT) 기업인 출신 국회의원이다. 전북 정읍 출신으로 서울대 경영학과를 거쳐 KAIST 산업경영학과 공학석사를 마쳤다. 벤처기업 솔루션홀딩스를 공동창업했다. 이후 NHN 게임스 대표이사, 웹젠 대표이사 등을 지냈다.

정계 입문부터 문 대통령과 인연이 깊다. 2016년 20대 총선 직전 문재인 대표의 '인재 영입 2호'로 더불어민주당에 입당했다. 당시 성공한 벤처 기업인으로 주목받으면서 안철수 전 의원을 떠오르게 하는 인물이라는 평가도 받았다.

문 대통령은 당시 당 인재영입위원장으로서 김 의원 영입을 직접 추진한 것으로 알려져 있다. IT와 혁신경제, 청년층을 대표하는 인물로 보고, 문 대통령이 몇 차례 직접 만나 입당을 권유한 것으로 전해진다.

김 의원은 민주당에 입당하며 "젊은이들에게 희망을 불어넣는 사람이 되겠다"며 "청년을 위해 일을 해야 할 때라고 생각했다. 누군가의 롤모델이 됐으면 하는 마음에서 이 자리에 섰다"고 말했다. 문 대통령은 당시 기자회견에 참석해 "김병관 의장은 혁신을 상징한다"며 "벤처신화의 경험을 토대로 유능한 경제정당을 만들고, 대한민국의 경제 패러다임을 바꿔나가는 주역으로서 크게 나아갈 것"이라고 기대감을 드러냈다.

문 대통령은 김 의원이 20대 총선에 출마할 당시 후보 후원회장을 맡았다. 김 의원은 험지로 평가받던 경기 성남 분당갑에 출마해 당선됐다. 선거 운동 당시 김 의원을 지원하기 위해 성남을 찾은 문 대통령은 "우리 정치가 선해져야 한다"며 "김병관 후보 같은 사람이 정치를 해서 우리 정치를 바꿔야 한다"고 응원했다.

20대 국회에 입성해서는 IT 벤처기업인 출신 경력을 살려 산업통상자원위원회에서 활동했다. 게임은 문화체육관광부 소속이지만, 창업 활성화에 초점을 맞춰 중소기업과 관련된 부처를 맡겠다는 의지가 반영됐다.

국회에서 유일한 게임업계 출신 의원으로서 산업의 위상을 올려줄 것이라는 업계의 기대를 받고 있다. 김 의원은 지난 1월 게임을 법적인 문화예술에 포함하는 내용의 '문화예술진흥법 일부개정법률안'을 발의했다. 음악, 미술, 영화 등과 같이 게임산업도 문화예술공간 및 시설 설치나 문화예술진흥과 연관된 사업 및 활동과 관련된 국가나 지방자치단체의 지원을 받을 수 있도록 하는 내용이다.

김종인 비상대책위원회 대표 시절 비상대책위원으로 참여했고, 2016년 더불어민주당 8·27 전당대회에서는 청년최고위원으로 선출됐다. 19대 대선에서는 청년위원회 선거대책위원장을 맡아 힘을 보탰다.

# 김병기 —————

**더불어민주당 의원**

| 출생 | 1961년 7월, 경남 사천시
| 학력 | 중동고, 경희대 국민윤리학 학사
| 경력 | 국가안전기획부, 김대중 정부 대통령직 인수위원회 파견근무, 노무현 정부 국정원 개혁 TF 파견근무, 국가정보원 인사처장, 20대 국회의원(서울 동작갑)

## 국정원 출신 '정보통' … 국정원 개혁의 기수

국정원 인사처장 출신으로 더불어민주당 내 국방·정보 전문가로 통한다. 2016년 20대 총선 당시 문재인 당시 더불어민주당 대표가 직접 나서 영입한 외부 인사 중 한 명이다.

고향은 경남 사천이다. 서울 중동고와 경희대 국민윤리학과를 졸업하고 1987년 국가안전기획부(안기부)에 들어가 인사 관련 업무를 주로 맡았다. 진보 정부와의 인연이 깊었다. 1998년 제15대 대통령직 인수위원회에 파견근무했고 2003년 노무현 정부에서도 국정원 개혁 태스크포스(TF)에서 일했다. 이후 국가정보원 인사처장까지 오른 그는 2013년 이명박 정부 시절 벌어진 국정원 내 인사 갈등 끝에 파면됐다. 그는 이에 불복해 행정소송을 내 승소했다.

국정원 시절부터 그는 국정원이 정치상황에 휘둘리지 않고 공정한 인사가 보장될 수 있는 시스템을 만드는 데 주력해온 것으로 전해진다. 국정원 직원들이 불법적이거나 지나치게 정치 편향적인 상사의 지시를 거부할 수 있는 시스템이 갖춰져야 한다는 게 그의 생각이다.

퇴직 후에도 그는 재야에서 국정원 개혁을 외치며 정치권 시야에서 벗어나지 않았다. 2015년 국정원이 국민을 사찰할 수 있는 해킹 프로그램을 도입했다는 논란이 불거지자 그는 당시 새정치민주연합 측 대응팀인 '국민정보지키기위원회'에 외부 전문가로 참여했다.

2016년 1월 그는 문재인 당시 더불어민주당 대표의 권유로 정치에 입문했다. 김대중·노무현 양 진보 정부에서의 참여 경험과 국정원 내부 정보에 능통한 '정보통'인 점이 영입 배경이다. 그는 그해 4월 20대 국회의원 선거에서 서울 동작갑 지역구에 전략공천돼 당선됐다.

전문 분야를 살려 20대 국회 국방위원회와 정보위원회에서 활동하고 있다. 정보위원회에선 더불어민주당 간사를 맡고 있다. 그의 주 관심사는 '국정원 개혁'이다. 그는 작년 1월 더불어민주당 입당 인사를 통해 "국정원 개혁의 목표는 더 유능한 정보기관으로 거듭나도록 하는 것"이라면서 "비밀주의의 뒤에 숨는 정보기관은 반드시 무능해지며, 민주주의로 훈련되지 않은 정보기관은 '주관적 애국심'에 사로잡히게 된다"고 밝힌 바 있다. 국정원 개혁을 공약으로 내세운 문재인 정부에서 중심 역할을 할 것으로 거론되는 이유다. 이번 19대 대선에선 문재인 대선후보 캠프의 두뇌격인 종합상황본부의 제1부실장을 맡아 문 대통령 당선을 도왔다.

## 김부겸

**더불어민주당 의원**

| 출생 | 1958년 경북 상주
| 학력 | 경북고, 서울대 정치학과
| 경력 | 민주통일민중운동연합 간사, 민주당 부대변인 · 당무
기획실 부실장, 16 · 17 · 18 · 20대 국회의원, 열린우
리당 원내부대표, 민주통합당 최고위원, 더불어민주당
19대 대선 공동선대위원장

## 재야운동권 출신 비주류 4선 의원 ··· TK 공략 선봉장

재야운동권 출신의 4선 의원이다. 당내 대구 · 경북(TK) 공략의 선
봉장으로 꼽힌다. 작년 20대 총선에서 보수 텃밭으로 불리는 대구(수
성갑)에서 야당 출신으로는 31년 만에 승리를 거두며 정치적 위상이
수직상승했다. 지역주의 타파라는 상징성을 바탕으로 당내 차기 대선
'잠룡'으로 평가받고 있다.

부드러운 인상과는 달리 민주화 운동으로 학교 제적과 구속이 반복
되는 굴곡진 삶을 살았다. 서울대 정치학과 재학 중이던 1977년 유신
반대 시위로 구속됐고, 1980년 '서울의 봄' 당시 학생운동을 주도하
다가 또다시 구속돼 실형을 살았다. 이 과정에서 2번이나 제적됐지만
1987년에 졸업장을 받았다.

1988년 한겨레민주당 공천으로 서울 동작구에 출마하면서 정계에
입문했다. 1990년대 초반 민주당 부대변인과 당무기획실 부실장 등을

지내다 새정치국민회의 분당에 참여하지 않고 국민통합추진회의를 결성했다. 민주당과 신한국당이 합쳐진 한나라당 소속으로 2000년 경기 군포에 출마(16대 총선)해 여의도에 입성했다. 이후 국가보안법 폐지, 대북송금특검법 반대, 한총련 학생 석방 등을 주장하며 당내 소장 개혁파로 활동했다. 2003년 7월 한나라당을 탈당해 열린우리당 창당에 참여했고 17·18대 총선에서 승리했다.

경기도 군포에서 내리 당선되면서 3선 중진의 반열에 올랐지만 그는 새로운 도전을 선택했다. 안방이나 다름없는 군포를 떠나 '지역주의 타파'라는 기치를 내걸고 대구에 출시표를 던졌다. 도전은 호락호락하지 않았다. 2012년 19대 총선 대구 수성갑 선거에서 40.4% 득표율을 기록하며 선전했지만 이한구 전 새누리당 의원에게 패했다. 2014년 대구시장 선거에서도 40.3% 득표에 그치며 고배를 마셨다.

경북고·서울대 선배인 김문수 전 경기지사와 맞붙은 20대 총선에선 62.3%의 압도적인 득표율로 당선됐다. 김 의원은 당시 당선 일성으로 "더 이상 지역주의도, 진영논리도 거부하겠다. 오직 국민만 바라보는 정치를 하겠다"고 말했다.

당내 비문(非文·비문재인) 세력으로 분류되지만 특유의 친화력을 앞세워 당내 인사들과 폭넓은 친분 관계를 유지하고 있다. 다만 향후 당권·대권 도전에서 자신의 정치적 신념을 뒷받침해줄 이른바 '친김부겸' 세력이 부족하다는 게 약점으로 꼽힌다. 당 관계자는 "한국 정치의 고질병인 지역주의를 극복한 묵직한 정치인"이라며 "차별화된 정치적 커리어와 상징성으로 향후 유력한 당권·대권 주자의 존재감을 드러낼 것"이라고 말했다.

# 김영주

**더불어민주당 의원**
**(최고위원)**

| **출생** | 1955년 서울
| **학력** | 무학여고, 한국방송통신대, 서강대 경제학 석사
| **경력** | 전국금융노동조합연맹 상임부위원장, 17 · 19 · 20대
국회의원, 열린우리당 원내부대표 사무부총장, 더불어
민주당 서울특별시당 위원장, 더불어민주당 최고위원

## 실업팀 농구선수 출신 3선 의원,
## 서울특별시당위원장으로 文 승리 이끌어

농구선수 출신의 17 · 19 · 20대 3선 의원이다. 1955년 서울에서 태어나 무학여고를 졸업한 뒤 23년 만에 한국방송통신대 국어국문학과를 졸업하고 2000년 서강대 경제대학원에서 경제학 석사를 취득했다.

1970년대 이른바 '무학여고 14번'으로 유명한 농구선수로, 고교 졸업 후 서울신탁은행에서 실업팀 농구선수로 활약한 뒤 은행원으로 일했다. 은행에서 노조활동을 시작해 여성 최초 전국금융노동조합연맹 상임 부위원장을 지냈다.

16대 국회 때 정치권의 문을 두드렸지만 비례대표 순번에서 밀려나 17대에 열린우리당 소속 비례대표 의원으로 국회에 입성했다. 2004년 열린우리당 정책담당 원내부대표를 지냈고 국회 운영위원회, 환경노동위원회, 예산결산특별위원회, 여성가족위원회 위원을 거쳤다. 열린우리당 재정담당 사무부총장으로 당 안 살림을 맡았다.

2008년 통합민주당 사무부총장을 거쳐 사무총장에 올랐다. 18대 총선에서 전여옥 새누리당 의원에게 밀려 재선에 실패했지만 19대에서 박선규 전 청와대 대변인을 누르고 재선에 성공했다. 19대 국회에선 정무위원회 간사와 윤리특별위원회 위원으로 활약했다. 2013년 문희상 비상대책위원장 시절 비대위원장 비서실장을 맡아 당 비상 상황 타개에 일조했다는 평가를 받았다.

19대 국회 후반기에는 보통 3선 의원이 맡는 상임위원장에 임명돼 환경노동위원회에서 활약했다. 그 덕분에 베러망시법 처리를 막기 위한 필리버스터(합법적 의사진행 방해) 진행 당시 헌정사상 최초로 상임위원장으로서 국회 본회의 의사진행을 맡기도 했다. 20대에서는 정무위원회 위원을 맡았으며 지난해 더불어민주당 서울특별시당 위원장에 올랐다.

문재인 후보 캠프 선거대책위원회 구성을 놓고 추미애 민주당 대표와 각을 세운 것으로도 유명하다. 추 대표가 상황본부장직에 자신이 발탁한 김민석 특보단장을 기용하려 하자 김 최고위원 등이 강력히 반발하면서 회의 도중 자리를 박차고 나오기도 했다. 범친문계로 분류되는 김 최고위원은 강기정 의원을 세워야 한다고 주장한 것으로 알려졌다. 이번 대선에서 전해철 최고위원과 함께 공동 조직특보단장을 맡아 서울 등 수도권에서 문재인 대통령 승리에 공헌했다.

# 김영춘
### 더불어민주당 의원

| 출생 | 1962년 부산
| 학력 | 부산동고, 고려대 영문과, 고려대 대학원 정치외교학 석사
| 경력 | 고려대 총학생회장, 김영삼 통일민주당 총재 비서, 16 · 17대 국회의원(서울 광진갑), 20대 국회의원(부산 부산진갑), 열린우리당 원내대변인 · 원내수석부대표 · 최고위원 · 사무총장, 국회 농림축산식품해양수산위원장

## 상도동계 막내 출신, 부산서 문재인 돌풍 일으킨 대선 1등 공신

학생운동을 거쳐 김영삼 전 대통령과의 인연으로 정계에 입문했기 때문에 '상도동계 막내'로 불린다. 김 의원은 'YS계 수장'으로 불리는 김덕룡 김영삼민주센터 이사장과 문재인 후보 간 '가교역할'을 하며 이번 대선에서 상도동계 정치 원로들의 지지를 이끌어내는 핵심역할을 했다.

김 의원의 노력으로 선거 막바지 부산에서 김 전 대통령의 차남 김현철 국민대 특임교수가 문재인 캠프 유세차량에 올라 지지를 호소하기도 했다. 그가 공을 들였던 상도동계의 지지는 국민의당과 치열한 지지율 초접전 양상을 벌였던 대선 초반 판세를 더불어민주당 쪽으로 기울게 한 계기가 됐다는 평가다.

고려대 총학생회장 시절 민정당 당사 점거 농성을 주도하다 구속된 전력이 있다. 1987년 김영삼 민주화추진협의회 공동의장의 도움으로 정계에 입문했고, 김영삼 정부 출범 후 청와대 정무비서관을 지냈다. 이 때문에 처음 몸담은 정당은 한나라당이었다. 2000년 16대 총선에서 한나라당 공천으로 서울 광진구갑에 출마해 초선의원 배지를 달았다.

노무현 정부 첫해 한나라당을 탈당해 열린우리당으로 당적을 옮겼다. 이부영 이우재 김부겸 안영근 의원과 함께 탈당하면서 '독수리 5형제'로도 불렸다. 17대 총선에서 재선에 성공했지만 이후 노무현 정부와 열린우리당 실패의 책임을 지겠다며 2008년 18대 총선 불출마를 선언했다.

이때부터 험난한 '야인' 생활이 시작됐다. 4년이 지나 19대 총선에서 고향인 부산에서 정치를 다시 시작해 한국 정치를 바꾸겠다며 새누리당(자유한국당의 전신) 텃밭인 부산진갑에 도전장을 냈다가 고배를 마셨다. 2014년 부산시장 선거에서는 제1야당인 새정치민주연합 후보로 공천을 받았지만 오거돈 무소속 후보와의 단일화 과정에서 중도 하차했다.

20대 총선에서 같은 지역구에 재도전해 당선됐다. 새누리당의 아성에서 민주당의 깃발을 세운 귀한 승리였다. 부산시당 위원장을 맡아 부산지역에서 민주당 당세를 확장하는 '사령관 역할'을 맡았다. 이번 대선에서는 문재인 대통령의 부산지역 득표율이 홍준표 자유한국당 후보를 앞섰다. 모든 후보들이 사활을 걸었던 격전지 부산에서 민주당이 승기를 잡는 데 결정적 역할을 한 '1등 공신'으로 불린다.

20대 국회 농림축산식품해양수산위원장이면서 문 대통령 후보 캠프에서 농림해양정책위원장을 맡았다. 문 후보의 '부산 해양수도 육성' 공약을 뒷받침한 것으로 알려졌다.

# 김종민

**더불어민주당 의원**

| 출생 | 1964년 충남 논산
| 학력 | 장훈고, 서울대 국문학과
| 경력 | 내일신문 기자, 시사저널 기자, 청와대 정무기획 행정
관·국정홍보 행정관·대변인·국정홍보비서관, 충남
정무부지사, 20대 국회의원, 19대 대선 문재인 후보 중
앙선거대책본부 홍보본부 수석부본부장

## 이인제 꺾은 기자 출신 친노 정치인

2016년 4월 20대 총선 충남 논산·계룡·금산에서 6선 의원인 이
인제 당시 새누리당 최고위원을 꺾고 당선되며 파란을 일으킨 초선
의원이다. 19대 총선에서도 이 전 의원과 맞붙어 2300여표 차로 석패
했으나 4년 만에 가진 재대결에서 20여 차례 역전과 재역전을 거듭한
끝에 1000여표 차로 신승, 국회에 입성했다.

86세대 학생운동권 출신으로 서울대 국문학과 재학 중 민족해방
(NL) 계열 학생운동을 하다가 구국학생연맹 사건으로 구속된 전력이
있다. 졸업 후 내일신문과 시사저널 정치부 기자로 일했다. 기자 시절
노무현 전 대통령이 설립한 지방자치실무연구소를 출입하면서 노 전
대통령과 인연을 맺었다. 안희정 충남지사, 이광재 전 강원지사, 서갑
원 전 의원 등 노 전 대통령 측근 인사들과의 인연도 이때로 거슬러 올
라간다. 노 전 대통령이 국회의원일 때부터 단독 인터뷰를 가장 많이

한 기자로 알려져 있다. 당시 노 전 대통령은 '내 생각을 정확히 기사화한다'며 호감을 표했던 것으로 전해진다.

노무현 정부 출범과 함께 청와대에 들어가면서 본격적으로 '친노(친노무현) 정치인'의 길을 걷기 시작했다. 청와대 정무기획 행정관, 국정홍보 행정관, 홍보기획 행정관, 부대변인에 이어 2004년 만 40세의 역대 최연소 청와대 대변인으로 발탁됐다. 홍보기획 행정관 시절 탄핵소추를 당한 노 전 대통령이 기자들과 함께 등산했을 때 언론에 전달할 메시지로 '춘래불사춘(봄은 왔지만 봄 같지 않다)'을 제안해 호평을 받았다. 대변인직을 그만뒀다가 4개월 만에 복귀해 노무현 정부 말까지 국정홍보비서관을 지냈다. 노 전 대통령 의중을 잘 알고 메시지 관리가 탁월하다는 평가를 받았다.

스스로를 "안 지사와 30년 동안 함께 해온 친구이자 동지"라고 소개한다. 청와대에 들어간 것도 안 지사의 추천이 직접적인 계기가 됐다. 20대 총선에 출마하면서도 "안희정을 대한민국 대통령으로 만들겠다"고 했다. 안 지사와 동향 출신에 대학 학번도 같다. 2010년 6월 지방선거 때 안 지사 대변인으로 활동했고 당선 후 충남 정무부지사직을 수행했다. 19대 대선 더불어민주당 경선에서도 안 지사를 도왔다. 안 지사가 경선에서 탈락한 뒤로는 문재인 대통령 선대위에 합류해 홍보본부 수석부본부장을 맡았다. 국회 입성 후엔 민주당 정책위원회 부의장, 청년일자리 TF 위원 등으로 활동했다. '서경(書經)'에 나오는 '민지소욕 천필종지(民之所欲 天必從之)'를 정치 신조로 삼고 있다. 백성이 원하는 바는 하늘이 반드시 따른다는 의미다.

김태년 ————

**더불어민주당 의원**
**(정책위원회 의장)**

| 출생 | 1965년 전남 순천
| 학력 | 순천고, 경희대 행정학과
| 경력 | 경희대 총학생회장, 17 · 19 · 20대 국회의원, 더좋은
민주주의연구소 정책위원장, 20대 국회 예산결산특별
위 간사, 문재인 대통령후보 총괄공동특보단장, 더불어
민주당 정책위원회 의장

## 학생운동 출신의 3선 의원

19대 대선에서 전국적으로 꾸린 2만6000여명의 국민특보단 수장
으로 활동했다. 이른바 '가짜뉴스'에 적극적으로 대응하며 문재인 대
통령 당선에 기여했다. 선거가 끝난 뒤인 5월15일에는 더불어민주당
의 정책위원회 의장에 임명됐다.

1965년 전남 순천에서 태어났다. 순천고와 경희대 행정학과를 졸
업했다. 경희대 재학시절에는 총학생회장을 지냈다. 전국대학생대표
자협의회(전대협) 1기로 송영길 · 우상호 · 이인영 민주당 의원 및 임종
석 청와대 비서실장과 더불어 대표적인 '86그룹'(80년대 학번, 1960년대
생)으로 꼽힌다.

졸업 이후에는 성남시에서 '성남 미래준비위원회' 대표를 맡는 등
시민운동가로 활약했다. 시민운동을 하던 중 1996년 이른바 '부여간
첩사건'과 연관된 남파간첩 김동식과 만난 혐의로 구속되기도 했다.

정작 검찰에서는 이를 입증할 증거를 제시하지 못해 단순 이적도서 소지 후 소각 혐의로 집행유예를 선고받았다.

정계 입문은 노무현 전 대통령과 함께 시작했다. 2002년 16대 대통령 선거를 앞두고 노무현선거대책본부 성남 공동본부장을 맡은 뒤 2004년 17대 총선에서 경기 성남시 수정구에서 당선돼 여의도에 입성했다. 그가 대표적인 '친문(친문재인) 인사'로 꼽히는 배경이다. 이후 19·20대 총선에서 연이어 배지를 달아 3선 고지에 올랐다.

이번 대선에는 문 대통령에 대한 비판과 비난을 최전방에서 방어했다. 지난해 박지원 당시 국민의당 비상대책위원장이 당시 문 전 대표를 공격하자 "박 위원장은 문 전 대표를 향해 마타도어를 동원하고 있다"며 "이미 폐기돼 금기시되는 '지역주의 선동정치'를 되살리려는 구태정치의 극치"라고 비판한 것이 대표적이다. 같은 해 당시 새누리당이 문 전 대표의 '전시작전권 환수' 발언을 두고 비판 수위를 높여 나갈 때도 전면적으로 반박하고 나섰다. 당시 김 의원은 "새누리당은 안보실패에 대해 반성을 해도 모자랄 판에 구시대적 이념공세까지 동원한 참 나쁜 버릇을 보였다"고 말했다.

상대방과의 협상과 대화에도 능하다는 평가를 받는다. 19대 국회에서는 정치개혁특별위원회 야당 간사, 20대 예산결산특별위원회 간사를 맡으며 인정받았다. 특히 지난해 9월에는 예결위 간사로서 여야 3당이 추가경정예산안 처리에 극적으로 합의하는 데 큰 역할을 했다. 같은 해 10월 국정감사에서는 기획재정위원회 소속으로 조선·해운 업계 구조조정 등 경제 현안에 대한 '송곳 감사'를 진행하기도 했다.

# 김현권

**더불어민주당 의원**

| 출생 | 1964년 경북 의성군
| 학력 | 충암고, 서울대 천문학과, 경북대 행정대학원
| 경력 | 노무현 대통령 만들기 국민참여운동본부 대구경북부본부장, 의성한우협회 회장, 더불어민주당 전국농어민위원회 부위원장, 제20대 국회의원, 제19대 대통령선거 더불어민주당 중앙선거대책위원회 농수산축산업특보단장

## 학생운동 … 뼛속까지 농사꾼, 그리고 정치인

농사꾼 출신 정치인. 서울대 재학 시절에 학생운동을 하다가 2년가량 옥살이를 한 뒤 1992년 고향인 의성으로 내려갔다. 25년간 직접 사과를 따고 소 100여 마리를 키운 진짜배기 농사꾼이다. 스스로 "아내 곁에 가기 미안할 정도로 거친 손을 갖고 있다"고 표현할 정도다. 제19대 대통령 선거에서는 민주당 중앙선거대책위원회 농수산축산업특보단장을 맡았다.

귀향 후 농사에 열중하던 그를 정치에 입문시킨 건 '노풍'이었다. 2002년 대선에서 노무현 당시 후보의 의성지역 선거운동을 자원봉사로 돕기 시작했다. 발품을 팔며 국민선거인단 신청서를 받으러 다녔다. 민주당 노무현 대통령 후보 경선 대책위원과 노무현 대통령 만들기 국민참여운동본부 대구경북부본부장을 지냈다. 의성군한우협회장 등을 역임하며 농업활성화 운동을 벌였다. '농촌대변인'이라는 별명도 얻었다. 김 의원은 총선에 출마한 계기에 대해 "현장에서 농사를 짓다 보니 뭐가 잘못돼 있고 어떻게 고치면 농민들의 삶이 나아질지 눈에 보였다"며 "농어촌 지역구에 국회의원이 있어도 농민이 아니면 농민들이 민원인으로만 느껴지기 마련이니 직접 나서서 하는 게 낫지 않겠나 하는 생각이 들었다"고 말한 바 있다.

2015년에는 민주당에 처음으로 농어민위원회를 만들었다. 주요 정당에서 전국 단위, 상설 조직 형태로 농어민위원회를 만든 최초 사례로 알려져 있다. 20대 총선에서 농어민 비례대표로 국회에 입성했다. 이번 국회 유일의 농민 대표다. 총선을 앞두고 치러진 민주당 비례대표 후보 순위 투표에서 25명 중 1위를 차지해 비례대표 6번을 받았다. 이를 두고 김 의원은 '장윤선, 박정호의 팟짱'(오마이뉴스 팟캐스트) 인터뷰에서 "저를 굳이 1위를 시켜준 건 '촌놈이 먼 곳에서 개고생하는데 밥이라도 한 그릇 사줘야지' 하는 생각이 아니었나 싶다"고 말하기도 했다.

김 의원은 '험지' 출신이다. 17대, 19대 총선에서 각각 열린우리당, 민주통합당 소속으로 경북 군위·의성·청송군 지역구에 출마했다가 고배를 마셨다. 하지만 '민주당 불모지'인 TK지역에서 1만표 이상을 얻으며 이름을 알렸다. 19대 총선 때는 문재인 대통령이 후원회장을 맡고 조국 서울대 교수 등이 후원 회원으로 참여했다. '부부 정치인'으로도 유명하다. 아내인 임미애 씨는 이화여대 총학생회장 출신으로 5대, 6대 의성군의회 의원을 지냈다. 2015년에는 문 대통령이 주도한 새정치민주연합 혁신위원회에서 혁신위원으로 일했다.

# 김현미

**더불어민주당 의원**

| 출생 | 1962년 전북 정읍
| 학력 | 전주여고, 연세대 정치외교학과
| 경력 | 노무현 대통령비서실 국내언론 · 정무2 비서관, 제 17 · 19 · 20대 국회의원, 예산결산특별위원장(20대), 새정치민주연합 대표 비서실장, 더불어민주당 원내정 책수석부대표

## 문재인 새정치민주연합 대표 시절 비서실장 …
## 당내 '전략통'이자 '저격수'

노무현 정부에서 청와대 비서관으로 활동했다. 친(親)노 성향보다 실무 능력을 앞세워 중도 이미지를 굳혔다. 덕분에 2015년 문재인 새정치민주연합 대표 시절 '탕평책'의 일환으로 비서실장으로 발탁됐다. 경기 고양시 일산서구를 지역구로 두고 있는 3선 의원이다. 전략, 정책, 홍보 등 다방면에서 능력을 인정받으면서 당내 '전략통'이자 '저격수'로 꼽힌다. 세월호 국정조사특별위원회 야당 간사를 맡기도 했다.

1962년 전북 정읍에서 태어나 전주여고를 졸업했다. 연세대 정치외교학과와 연세대 언론홍보대학원에서 공부했다. 2004년 17대 국회 때 비례대표로 국회에 처음 진출했다. 제18대 국회의원 선거에서는 고양시 일산서구에 출마했지만 당시 김영선 한나라당 후보에게 석패했다. 하지만 19, 20대 국회의원 선거에서 연이어 김영선 전 의원을 누르고 3선 의원이 됐다.

노동운동을 하다가 1987년 김대중 전 대통령이 정계에 복귀해 평화민주당을 만들자 당직자로 정계에 입문했다. 새정치국민회의에 합류해 부대변인을 맡은 것을 시작으로 새천년민주당 부대변인을 지냈다.

'최장수' 부대변인을 거치며 단련된 촌철살인의 논평과 날카로운 비판으로 다양한 유행어를 만들어 냈다. 2002년 16대 대통령선거 당시 이회창 한나라당 후보 며느리가 하와이에서 출산한 것을 두고 '원정출산'이란 신조어를 만들었다. 자녀의 이중 국적 획득을 위해 해외에서 출산하는 행위를 지적하는 말로 지금은 일반화됐다. 당시 이 후보가 흙 묻은 오이를 씻지도 않고 먹는 등 '서민 행보'로 회자되자 "진짜 서민들은 오이를 씻어 먹는다"고 일침을 가하기도 했다.

2007년 대선에선 정봉주, 박영선 의원과 함께 대통합민주신당 BBK 진상조사팀으로 활동하면서 '저격수 3인방'으로 불렸다. 박근혜 전 대통령에게 '수첩공주'란 별명을 붙인 것도 김 의원이다.

노무현 정부에선 청와대 국내언론비서관과 정무2비서관을 거쳤다. 19대 국회에선 새정치연합 원내정책수석부대표와 전략홍보본부장 등을 맡아 당의 전략통으로 활약했다.

19대 대통령선거에서 더불어민주당 선거캠프 방송콘텐츠 본부장을 맡아 문 대통령의 대선후보 TV토론 준비를 도왔다.

# 도종환

**더불어민주당 의원**

| **출생** | 1955년, 충북 청주
| **학력** | 충남대 대학원 국어국문학 박사
| **경력** | 덕산중학교 교사, 전국교직원노동조합 청주지부장, 한국작가회의 사무총장, 더불어민주당 원내대변인, 문재인 대선캠프 문화예술특보, 더불어민주당 문화예술위원회 상임위원장

## 시인 출신으로 문재인 캠프 대변인 지낸 핵심 친문계 의원

'담쟁이 시인'으로 불리는 전국교직원노동조합(전교조) 출신 친문계 재선의원이다. 더불어민주당 경선과정에서 문재인 경선 캠프 대변인을 지냈고, 지난 3월 문재인 대선 캠프의 문화예술특보로 참여했다. 충북선거대책본부위원장까지 맡아 문재인 대통령 당선에 기여했다.

충북 청주 출생으로 충북대 국어국문학 박사학위를 받은 뒤 교사로 일했다. 교직에 몸담았던 그는 1989년 전국교직원노동조합에 참여했고, 청주지부장을 지내다 1994년 해직될 정도로 활동에 적극적이었다.

2012년 민주통합당의 비례대표 16번으로 공천받아 국회의원이 됐다. 공천 심사에서 신청도 안 한 그를 심사위원들이 문화예술계를 위해 일할 사람을 찾다 자체 논의를 통해 그를 추천했다. 전업 시인으로 국회의원이 된 것은 세 번째. 유신정우회 국회의원이던 '꽃'의 작가

김춘수 시인과 평화민주당 국회의원이던 '겨울 공화국' 작가 양성우 시인 이후 처음이었다. 당선 직후 사무실에 근조 리본이 달린 화분이 들어왔다. 그는 이를 '시인 도종환은 죽었고 새로운 도종환이 됐다' 고 생각하고 정성껏 키운다고 했다.

"이제 '지원하되 간섭하지 않는다' 는 원칙으로 돌아가 이념적인 잣대로 예술작품을 바라보는 일이 없도록 문화 환경을 만들어야 한다." 그가 지난 4월 국정 역사교과서를 두고 한 발언이다.

대표적인 친문계 노영민 전 의원의 지역구였던 청주시 흥덕구 선거구에 출마해 지난해 20대 총선에서 재선에 '성공했나. 노 전 의원이 시집강매 사건으로 징계를 받아 불출마를 선언했기 때문이다. 재선의원이지만 교육문화체육관광위원회에 그대로 남아 간사로 활동 중이다.

지난해 탄핵정국 때부터 논란이 된 문화예술계 '블랙리스트' 논란을 처음 제기한 이가 도 의원이다. 그는 2015년 국정감사에서 극단계 연출가인 박근형의 블랙리스트 등재 의혹을 제기했다.

# 민병두

**더불어민주당 의원**

| 출생 | 1958년 강원 횡성
| 학력 | 경기고, 성균관대 무역학과
| 경력 | 문화일보 워싱턴특파원 · 정치부장, 열린우리당 전략
기획본부장 · 홍보기획본부장, 19 · 20대 국회의원, 새
정치민주연합 민주정책연구원장, 19대 대통령 선거 더
불어민주당 특보단장

## 경제민주화 주도하는 '비문계' 전략통

언론인 출신 3선 의원. 경제민주화를 주도하는 '비문계'로 분류된
다. 17대 국회 비례대표로 정계에 입문해 19대, 20대 서울 동대문에서
의원에 당선됐다. 국회의원 가운데 입법 역량이 가장 뛰어난 의원 중
한 사람으로 꼽힌다. 이번 대선에서는 현역 의원 17명으로 구성된 특
보단 단장을 맡아 홍준표 자유한국당 후보의 저격수 역할을 맡아 문
재인 대통령의 승리를 도왔다.

강원도 횡성 출신으로 경기고와 성균관대 무역학과를 졸업했다. 대
학 시절 신군부 세력에 맞서 민주화 운동을 하다 두 차례 옥고를 치렀
다. 33세인 1991년 문화일보에 늦깎이로 입사해 워싱턴 특파원과 정
치부장 등을 지냈다.

노무현 정부 시절인 2004년 열린우리당이 창당하면서 17대 국회
비례대표로 영입됐다. 입당과 동시에 총선기획단장을 맡아 열린우리

당이 152석 과반의석을 얻는 데 기여하면서 전략적 능력을 인정받았다. 열린우리당 정책위원회 수석 부의장, 전략기획본부장, 홍보기획본부장을 지냈다. 국회 본회의에 100% 출석하면서 성실한 의정활동으로 인정을 받았다. 18대 국회의원 선거에서는 통합민주당 후보로 서울 동대문을 선거구에 출마했지만 홍준표 한나라당 후보에 밀려 낙선했다. 하지만 4년 뒤 열린 국회의원 선거에서는 여당대표이던 홍준표 후보를 누르고 당선하면서 19대 국회의원 선거의 최대 이변이란 평가를 받았다.

경제·사회안전·정치개혁 등 다방면에서 입법 활동을 해왔다. 대기업 일감 몰아주기를 근절하는 '특정경제범죄 가중처벌 등에 관한 법률'을 비롯해 '상속세 및 증여세법' '독점규제 및 공정거래에 관한 법률' 등 경제 민주화법을 잇달아 발의했다. 2014년부터 2016년까지 당내 싱크탱크인 민주정책연구원 원장을 맡기도 했다. 당시 펴낸 '새로운 진보 정치' '수권정당의 길' 등은 민주당의 집권 로드맵을 담았다는 평가를 받고 있다.

지난해 제20대 국회의원 선거에선 야권 인사로는 처음으로 동대문을 선거구에서 3선 의원에 올랐다. 이번 국회에선 박근혜 최순실 게이트처럼 권력의 사유화를 통해 축적한 부의 국가 환수, 금융채무불이행자의 신용회복 지원, 담합행위에 대한 징벌적 손해배상 도입 등을 주요 공약으로 내세웠다. 그는 특정 계파에 치우치지 않으면서 정치 경력 중 특별한 흠이 없다는 점이 장점으로 꼽힌다. 소탈하고 격의 없는 스킨십과 기자 출신 특유의 냉정함이 있고 더불어민주당 내에서 '전략가'로 분류된다.

# 박광온

**더불어민주당 의원**

| 출생 | 1957년 전남 해남
| 학력 | 광주상고, 고려대 사회학과
| 경력 | MBC 보도국장, 18대 대선 민주통합당 선대위 대변인,
19·20대 국회의원, 새정치민주연합 대변인, 새정치
민주연합 당대표 비서실장, 더불어민주당 수석대변인,
19대 대선 더불어민주당 공동 공보단장

## 신뢰 주는 언변이 강점 … 문재인 대표 비서실장 지낸 명대변인

방송(MBC)기자 출신으로 계파를 뛰어넘는 친화력이 강점으로 꼽힌
다. 2012년 정치권에 발을 들였을 때부터 친문·비문 등 계파를 가리
지 않고 대변인을 맡아 굵직한 임무를 수행했다.

2012년 문재인 민주당 후보와 안철수 무소속 대선후보의 단일화
협상, 2014년 김한길 민주당 대표와 안 의원 측 새정치연합의 통합 과
정에서 각각 문 후보와 김 대표의 '입' 역할을 했다. 지상파 앵커 출신
으로 친근한 이미지를 갖고 있는 데다 논리정연한 언변으로 상대에게
신뢰감을 주는 게 박 의원의 가장 큰 강점으로 꼽힌다.

고려대 사회학과를 졸업하고 곧바로 기자생활을 시작했다. 청와대
출입기자, 도쿄특파원을 거쳐 9시 뉴스 앵커와 보도국장 자리까지 올
랐다. 하지만 보도국장 시절 통과된 일명 '미디어법'에 대해 "이명박
정부의 방송장악을 위한 악법"이라며 사내 반대투쟁에 앞장서다 보도

국장직에서 해임당하고 MBC를 떠났다.

2014년 치러진 7·30 재보궐 선거(경기 수원정)에서 이명박 전 대통령의 핵심 측근인 임태희 전 청와대 대통령실장을 꺾고 국회에 입성했다. 지난해 20대 총선에서 재선에 성공했다. 재벌개혁과 경제민주화 관련 입법에 깊은 관심을 갖고 있다. 지난해 하도급 중소기업 협동조합, 가맹점주 단체, 대리점주 단체 등 이른바 '을'(乙)에게 집단교섭권을 보장하는 '독점규제 및 공정거래에 관한 법률 개정안'을 대표발의했다.

지난 1월에는 조세포탈, 횡령·배임, 역외탈세 등 경제범죄를 일으킨 재벌총수에게 집행유예 선고를 원천적으로 차단하는 내용의 특정경제범죄가중처벌법 개정안 등을 내놨다. 박 의원은 "재벌총수를 비롯한 상류층에 대한 관대한 처벌이 국민의 법 허무주의만 부추기고 있다"며 "유전무죄 무전유죄의 뿌리 깊은 사회적폐를 해소해야 한다"고 말했다.

비문(비문재인) 인사로 2015년 당시 문재인 당대표 비서실장을 맡아 주목을 받았다. 박 의원은 한 언론사 인터뷰에서 "(내가)당내 관계가 두루 원만하니 비서실장을 맡아달라고 문 대표가 직접 부탁했다"며 "당을 결속시키고 단합시키는 소통 창구를 해달라는 요청을 받아들였다"고 말했다. 문재인 대선 캠프에서 공동 공보단장을 맡아 최일선에서 언론과 소통하고 상대 후보의 네거티브 공격에 대응하는 역할을 담당했다.

# 박남춘 ————

**더불어민주당 의원**

| 출생 | 1958년 인천
| 학력 | 제물포고, 고려대 법대
| 경력 | 해양수산부 기획예산담당관, 국립해양조사원장, 대통령비서실 국정상황실장, 대통령 인사수석비서관, 19·20대 국회의원, 19대 대통령선거 문재인 후보 중앙선거대책위원회 안전행정정책위원장

## 정통 해양 관료 ··· 노무현 대통령 인사수석 지낸 '뼈노'

'뼈노(뼛속까지 친노)'라고 불리는 친노(친노무현)계 국회의원이다. 노무현 전 대통령 시절 청와대 국정상황실장과 인사수석을 지냈다. 더불어민주당이 문재인 대통령 중심으로 재편되면서 자연스럽게 친문(친문재인)계 핵심 중 한 명으로 자리잡았다. 참여정부가 끝난 뒤 2008년 18대 총선에 출마하려 했지만 공천을 받지 못했다. 이후 정치권을 잠시 떠났다가 2012년 19대 총선 인천 남동갑에 출마해 당선됐으며 20대 총선에서 재선에 성공했다. 19대 대선에선 문재인 후보 중앙선거대책위원회 안전행정정책위원장을 맡아 문 대통령을 도왔다.

정치권에 입문하기 전엔 해양수산 분야에서 전문성을 쌓은 정통 관료였다. 행정고시 24회에 합격해 부산지방해운항만청 사무관으로 사회에 첫발을 내디뎠다. 해운항만청 항만물류과장, 해양수산부 기획예산담당관을 거쳐 국립해양조사원 원장을 지냈다.

노 전 대통령이 해수부 장관일 때 인연을 맺었다. 2000년 8월 노 전 대통령이 장관에 취임했을 당시 해수부 감사담당관으로서 국장 승진을 앞두고 있었으나 총무과장으로 수평 이동해 다면평가와 학습활동, 지식정보시스템 구축 등의 혁신 과제를 매끄럽게 추진해 능력을 인정받았다. 노 전 대통령이 당선된 뒤 대통령직인수위원회 경제2분과 전문위원으로 참여했고 참여정부 출범과 함께 청와대에 들어가 국정상황실장, 인사제도비서관, 인사관리비서관, 인사수석비서관 등을 역임했다.

국회 입성 후에는 안전행정위원회, 예산결산특별위원회, 운영위원회 등에서 활동했다. 관료 시절 경험과 전문성을 살려 새정치민주연합(현 민주당) 해양수산특별위원장으로도 활동했다. 누구 못지않게 성실한 의정활동을 한다는 평가를 받고 있다. 19대 국회 4년간 본회의 출석률이 98.9%에 이르고 114건의 법안을 발의했다. 법안 통과 비율도 전체 의원 중 상위 10% 안에 들었다. 2016년 12월 국정감사 NGO 모니터단이 선정하는 '국정감사 우수 의원'에 이름을 올렸고 민주당 내 국정감사 평가에서도 우수 의원으로 뽑혔다. 국회의원이 된 이후 30권이 넘는 정책자료집을 냈다.

논어 자로편에 나오는 '근자열 원자래(近者說 遠者來)'를 좌우명으로 삼고 있다. 중국 춘추전국 시대 초나라 백성들이 다른 나라로 이주하자 초나라 제후인 섭공이 공자에게 "백성이 도망가니 천리장성을 쌓아 막을까요"라고 묻자 공자가 "가까이 있는 사람을 기쁘게 하면 멀리 있는 사람이 찾아온다"고 한 데서 유래한 말이다.

# 박범계 ——

**더불어민주당 의원**

| **출생** | 1963년 충북 영동
| **학력** | 검정고시, 연세대 법학
| **경력** | 사법시험(33회), 서울지방법원 판사, 노무현 대통령후보 법률특보, 대통령직인수위원회 정무분과 인수위원, 청와대 민정2비서관, 청와대 법무비서관, 제19 · 20대 국회의원, 새정치민주연합 원내대변인

## 판사 출신 재선 의원 … 대표적인 친노 · 친문인사

　문재인 대통령 측근 가운데 대표적인 법조계 출신이다. 노무현 전 대통령 핵심 참모이기도 했다. 충북 영동 출신으로 연세대 법학과를 나와 사법시험에 합격하고 9년간 판사 생활을 했다. 사법연수원생 시절 연수원자치회에서 펴내는 잡지 편집인으로 활동하면서 당시 재야 변호사였던 노 전 대통령을 인터뷰했다. 노 전 대통령의 인생역정을 접하고 존경심을 품게 됐다고 한다. 서울지방법원 남부지원 판사로 있던 1996년에는 한총련의 연세대 집회에 가담한 대학생의 구속영장을 기각해 극우 세력의 협박에 시달리기도 했다. 당시 안전기획부(현 국가정보원)조차 예비군 교육용 영상물에서 박범계 판사 등을 좌익 동조자로 매도해 논란이 됐고 대법원장의 항의로 안기부장이 사과하는 일도 있었다.

　2002년 대전지방법원 판사를 끝으로 정계에 입문했다. 노무현 대선후보 캠프에 합류했다. 그는 "법통과 정통이 난자질당하는 공당의 행태에 절망했다"고 합류 배경을 밝혔다. 김민석 전 민주당 의원이 당시 정몽준 대선후보가 이끄는 '국민통합 21'에 합류하기 위해 탈당하자 그는 노무현 후보를 지지했고 대선 캠프에서 법률특보를 맡았다. 노 후보가 당선된 직후에는 대통령직 인수위원회에서 최연소 인수위원을 지내며 검찰 등 권력기관 개혁 방향과 제도 개혁 방안을 마련했다. 노무현 정부에서는 청와대 민정수석실의 민정2비서관, 법무비서관 등으로 일했다. 당시 민정수석은 문 대통령이었다.

2004년부터 본격적인 징계 진출에 나섰다. 17대 총선을 앞두고 열린우리당 대전 서구을 국회의원 후보 경선에 참여했지만 낙선했다. 이후 대전 지역에서 변호사로 활동하면서 여의도 입성을 계속 노렸다. 18대 총선에서는 통합민주당 후보로 출마했지만 3위에 그쳤다. 2012년 19대 국회의원 선거에도 도전해 8년 만에 당선됐다. 국회에 입성하고 민주당 인권특별위원장, 민주통합당 대전시당위원장, 민주통합당 원내부대표, 민주통합당 법률위원장 등을 역임했다. 2016년에는 '박근혜 정부의 최순실 국정농단 의혹사건 진상규명을 위한 국정조사 특별위원회' 위원으로 대중의 주목을 받았다. 2017년 19대 대통령 선거에서는 문재인 대선후보 캠프의 대전 선대위원장과 중앙선대위 종합상황본부 2실장을 겸임하며 문 대통령 당선을 도왔다.

# 박병석
**더불어민주당 의원**

| 출생 | 1952년 대전
| 학력 | 대전고, 성균관대 법대
| 경력 | 중앙일보 경제2부장, 서울시 정무부시장, 새정치국민
회의 수석 부대변인, 16 · 17 · 18 · 19 · 20대 국회의
원, 민주당 정책위 의장, 국회 부의장(19대 전반기), 더
불어민주당 재외동포위원장

## 민주당 내 대표적 '중국통' … 기자 출신 충청권 5선 의원

언론인 출신 충청권 5선 의원이다. 16대부터 20대까지 줄곧 대전
(서구갑)에서 국회의원에 당선됐다. 이번 대선에서는 중앙선대위 공동
위원장을 맡아 문재인 대통령의 당선을 도왔다. 문 대통령의 외교 ·
안보 분야 공약과 국정 아젠다 설정 등에 도움을 준 것으로 알려졌다.

국회에서는 대표적인 '중국통'으로 꼽힌다. 문 대통령 취임 직후
중국 베이징에서 열린 '일대일로'(一帶一路:육상 · 해상 실크로드) 국제협
력 정상포럼에 단장으로 참석해 시진핑 국가주석과 면담하는 등 한 ·
중 관계 개선에 큰 역할을 하고 있다.

대전 출생으로 대전고와 성균관대 법대를 졸업한 뒤 한양대 신문방
송학 박사 과정을 수료했다. 1975년 중앙일보에 입사해 홍콩특파원과
경제2부장, 편집부국장 등을 지냈다. 중국 관련 이슈에 높은 식견을
갖고 있으며, 기자 시절 동서문제연구소 책임연구원을 겸임했다.

홍콩특파원으로 있던 1989년에는 베이징 톈안먼 사태를 취재해 자오쯔양 전 중국 공산당 총서기 구금 사실을 특종 보도해 한국기자상을 받았다. 김대중 정부 출범 직후인 1998년 새정치국민회의 수석부대변인으로 정계에 입문했다. 고건 옛 서울시장 재임 시절 40대 나이로 서울시 정무부시장(차관급)을 지냈다. 차관급 공직자로는 최초로 판공비를 공개해 공직 사회 개혁에 앞장섰다는 평가도 받았다.

김대중 전 대통령을 보좌하며 새천년민주당 총재특보와 원내부총무, 대변인 등을 지냈다. 국제통화기금(IMF) 외환위기 경제청문회 실무팀장 등을 거치며 능력을 인정받았다. 2003년 노무현 전 대통령의 중국 국빈 방문 때는 특별 수행원으로 방중해 정상 외교를 도왔다.

2004년 열린우리당에 입당한 뒤 기획위원장과 비상대책위원을 맡았다. 당시 행정중심복합도시 건설특별위원회 위원장을 맡아 행정복합도시건설특별법 통과에 핵심적 역할을 했다. 이후 2007년 대통합민주신당에 합류했으며 2008년에는 민주당 정책위의장을 지냈다. 미국산 소고기 수입 강행에 따른 여야 대치로 국회가 파행을 이어갈 당시 막후 협상을 통해 국회 정상화를 이끌어냈다는 평가를 받았다.

2012년부터 2014년까지 제19대 국회 전반기 국회부의장을 지냈다. 지난해 제20대 국회의원에 당선되며 야권 인사로는 최초로 충청권에서 낙선 없이 연거푸 5선에 성공한 기록을 세웠다. 구민주계 출신이지만 특정 계파에 치우치지 않았다는 평을 듣고 있다. 상대적으로 정파 색이 옅고 온화한 성품의 소유자로 더불어민주당 내에서 '온건파'로 분류된다.

# 박영선

**더불어민주당 의원**

| 출생 | 1960년 경남 창녕
| 학력 | 수도여고, 경희대 지리학과
| 경력 | MBC보도국 기자, 열린우리당 대변인, 17·18·19·
20대 국회의원, 민주통합당 최고위원, 19대 국회 법제
사법위원장, 새정치민주연합 원내대표, 더불어민주당
19대 대선 통합정부추진위원회 위원장

## 색깔 뚜렷한 삼성저격수 … 소신정치 강조하는 원칙주의자

방송 기자 출신의 4선 의원이다. 2004년 초 MBC 선배인 정동영 당시 열린우리당 의장 소개로 당 대변인에 발탁돼 정계에 입문했다. 그 해 17대 총선에서 비례대표 9번으로 국회의원 배지를 달았다. 이후 18대 총선 때 서울 구로을 지역구를 받아 20대 총선까지 내리 3선을 했다.

2007년 대선 때 정동영 대선 후보 비서실장을 지내며 당시 이명박 한나라당 대선 후보의 'BBK의혹'을 파헤쳐 정치인으로서 이름을 알렸다. 2011년에는 여성 의원 중 처음으로 당 정책위원회 의장에 임명돼 이른바 '3+1(무상 급식·의료·보육+반값 등록금)' 등 보편적 복지 정책을 설계했다.

같은 해 9월 민주당 서울시장 후보로 선출됐지만 야권 단일후보 경선에서 무소속으로 출마한 박원순 서울시장에게 패했다. 2012년 치러진 민주당 1·15 전당대회에선 한명숙 전 대표와 문성근 전 최고위원에 이어 3위를 차지해 지도부에 입성했다.

19대 국회에서 당시 민주당 원내대표였던 박지원 의원의 전폭적인 지원을 받으며 비(非)법조인 출신으론 처음으로 법제사법위원장을 맡았다. 이어 2014년 5월 당내 첫 여성 원내대표로 선출됐다. 같은 해 7·30 재·보궐 선거 참패의 책임을 지고 김한길 안철수 전 공동대표가 사퇴하면서 당대표격인 비대위원장직까지 겸임했다. 하지만 세월호 특별법 합의 추인 실패, 비대위원장 외부 영입 무산 등으로 당내 주류 및 강경파와 갈등을 빚으면서 결국 비대위원장직은 물론 원내대표직까지 내려놓으며 백의종군했다.

당 재벌개혁특별위원회 위원장을 맡는 등 재벌개혁에 남다른 관심을 기울였다. 삼성그룹을 겨냥한 법안을 잇따라 발의해 '삼성저격수'로 불린다. 당내 대표적인 비문(비문재인) 인사로 분류된다. 19대 대선 당내 경선 때 안희정 충남지사 캠프에서 멘토단장을 맡으며 경쟁자였던 당시 문재인 후보를 공격하는 데 앞장섰다. 박 의원은 문 후보에 대해 "문 전 대표와 함께 일한 사람은 다 떠났지만 안 지사와 일한 사람은 떠난 사람을 찾기가 쉽지 않다"고 날을 세우기도 했다.

경선이 끝난 뒤 박 의원은 19대 대선후보 공식 선거운동 시작일 하루 전에 문재인 캠프에 극적으로 합류했다. 캠프 내 통합정부추진위원회 위원장을 맡으며 문 후보의 통합 이미지를 부각시키는 데 주력했다. 당내 탕평인사 차원에서 내각 요직 후보 중 한 명으로 거론된다. 소신과 원칙 있는 정치를 강조한다. 기자 출신 특유의 분석력과 추진력을 갖췄다는 평가를 받지만, 일각에선 "융통성이 부족하다"는 지적도 있다.

# 박완주
### 더불어민주당 의원

| **출생** | 1966년 충남 천안
| **학력** | 천안중앙고, 성균관대 한국철학과
| **경력** | 성균관대 총학생회 부회장, 이기우 의원실 수석보좌관, 안희정 충남지사 후보 선거대책위원회 공보본부장 겸 대변인, 새정치민주연합 원내대변인, 더불어민주당 원내수석부대표, 19·20대 국회의원

## 충남에서 '문재인 바람' 일으킨 '안희정의 남자'

19대 대통령 선거에서 충남지역 선거대책위원장을 맡았다. 더불어민주당 경선에서는 안희정 충남지사를 지지했지만 문재인 대통령이 대선 후보로 결정되자 충남 선대위에 합류했다. 문 대통령은 충남 15개 시·군 가운데 부여 청양 예산을 뺀 12곳에서 승리했다. '이번에는 문재인, 다음에는 안희정'이란 구호가 충남에서 먹혔다는 게 박완주 의원의 평가다.

1966년 충남 천안시 직산읍에서 태어났다. 삼은초등학교 천안중학교 천안중앙고등학교를 거친 충청도 토박이다. 1986년 성균관대 한국철학과에 입학했다. 성균관대 재학 시절에는 부총학생회장으로서 민주화운동을 주도했다. 졸업 후 고향인 천안으로 돌아와 동서산업에 근무하면서 아산공장 노동조합 부위원장으로 활동했다.

2004년 이기우 당시 열린우리당 의원의 수석 보좌관으로 정계에 입문했다. 민주평화국민연대(민평련)에서 활동해 '김근태계'로 분류됐었다. 2010년 지방선거에서는 안희정 당시 충남지사 후보 선거대책위원회에서 공보본부장 겸 대변인을 맡으면서 안 지사와의 친분을 쌓았다.

처음 '금배지'를 단 것은 19대 국회에서였다. 앞서 두 번의 고배를 마셨다. 2008년 18대 국회의원선거에 통합민주당 후보로 천안을 선거구에 출마했지만 당시 현역 국회의원이었던 자유선진당 박상돈 후보에게 밀렸다. 이후 박상돈 의원이 제5회 지방선거에서 충남지사에 출마하면서 2010년 재보궐선거가 치러졌다. 박 의원은 같은 선거구에 다시 출마했지만 이번에는 한나라당 김호연 후보에게 밀려 낙선했다.

2014년 새정치민주연합 원내부대표를 맡았고 이듬해에는 원내대변인으로도 활동했다. 2010년에 이어 2014년 지방선거에서도 안 지사의 선대위에 참여해 대변인을 맡았다. 이후 더불어민주당 경선에서도 안 지사를 지지하면서 당내에서는 '안희정계'라는 평가를 받는다.

지난해 20대 국회의원 선거에서는 더불어민주당 후보로 천안을 선거구에 나서 과반수 득표를 얻었다. 19대 선거에서는 자유선진당 후보와 한나라당 후보가 보수표를 나눠 가져간 게 박 의원 당선에 큰 영향을 미쳤지만, 20대 선거에서는 국민의당 후보 등장에도 압도적인 승리를 거뒀다.

지난해 6월 더불어민주당 원내수석부대표로 발탁됐다. 박 의원은 "지난 1년간 원내 수석부대표로 지내면서 가장 보람을 느낀 건 정권교체를 이뤄낸 것"이라며 "오는 8월 최고위원에 도전하겠다"고 말했다. 그는 "문재인 정부 5년 중 첫 1년이 가장 중요하다"며 "문재인 정부에 대한 평가는 내년 지방선거에서 고스란히 반영될 것"이라고 설명했다.

# 박주민

**더불어민주당 의원**

| 출생 | 1973년 서울
| 학력 | 대원외고, 서울대 법대
| 경력 | 제45회 사법시험 합격, 민주사회를 위한 변호사모임
사무차장, 참여연대 부집행위원장, 제20대 국회의원
(서울 은평구갑), 국회 안전행정위원회 · 여성가족위원
회 · 법제사법위원회 위원

## 일벌레로 유명한 '세월호 변호사'

'세월호 변호사'라는 별명을 갖고 있다. 20대 국회에서 법안 대표
발의를 가장 많이 한 '일중독' 의원이다. 2006년 1월 사법연수원을 35
기로 수료한 뒤 법무법인 한결 변호사로 6년 일했다. 이후 공익 소송
에 힘쓰면서 민주사회를 위한 변호사모임(민변) 사무차장을 지내기도
했다. 2015년에는 참여연대 부집행위원장을 맡았다.

그가 변호사로 활약한 사건 가운데 굵직한 사회 이슈가 많았다. 진
보적 성향이 뚜렷해 '민변 변호사'로서의 정체성이 묻어난다. 2007년
한 · 미 FTA 반대 상경 농민 저지에 대한 국가배상청구소송을 맡았다.
2008년에는 촛불집회 관련 야간집회 시위금지 헌법소원을 제기했다.
2009년 노무현 전 대통령 서거 당시에는 서울광장 차벽 설치가 위헌
이라는 헌법소원을 냈다. 2013년에는 국정원 대선 개입 사건과 관련
해 국정원 직원과 경찰 등을 고발하고 한일군사정보협정 관련 정보공

개청구소송을 하는 등 진보적 성향의 활동을 이어갔다.

그러던 중 2014년 4월 세월호 사건이 터졌다. 세월호피해자가족협의회 법률대리인을 맡은 그는 세월호 참사 의혹 규명 등 법률 지원에 열성을 다했다. 2015년에는 양심적 병역거부자 처벌조항 헌법소원 및 양심적 병역거부자 형사변론, 백남기 농민 관련 물대포 직사 헌법소원 및 증거보전 등 법률지원 등을 맡았다.

문재인 대통령은 당 대표 시절인 2016년 20대 총선을 앞두고 박 의원을 새로운 인재로 영입했다. 서울 은평갑 지역에서 전략 공천을 받았다. 선거 과정에서 김신호 국민의당 후보와 단일화를 이뤄내기도 했다. 세월호 유가족이 직접 선거 유세에 나서는 진풍경이 펼쳐지기도 했다. 유족들은 은평구까지 와서 전화 홍보, 사무실 청소, 선거 유세 등을 도왔다. 인형 탈을 쓰고 춤추는 선거 운동원들까지 세월호 유족이었다는 후문이다. 박 의원은 득표율 54.9%로 당선돼 국회에 입성했다.

국회의원이 된 후에도 '일벌레' 답게 일했다. 의전이나 외양에 전혀 신경쓰지 않는 모습 때문에 '거지갑'이라는 별명도 붙었다. 안전행정위원회와 여성가족위원회를 거친 박 의원은 2016년 9월부터 법제사법위원회 위원으로 활동하고 있다. 이때 '최순실 국정개입 의혹사건'이 터지면서 박 의원은 박근혜 대통령 탄핵이라는 일대 사건에 나서게 됐다. 박 대통령 탄핵 심판에서 국회 측 소추위원단에 속한 그는 매 변론기일에 빠지지 않고 참석하며 '정권 교체 공신'으로 떠올랐다.

# 백재현

**더불어민주당 의원**

| 출생 | 1951년 전북 고창
| 학력 | 경기대 무역학과, 서울대 행정대학원
| 경력 | 경기도 광명시의회 의원, 경기도의회 의원, 2 · 3대 경기도 광명시장, 18~20대 국회의원, 국회 윤리특별위원회 위원장

## 지방자치 전도사, 개헌 논의 본격화하나

지방과 중앙, 행정과 정치를 고루 경험한 정치인으로 평가받고 있다. 1951년 전북 고창군에서 태어나 중 · 고등학교를 검정고시로 마친 후 경기대 무역학과에 입학했다. 제18회 세무사 시험에 합격해 1982년 경기 광명시에 세무사무소를 개업했다. 세무사무소를 운영하며 지역 내 기반을 넓혔다.

이후 기초의회의원, 광역의회의원, 기초자치단체장, 국회의원으로 한 단계씩 오르면서 정치적 입지를 다져 나갔다. 1991년 평화민주당 소속으로 경기도 광명시의회 의원으로 정계에 입문한 뒤 1998년 경기도 광명시장에 당선, 2002년 재선에 성공했다. 2008년 경기 광명시 갑에서 18대 국회의원에 당선되면서 중앙정치에 첫발을 내디뎠다. 이후 19대, 20대 총선에서 연이어 승리하면서 3선의원이 됐다.

당내에서는 범친노계, 정세균계로 분류돼왔다. 노무현 전 대통령이 원외 최고위원 시절이던 1994년 설립한 '지방자치실무연구소' 초대 감사를 역임했기 때문이다. 당시 소장이 노 전 대통령이었다.

지난 더불어민주당 대선 후보 경선 때는 안희정 충남지사 캠프에서 총괄본부장으로 일했다. 지방자치실무연구소에서 만났던 인연을 이어간 것이다. 이 때문에 '친문재인계'는 아니라는 평가를 받기도 했다. 특히 박근혜 전 대통령 탄핵 정국에서도 개헌은 추진돼야 한다며 문재인 대통령과 당시 지도부를 강하게 비판하기도 했다.

가장 관심을 두고 있는 것은 헌법 개정이다. 국회 헌법개정특별위원회(개헌 특위)에서 활동하고 있다. 개헌 특위에서 논의되고 있는 정부 구조는 지방자치강화형, 광역지방정부형, 연방정부형 등 세 가지로 압축되는데, 그는 이 중 광역지방정부형에 관심을 갖고 있는 것으로 알려져 있다. 중앙집권 형태로는 현 체제를 극복할 수 없다는 생각에서다.

그는 제대로 된 지방자치가 민주주의 실현에 가장 좋은 대안이라고 주장했다. 백 의원은 중앙정부에 집중된 입법, 행정, 재정권을 지방으로 대폭 이양하는 지방분권 개헌을 추진해야 한다고 강조했다. 특히 그는 현 국무회의와 별도로 개정 헌법에 '내무 회의'를 신설해 광역정부가 법안제출권을 갖는 방안을 추진하겠다는 뜻을 밝혔다. 대통령이 주재하는 국무회의에 버금가는 내무회의를 신설해 국무총리가 주관하도록 하자는 내용이다. 또 17개 광역정부도 정부 각 부처처럼 내무회의 심의를 통해 법안을 제출할 수 있도록 해야 한다는 게 백 의원의 주장이다.

# 백혜련

### 더불어민주당 의원

| **출생** | 1967년 전남 장흥
| **학력** | 창덕여고, 고려대 사회학
| **경력** | 사법시험(39회), 대구지방검찰청 검사, 서울중앙지검 검사, 민주통합당 중앙선거대책위원회 MB정권비리척결본부장, 20대 국회의원

## 검사출신 초선 … TV드라마 실제 모델

검사와 당 대변인을 지낸 신진 개혁 인사. 고려대 사회학과 재학 시절 안산 단원구에서 시민운동 · 노동운동 활동을 했다. 1997년 사법시험에 합격해 법조인의 길에 들어섰다. 사법연수원 29기 수료 후 2000년 수원지검 검사로 임용됐다. 검사 시절 12년간 형사부에서 근무하며 국세청 비리, 재건축 비리 등을 수사했다.

꼼꼼한 일처리로 정평이 났으며 서울중앙지검에 있을 당시 세무서 간부의 뇌물수수 혐의를 밝혀내기도 했다. 부부 검사를 주제로 한 MBC 드라마 '아현동 마님'의 롤모델로도 유명하다. 2011년 11월 대구지검 재직 당시 이명박 정부에 의해 검찰의 정치적 중립성 및 독립성이 훼손된 것을 비판하며 검사직을 사직했다.

2012년 민주통합당에 영입됐지만 제19대 국회의원 선거에서 낙선했다. 자신이 학생 운동을 했던 경기 안산 단원구에 공천됐으나 통합

진보당 조성찬 후보와의 야권 연대 경선에서 밀려 본선에는 나서지 못했다. 이후 당에서 MB정권비리척결본부장, 문재인 대선후보 캠프 반부패특별위원회 위원, 공정선거감시단 등의 직책을 맡았다. 2014년 7·30 재보궐선거에서 수원시을 공천장을 받았지만 정미경 새누리당 후보에게 밀려 낙선했다.

제20대 국회의원 선거에 다시 출마한 백 의원은 새누리당 김상민 후보와 1만 표 이상 격차를 벌리며 당선됐다. 지역구 개편에 따른 이점도 있었지만 2년간 지역을 누빈 효과가 컸다는 평이 나온다.

백 의원은 국회의원 후보 시절 "학생운동을 할 때 (추구한 가치의) 기본골격이 사회 정의였고, 검사도 사회 정의를 추구하는 직역이어서 검사가 잘 맞았다"고 밝힌 바 있다. 안산에서 노동운동을 할 때 만난 남편은 시민운동을 계속하고 있다.

그는 조국 민정수석의 검찰 개혁에 힘을 보탤 적임자라는 평가도 나온다. 검사 출신인 만큼 비검사 출신인 조 수석을 더 잘 도울 수 있다는 얘기다. 백 의원은 정치에 입문할 때부터 언론 인터뷰와 개인 블로그 등에서 검찰 개혁과 고위공직자비리수사처의 필요성을 강조해 왔다. 5월에는 민주당 신임 대변인으로 임명됐으며 이전에도 언론 인터뷰·트위터 등에서 활발한 소통 행보를 보였다.

## 손혜원

**더불어민주당 의원**

| **출생** | 1955년 서울
| **학력** | 숙명여고, 홍익대 응용미술학과, 홍익대 대학원 공예도안학 석사
| **경력** | 현대양행 기획실, 크로스포인트 대표, 홍익대 산업미술 대학원 교수, 하이핸드코리아 이사, 크로스포인트 문화재단 이사, 한국나전칠기박물관장, 더불어민주당 홍보위원장, 문재인 대선캠프 홍보 부본부장

### 더불어민주당의 홍보통 … 김정숙 여사와 중·고등학교 6년 동창

문재인 대통령의 부인 김정숙 여사와 숙명여중·여고 6년 동창이다. 노무현 정부 인사, 노무현재단 등 인사와 폭넓은 친분을 갖고 있다. 그가 정치에 나서게 된 것은 '정치에 나선 지 몇 달 만에 1400만 표를 모았다. 여기에 100만 표만 더하면 당선된다. (문재인 대통령은) 정치 포기하면 안 된다'는 김종인 전 민주당 대표의 조언을 전달한 것이 계기가 됐다고 후일 밝혔다.

서울 중구 명동에서 태어났다. 1973년 홍익대 응용미술학과(현재시각디자인과)에 진학했다. 4년 만인 1977년 졸업 후 현대양행(현재 한화그룹) 기획실에 취업한 뒤 여러 광고디자인 회사를 거쳐 1986년 11월 크로스포인트를 창업했다. 손 의원의 대표작으로는 소주 브랜드인 '처음처럼' '참이슬'과 청주 브랜드인 '청하', 연고인 '후시딘' 등이 있다.

김근태 후원회 책자나 노무현재단 로고 등을 디자인하면서 꾸준히 문재인 대통령, 민주당과 인연을 맺어왔다. 2012년 대통령 선거 때 문재인 캠프의 담쟁이 로고 등을 제작한 것도 그다.

2015년 7월 정치권에 입문했다. 2012년 대선과 그 이후 새누리당이 조동원 홍보본부장 주도로 새정치민주연합(현재 더불어민주당)을 줄곧 앞서면서 당내에서 외부 인사를 데려와야 한다는 목소리가 높았기 때문이다.

홍보위원장에 추대된 그는 대대적인 당 홍보 개편에 들어갔다. 취임한 지 다섯 달 만인 12월 당 대의원 가운데 73%가 당명 개정에 찬성하면서 개정에 착수했다. 그리고 손 의원 주도로 나온 당명이 '더불어민주당'이었다.

제20대 국회의원 선거에서 서울 마포을의 더불어민주당 후보로 출마, 김성동 새누리당 후보를 꺾고 당선됐다. '박근혜 정부의 최순실 국정농단 의혹사건 진상규명을 위한 국정조사 특별위원회' 위원으로 활동했다. 19대 대통령 선거 때는 1번 후보로 출마한 문 대통령을 도와 선거캠프 홍보 부본부장으로 나섰다.

# 신경민

**더불어민주당 의원**

| 출생 | 1953년 전북 전주
| 학력 | 전주고, 서울대 사회학과
| 경력 | MBC 워싱턴 특파원, 뉴스데스크 앵커, 민주통합당 대변인, 19 · 20대 국회의원, 민주당 최고위원, 더불어민주당 서울특별시당 위원장, 문재인 대통령 선거캠프 TV토론본부장

## MBC 뉴스데스크 앵커에서 文의 'TV 토론 과외 선생님'으로

문재인 대통령의 'TV 토론 과외 선생님'으로 불린다. 지난 대선에서 선거 캠프 TV토론 본부장으로 발탁돼 문 대통령이 TV 토론에서 홍준표, 안철수 후보의 공세를 이겨내고 '문재인 대세론'을 굳히는 데 큰 역할을 했다는 평가를 받았다.

전북 전주시에서 태어나 전주고등학교와 서울대 사회학과를 졸업했다. 1981년 MBC 방송기자로 언론에 발을 내디뎠다. 외신부 기자, 사회부 기자, 북한부 기자, 정치부 기자, 사회부 차장 등을 거쳤다. 1993년부터 1995년까지 MBC 뉴스데스크의 주말 뉴스 진행을, 2008년부터 2009년까지 박혜진 아나운서와 함께 평일 뉴스 진행을 담당했다.

뉴스데스크 앵커 시절에는 대담하면서도 직설적인 마무리 발언으로 화제를 모았다. 앵커에서 하차할 당시 MBC 기자회가 강력 반발해 전면 제작 거부에 나서기도 했다. 당시 수세에 몰린 엄기영 MBC 사장은 "정치 압력이 아니라 뉴스의 경쟁력을 강화하기 위해 필요하다고 판단한 것"이라고 맞받았다.

같은 나이인 정동영 국민의당 의원과는 전주고등학교 48회 동기로 함께 서울대를 졸업했다. 이후 둘 다 문화방송에 입사했기 때문에 친분이 있는 것으로 알려졌다. 하지만 모 언론과의 인터뷰에서는 "서로의 관점, 취재 방식, 리더십 스타일이 매우 다르다"고 말했다.

이명박 정부 시절 앵커에서 강제 하차됐다는 이미지로 인해 야당의 '러브콜'을 받은 것으로 알려졌다. 2010년 9월 문화방송에서 정년 퇴임한 뒤 2011년 1월부터 민주통합당 대변인으로 활동했다. 이후 2012년 서울 영등포을 지역구에 민주통합당 후보로 전략 공천됐다. 19대 총선에서 당시 새누리당 실세였던 이 지역 3선 권영세 의원을 누르고 당선되면서 정치권에 입문했다.

2013년에는 민주통합당 전국 대의원대회에서 가장 높은 득표율로 최고위원에 당선됐다. 2014년 3월 새정치민주연합 창당으로 새정치민주연합 초대 최고위원으로 활동했다. 2016년 제20대 국회의원 선거에서 재선에 성공했다. 언론인 출신답게 토론과 연설에 능하고 날카로운 지적을 잘한다는 평가를 받고 있다.

## 안규백

**더불어민주당 의원**

| 출생 | 1961년 전북 고창
| 학력 | 광주 서석고, 성균관대 철학과
| 경력 | 평화민주당 사무처 공채 1기, 제16대 대통령 당선자 노무현 대통령직 인수위원회 전문위원, 18대 · 19대 · 20대 국회의원, 더불어민주당 사무총장, 19대 대선 선거대책위원회 총무본부장

## 평민당 사무처 공채 1기 출신 ⋯ 범주류 핵심

더불어민주당에서 정세균 국회의장과 가장 가까운 인사지만, 친노(친노무현) · 친문(친문재인)계와도 두루 원만한 관계를 맺어 범주류로 분류된다. 이번 대선 기간에 문재인 후보 선거대책위원회 총무본부장을 맡아 신문(신문재인)계로 자리매김한 인물이다.

전북 고창 출신으로 광주 서석고와 성균관대 철학과를 졸업하고, 성균관대 무역대학원에서 석사 과정을 수료했다.

정계에는 1988년 평화민주당 공채 1기로 첫발을 들였다. 1987년 출판기념회에 참석해 김대중 전 대통령과 인연을 맺은 게 계기가 됐다. 1997년 15대 대선에서 김대중 후보 선거대책본부 조직국장을 맡아 승리에 기여했다. 이듬해인 1998년 7월 서울 종로에서 치러진 보궐선거에 새정치국민회의 후보로 출마한 노무현 전 대통령의 선거 승리를 도왔다. 당시 당 조직국장으로서 조직 관련 업무를 총괄했다. 이후 2002년 16대 대선에서 노 대통령 당선에 일조했으며, 대통령 인수위원회 전문위원으로 참여했다. 2007년 17대 대선에선 선거대책본부 조직본부장을 지냈다.

2008년 18대 총선에서 민주통합당 비례대표로 국회에 입성했다. 초선 의원으로서 이례적으로 국회 국방위 간사직을 맡아 활발히 활동했다.

2012년 19대 총선에서 서울 동대문갑 지역에 출마해 재선에 성공했다. 조직에 대한 전문성을 인정받아 2013년 10월 재보궐선거기획단 단장을 맡아 선거를 이끌었으나 새누리당에 패배했다. 국회선진화법 시행 첫해인 2014년에는 원내수석부대표를 맡아 여당인 새누리당과의 협상에서 주도적 역할을 했다. 세월호 특별법을 관철시키고, 예산안을 국회 회기를 넘기지 않고 통과시키는 데 톡톡히 역할을 했다.

2016년 20대 총선에서 연거푸 당선되며 3선 중진의원으로 우뚝 서게 됐다. 야권 분열 속에서 치러진 20대 총선에서 당 핵심 요직인 더불어민주당 전략홍보본부장을 맡았다. 민주당이 새누리당을 제치고 제1당이 되는 데 역할을 했다는 평이다. 그해 8월 당 살림을 책임지는 사무총장으로 임명됐다. 2017년 5월 치러진 대선에서 문재인캠프 선대위 총무본부장을 맡아 '문재인 펀드' 모금을 공모해 1시간 만에 완판시키는 등 문 대통령 당선에 큰 공을 세웠다. 그러나 선거가 끝나자마자 추미애 대표가 당 체질 개선을 이유로 단행한 대대적인 당직 개편에 따라 사무총장직에서 물러났다.

18대 국회에서부터 8년간 국방위원회에서 활동해 국방 분야에 눈이 밝다. 20대 국회에서는 국토교통위원회 소속으로 활동하고 있다. 부인 심혜정 씨와의 사이에 3남을 두고 있다. 오랫동안 정당 생활을 해 조직과 당무에 누구보다 해박하다는 평가다.

우상호

**더불어민주당 의원**

| 출생 | 1962년 강원 철원
| 학력 | 용문고, 연세대 국문학과
| 경력 | 연세대 총학생회장, 도서출판 두리 대표, 17 · 19 · 20
대 국회의원, 통합민주당 대변인, 민주통합당 최고위
원, 더불어민주당 원내대표, 19대 대선 문재인 후보 중
앙선거대책위원회 공동위원장

## '86그룹' 대표주자 ··· 원내대표로서 정권교체 견인

　연세대 총학생회장을 지낸 86그룹(80년대 학번 · 60년대생) 대표주자
중 한 명이다. 전국대학생대표자협의회 부의장을 지내고 6월 항쟁 과
정에서 숨진 대학 후배 이한열 열사 장례식 집행위원장을 맡는 등 민
주화운동의 선봉에 섰다.

　1990년대에도 재야운동을 하다가 2000년 김대중 전 대통령이 새천
년민주당을 창당하면서 민주화운동 주역들을 대거 영입할 때 이인영
의원, 오영식 전 의원 등과 함께 '젊은피'로 영입돼 제도권 정치를 시
작했다. 2000년 16대 총선에서 새천년민주당 소속으로 서울 서대문
갑에 출마했으나 연세대 81학번 동문인 이성헌 전 한나라당 의원에게
밀려 낙선했다. 2004년 17대 총선에서 이 전 의원과 다시 맞붙어 승리
하면서 처음으로 국회의원이 됐다. 이후 18대에 다시 낙선했으나 19
대와 20대 내리 당선되며 3선에 성공했다.

열린우리당, 통합민주당, 민주당 대변인에 이어 2012년 18대 대선에선 문재인 민주통합당 후보 선거대책위원회 공보단장을 지냈다. 정치권에 들어오기 전 방송개혁위원회 대변인으로 일한 것까지 포함하면 대변인 보직만 여덟 차례 맡았다. 논리정연하고 조리있게 핵심을 잘 짚어 정치권의 달변가 중 한 명으로 꼽힌다. 20대 총선에서 3선에 성공한 뒤 원내대표 경선에서 결선투표 끝에 우원식 의원을 꺾고 당선됐다. 86그룹 중에서는 처음으로 유력 정당의 원내대표가 됐다.

86그룹에 속하면서도 특정 계파에 얽매이지 않고 두루 교분을 넓히며 강성 운동권보다는 합리적 중도파의 길을 걸어왔다. 신문세와노 우호적인 관계를 유지해 범주류로 분류된다. 원내대표 경선에서도 초선 의원을 중심으로 폭넓은 지지를 받았다. 원내대표를 지내면서 민주당을 수권정당의 면모를 갖추게 하는 데 기여했다는 평가를 받았다.

갈등이 첨예한 사안도 합리적으로 조정하는 능력이 있다는 평가를 받으며 친화력도 강해 여야를 가리지 않고 여러 국회의원과 친분이 깊다. 여야가 법인세율 인상을 놓고 대립하던 2016년 말 정기국회에선 만 3~5세 무상보육 프로그램인 누리과정 예산을 정부가 추가로 지원하면 법인세 인상을 양보할 수 있다는 중재안을 제시해 여야 타협의 돌파구를 열었다. 스스로 옳다고 생각하는 가치를 지키는 것도 중요하지만 대화와 타협을 통해 반대 진영도 설득해야 사회를 진보시킬 수 있다는 신념을 갖고 있다.

어린 시절엔 시인을 꿈꿨다. 대학에서 국문학을 전공하면서 문학 동아리에서 활동했다. 1986년 오월문학상 시 부문에 당선, 윤동주문학상을 받으며 문단의 주목을 받기도 했다. 자전적 에세이인《촌놈》에도 목차별로 제일 앞부분에 자작시를 넣었다.

## 우원식

**더불어민주당 의원**
**(원내대표)**

| 출생 | 1957년 서울
| 학력 | 경동고, 연세대 토목공학, 연세대 대학원 환경공학 석사
| 경력 | 17·19·20대 국회의원, 건국대 생명환경과학대학 겸임교수, 박원순 서울시장후보 선거대책본부 공동본부장, 제18대 대통령선거 민주통합당 문재인 후보 선거대책위원회 총무본부장, 더불어민주당 을지로위원회 위원장, 20대 국회 가습기살균제 국정조사특별위원회 위원장

## 운동권 출신 3선 의원 … 친문 지지 받는 범주류

1957년생으로 경동고를 졸업한 뒤 연세대에 입학했다. 토목공학을 전공했고 환경공학 석사 학위를 땄다. 연세대 재학시절인 1978년 박정희 대통령 퇴진 운동을 벌이다 강제 징집됐다. 1981년에는 전두환 대통령 퇴진 운동에 참여해 '집회 및 시위에 관한 법률 위반'으로 징역 3년형을 선고받았다.

정치에 발을 들인 건 1988년 평화민주당에 입당해 민권부국장을 맡으면서다. 이후 서울특별시의회 의원 등을 거쳐 2004년 17대 국회의원 선거에서 열린우리당 후보로 서울시 노원을 선거구에서 당선됐다.

2008년 18대 국회의원 선거에서는 통합민주당 후보로 같은 선거구에 출마했지만 당시 권영진 한나라당 후보에게 밀려 낙선했다. 이후 2009년부터 2년 동안 건국대에서 생명환경과학대학 겸임교수를 지냈다. 2011년 10월 박원순 당시 서울시장 후보 선거대책본부 공동본부장을 맡으며 다시 정계로 돌아왔다.

2012년에는 다시 국회의원 배지를 달았다. 19대 국회의원 선거에서 민주통합당 후보로서 18대 선거 때와 같은 선거구에 출마했다. 다시 맞붙은 권영진 의원을 이번에는 눌렀다. 지난해 20대 국회의원 선거에서 현역 단수 공천을 받아 당선되면서 3선에 성공했다.

19대 국회 때 출범한 을지로위원회의 초대위원장을 맡았다. 을지로위원회는 국회가 비정규직 노동자나 중소기업, 자영업자 등 이른바 '을(乙)'의 위치에 있는 사람들의 문제를 해결해주자는 취지에서 만든 소식이다. 2013년 상대적으로 젊은 남양유업 직원이 나이 많은 대리점주를 하대하는 등 '갑질'을 한 사건이 불거지면서 생겼다. 우 의원은 지난해 말까지 3년 6개월 동안 을지로위원회 위원장을 맡았다.

20대 국회에서는 가습기살균제 사고 진상규명과 피해구제 및 재발방지 대책마련을 위한 국정조사특별위원회 위원장으로 임명됐다. 을지로위원회 위원장과 가습기살균제 국정조사특별위원회 위원장을 잇따라 맡은 덕분에 '생활밀착형 의원'이란 별명을 얻게 됐다.

그는 소속 당 의원들로부터 두루 신임을 받은 덕분에 '범주류'로 인정받는다. 을지로위원회를 오랜 기간 이끈 덕분에 "개혁 의지가 있고, 뚝심도 있다"는 평가를 받았다. 하지만 같은 이유로 '강성 이미지'도 갖게 됐다.

문재인 대통령 당선 후 더불어민주당 원내대표로 선출됐다.

## 원혜영
**더불어민주당 의원**

| **출생** | 1951년 경기 부천
| **학력** | 서울 경복고, 서울대 역사교육
| **경력** | 풀무원식품 창업·경영, 민주당 원내총무, 민선 2·3
기 부천시장, 제 14·17·18·19·20대 국회의원, 열
린우리당 정책위원회 의장·사무총장·최고위원, 더
불어민주당 인재영입위원회 공동위원장

### 5선 화합형 정치인 … 민주당 내 대표 개헌론자

'반독재 민주화 투사, 유기농 식품업체 풀무원 창업자, 경기도 부천
을 문화도시로 만든 시장….'

원 의원을 설명하는 키워드들이다. 5선 의원인 그는 원만한 성격을
앞세워 당내에 폭넓은 인맥을 자랑한다.

경복고 졸업 후 1971년 서울대에 입학, 교양과정부 학생회장으로
반독재 민주화 운동을 주도했다. 이로 인해 두 차례 복역하고 세 번 제
적당했다. 1975년 학교 선배의 여동생을 만나 결혼했지만 도피생활로
제대로 된 경제생활을 할 수 없었다. 신문기자였던 아내도 신군부의
탄압으로 해직당했다.

생계가 막막했던 상황에서 1981년 풀무원식품을 창업했다. 유기농
분야의 선구자로 불리는 아버지(원경선 풀무원농장 원장)가 생산한 유기
농 농산물을 유통하는 사업이었다. 31세 때 서울 압구정동에 '풀무원

농장 무공해 농산물 직판장'을 열었다. 풀무원식품이 자리를 잡자 고교 동창인 남승우(현 풀무원 사장)에게 회사 경영을 넘기고 정치권에 입문했다.

1988년 총선을 앞두고 유인태 전 의원, 김부겸 의원과 '한겨레민주당'을 만들고 대변인을 맡았다. 1992년 14대 총선에서 경기 부천에서 민주당 소속으로 당선돼 국회에 입성했다. 국회에서 고(故) 제정구 의원 등과 함께 정치비용 공개 등 정치 자정운동을 주도했다.

15대 총선에서 낙선한 뒤 민선 2, 3기 경기도 부천시장에 당선됐다. 부천국제판타스틱영화제, 부천국제만화영화축제 등 국제 문화행사를 만들어 수도권의 '베드타운'이었던 부천을 문화도시로 바꾸는 데 일조했다.

이후 17대 총선부터 지난해 20대 총선까지 내리 4선에 성공하며 당 안팎에서 중요한 역할을 맡았다. 열린우리당 정책위원회 의장·사무총장·최고위원, 민주당 원내대표, 민주통합당 초대 당대표, 새정치민주연합 정치혁신실천위원장 등 요직을 두루 거쳤다.

국회에선 예산결산특별위원장과 남북관계발전특별위원장을 비롯해 아시아·태평양환경개발의원회의(APPCED) 의장 등을 지냈다. 2002년 대선에선 노무현 캠프의 '금강팀'에서 안희정 충남지사 등과 함께 노 후보를 지원했다.

더불어민주당 내 대표적인 개헌론자로 꼽힌다. 제왕적 대통령제의 폐해를 극복하기 위해선 분권형 권력구조로 바꿔야 한다고 주장한다. 지난 대선에서 더불어민주당 인재영입위원회 공동위원장을 맡아 문재인 후보를 도울 인재를 발굴·영입하는 역할을 했다.

## 위성곤 ——————
#### 더불어민주당 의원

| 출생 | 1968년 전남 장흥군
| 학력 | 서귀포고, 제주대 원예학과, 제주대 행정대학원
| 경력 | 제주대 총학생회장, 제8·9·10대 제주특별자치도의
      회 의원, 제20대 국회의원, 제19대 대통령선거 더불어
      민주당 중앙선거대책위원회 농수산축산업 특보단장

## 제주 도의원 세 차례 역임한 제주토박이

노무현 정부 때부터 문재인 대통령과 인연을 맺은 측근 그룹에 속한다. 1968년 전남 장흥군에서 태어나 8세 때 온 가족이 제주 서귀포로 이사한 뒤 서귀포초·서귀포중·서귀포고를 졸업하고 제주대를 거쳐 같은 대학 행정대학원 정치외교학과를 수료했다. 제주에서 태어나지는 않았지만 학창시절을 전부 제주에서 보내고 제주 도의원을 세 차례 지내는 등 사실상 '제주 토박이'인 셈이다.

'운동권' 출신으로도 잘 알려져 있다. 환경미화원의 아들로 가난한 어린시절을 보낸 그는 "대학생이 되면서 가난의 책임이 공정하지 못한 사회에 있다는 걸 알고 운동에 뛰어들었다"고 말한 바 있다. 제주대 총학생회장 시절에는 학생운동에 앞장서면서 제주교도소에 수감되기도 했다. 제주도개발특별법 반대와 제주 4·3사건 진상규명 시위 등으로 징역형을 선고받았다가 1993년 특별사면으로 복권됐다. 2007

년에는 민주화운동 유공자로 선정됐다. 학생운동 경력이 자연스럽게 정치 입문으로 이어졌다. 위 의원은 "학생운동을 하던 사람들이 잘못된 정치의 길을 걷고 사람들이 등을 돌리는 모습을 보면서 나라도 그 길을 잘 가야겠다는 생각으로 이 길에 들어섰다"고 정치계에 뛰어든 이유를 설명한 바 있다.

노무현 정부에서도 대통령직속 국가균형발전위원회 자문위원을 지냈다. 제주 4·3 문제 해결과 제주특별자치도 출범 등을 강력하게 추진하면서 제주와 노무현 정부 간 각별한 인연을 이어갔다. 노무현재난 제주위원회 공동대표를 지내기도 했다.

20대 국회의원 선거에서 민주당 후보로 제주특별자치도 서귀포시 선거구에 출마해 당선됐다. 19대 대통령 선거에서는 민주당 중앙선거대책위원회 중앙선대본부 총괄부본부장과 농수축산 특보단장을 맡았다. 위 의원은 언론 인터뷰에서 "제주와 중앙정부, 제주와 청와대 사이 가교 역할을 통해 제주의 현안 문제를 풀어나가려고 한다"고 말했다.

위 의원은 지역 경제 살리기에 앞장서며 제주의 '생명산업'인 1차 산업의 중요성을 강조해왔다. 감귤산업 지원, 해상 운송물류비 보조 등 제주 관련 공약이 제19대 대통령 선거 민주당 공약에 반영되는 데 일조하기도 했다.

# 유은혜

**더불어민주당 의원**

| 출생 | 1962년 서울
| 학력 | 송곡여고, 성균관대 동양철학과, 이화여대 정책과학대
학원 공공정책학 석사
| 경력 | 김근태 국회의원 보좌관, 열린우리당 부대변인, 19·
20대 국회의원, 더불어민주당 대변인, 더불어민주당
인재영입위원회 부위원장, 19대 대선 더불어민주당 선
대위 수석대변인

## 홍보단장, 수석대변인 거친 '문재인의 입' …
## 25년 신뢰로 맺어진 인연

18·19대 대통령 선거에서 각각 선거대책위원회 홍보단장과 수석
대변인을 맡아 '문재인의 입'으로 불린다. 2012년 대선에서는 법정홍
보물에서부터 신문·TV 광고 등을 전담하는 홍보단장을 맡아 문 대통
령과 국민 사이의 가교역할을 맡았다. 당시 대선광고의 전체적인 콘셉
트를 '과거 대 미래' '특권 대 서민' '불통 대 소통' 등으로 잡았다.

이번 대선에서는 수석대변인으로 매일 아침 문재인 대통령의 유세
기조와 일정 등을 기자들에게 알렸다. 적극적이고 발빠른 홍보로 대
선 승리에 기여했다는 평가를 받는다.

1962년생으로 서울에서 4녀 중 막내로 태어났다. 휘경초등학교, 동
대문여중, 송곡여고를 거쳐 1981년 성균관대 동양철학과에 진학했다.
교사를 꿈꿨지만 군사독재와 맞서 싸우겠다며 대학생이 된 지 한 달

만에 운동권 학생이 됐다. 대학시절 전두환 정부에 대한 저항운동에 참여했고, 1985년에는 민정당 1당 독재 반대시위 주동자로 체포돼 서대문구치소에 수감되기도 했다. 졸업 후 봉제공장과 전자공장 등에서 일하며 노동 운동을 했다.

정치권에는 20여 년 전 고(故) 김근태 상임고문의 권유로 발을 내디뎠다. 성균관대 운동권 출신들이 만든 민주동우회에서 일하던 중 김 상임고문이 국민회의 입당을 제안한 것으로 알려졌다. 이후 김근태 후원회 사무국장, 김근태 국회의원 보좌관, 한반도재단(이사장 김근태) 사무국장, 노무현 대통령후보 선대위 환경위원회 부위원장을 역임했다. 2004년 열린우리당 공채 1기로 당직자 생활을 시작했고, 열린우리당 부대변인을 거쳐 2009년 민주당 수석부대변인을 맡았다.

총선 때마다 여야가 번갈아가며 당선자를 배출하던 경기 고양시 병 선거구에서 2012년에 이어 지난해에도 당선됐다. '김근태계' 민주평화국민연대(민평련) 소속이지만 2015년 문 대통령이 새정치민주연합 당대표가 된 이후 당 대변인으로 임명됐다. 당시 대표적인 '탕평인사'라는 평가를 받았다. 당내에서는 모든 계파와 어울릴 수 있는 인재로 분류된다.

문 대통령과의 개인적인 인연도 깊은 편이다. 1992년 유 의원의 아버지는 부산에서 근무하다 과로로 세상을 떠났다. 부산에 연고가 없었던 유 의원이 당시 아버지의 산재 인정을 받기 위해 찾아간 곳이 '노무현-문재인' 변호사 사무실이었다. 지난해 유 의원은 더불어민주당 부산 대의원대회 연설에서 "기댈 곳 하나 없는 상황에서 두 분의 도움으로 산재 인정을 받고 아버지를 명예롭게 보내드렸다"며 "그 인연이 지금까지 이어지고 있다"고 말했다.

윤호중

더불어민주당 의원

**출생** | 1963년 경기 가평
**학력** | 춘천고, 서울대 철학과
**경력** | 서울대 학원자율화추진위원장, 한광옥 의원 비서관, 김대중 대통령 민정비서관실 근무, 17 · 19 · 20대 국회의원(경기 구리), 민주통합당 사무총장, 더불어민주당 정책위원회 의장, 민주당 대선캠프 정책본부장

## 문재인의 '경제 대변인' … 친문 대표 정책 · 경제통 중진의원

학생운동 경험과 정당 당직자를 거쳐 정치에 입문한 86(80년대 학번 · 60년대생) 그룹의 친노(친노무현) · 친문(친문재인)계 3선 중진의원이다. 서울대 철학과 재학 시절 학원자율화추진위원장을 맡아 학생운동에 투신했다. 1988년 평민당 기획조정실 기획위원으로 정치권에 입문한 뒤 17대 총선에서 열린우리당 후보로 구리에서 당선돼 처음 원내에 입성했다.

18대 국회의원 선거에서 낙선해 원외 정당인 신분이 됐지만 정치의 끈을 놓지 않았다. 정세균 민주당 대표 시절인 2008~2010년, 당내 직책인 전략기획위원장과 수석 사무부총장으로 활동했고 2010년 6 · 2 지방선거에서는 야권 단일화 협상의 실무 책임자를 맡아 활약했다.

19대 국회에서 다시 당선돼 국회에 복귀한 뒤 2012년 대선 당시 안철수 무소속 후보와의 단일화 협상단 일원으로 활동했다. 문재인 후보 진영을 대표해 두 차례나 협상 대표자 역할을 맡으며 '협상의 달인'이라는 별명을 얻었다. 대선 패배 후폭풍 속에 치러진 2013년 5·4 전당대회 때 최고위원에 도전했다가 낙선하기도 했다.

윤 의원은 문 대통령이 여의도에 입성한 19대 국회 때 만들어진 친문 의원 모임인 '문간방' 소속이었다. 새정치민주연합(민주당의 전신) 대표였던 문 대통령과 함께 소득주도성장론과 경제민주화 담론을 이끌었다. 문재인 국회의원이 문재인 대통령으로 가는 5년의 과정에서 정책 보좌 역할을 톡톡히 했다.

경제 분야에 전문성을 지닌 의원들 가운데 '핵심 요직'으로 통하는 국회 기획재정위원회 간사와 예산결산특별위원회 예산안조정소위 위원을 맡은 것은 정치권에서 그를 경제·정책통 이미지로 각인시키는 계기가 됐다.

윤 의원은 19대 국회에서의 여러 활동을 바탕으로 20대 총선에서도 당의 정책공약단 더불어성장본부장을 맡아 경제산업 분야 정책을 총괄했다. 가계소득을 늘려 내수를 활성화하는 것을 민주당 정책 기조의 큰 방향으로 잡고 이를 '더불어성장'이라 이름지었다.

2016년부터는 추미애 당 대표 지명으로 정책 사령탑 격인 정책위원회 의장을 맡아 여야 정책대결의 선봉에 섰다. 이번 대선에서 문재인 선거 캠프 내 직책도 '정책본부장'이었다. 윤 의원은 주거 사다리 정책 등 생활밀착형 공약인 '내 삶을 바꾸는 정권교체' 정책시리즈를 32회에 걸쳐 발표했다. 민주당에서 펴낸 대선 정책공약집《나라를 나라답게》를 마지막까지 다듬은 최종 책임자이기도 했다. 그는 문 대통령의 재벌개혁을 비롯한 '경제민주화 공약'을 국회에서 뒷받침하는 데 핵심 역할을 담당할 것이란 전망이 나온다.

윤후덕

더불어민주당 의원

| 출생 | 1957년 경기 파주
| 학력 | 중동고, 연세대 사회학과
| 경력 | 보건복지부 장관 비서관, 대통령직 인수위원회 경제1
분과 전문위원, 청와대 정무비서관·기획조정비서관,
도서출판 세계 대표, 제19·20대 국회의원, 19대 대선
더불어민주당 정책본부 부본부장

## 사회과학 출판사 경영하다 옥고 치른 지사형 정치인

연세대 사회학과를 졸업한 뒤 같은 대학 대학원에서 경제학 석사학
위를 받았다. 경기대 정치전문대학원 정치학 박사 과정을 마쳤다.
1984년 출판사 '세계'를 운영하며 사회과학 서적을 출판하다 국가보
안법 위반 혐의로 3년간 세 차례 구속되는 등 고초를 겪었다.

정계에는 1991년 김원길 새정치국민회의 의원 보좌관으로 처음 입
문했다. 2001년 김 의원이 김대중 정부에서 보건복지부 장관으로 입
각하자 장관 보좌관으로 임명됐다. 김 의원이 14대부터 16대까지 의
정활동을 하는 동안 그의 최측근으로 활동했다. 그러나 김 의원이
2002년 16대 대선을 불과 한 달여 앞두고 새천년민주당을 전격 탈당
해 한나라당으로 당적을 옮기자 두 사람은 결별했다. 당 잔류를 선언
하면서 민주당의 노무현 후보 선거대책위원회에서 부대변인을 맡아
노무현 대통령과의 인연이 시작됐다. 노 대통령이 선거에 승리하면서

대통령직인수위원회 재경분과 전문위원으로 활약했다.

이후 해양수산부 장관 정책보좌관을 거쳐 노무현 정부에서 청와대 정무비서관, 업무조정비서관, 정책조정비서관, 국정과제비서관, 정책기획비서관 등 요직을 두루 거쳤다. 2007년엔 국무총리 비서실장까지 지냈으나 총선 출마를 위해 8개월여 만에 사직했다.

2008년 18대 총선 때 고향인 파주에서 출마했으나 낙선했다. 파주 지역위원장을 맡아 절치부심 끝에 4년 뒤인 2012년 19대 총선에서 분구된 파주갑 지역에 출마해 당선됐다. 그해 치러진 18대 대선에서 문재인 후보의 비서실장을 맡으며 친문(친문재인)계 인사로 거듭났다.

2014년 박영선 원내대표 체제에서 원내부대표를 지낸 데 이어 박 국민공감혁신위원장의 비서실장으로 임명됐다.

2015년에는 딸 취업 청탁 논란으로 한 차례 홍역을 치렀다. 자신의 지역구에 있는 대기업에 로스쿨 졸업생인 딸의 취업을 청탁한 의혹이 제기된 것이다. 이 파문의 여파로 2016년 20대 총선 공천 과정에서 1차로 커트오프됐다. 그러나 검찰에서 딸 취업 청탁에 무혐의 결론을 내렸고, 이 지역에서 마땅히 내세울 만한 후보가 없어 재심 신청에서 구제돼 막판에 극적으로 단수 공천을 받았다. 무난히 재선에 성공해 정치적 위기를 넘겼다.

이번 대선에서는 문재인 후보 선거대책위 정책본부 부본부장을 맡아 당선에 공을 세웠다.

# 이개호

**더불어민주당 의원**

| 출생 | 1959년 전남 담양
| 학력 | 금호고, 전남대 경영학
| 경력 | 행정고시 합격(24회), 김대중 대통령 인수위원회 행정
  관, 전남지사 비서실장, 전남 기획관리실장, 행정안전
  부 자치경찰기획단장, 행정안전부 기업협력지원관, 전
  남 부지사, 민주통합당 중앙위원, 19·20대 국회의원

## 정통 행정관료 출신 … 광주 전남 지역 유일한 민주당 지역구 의원

행정고시(24회)에 합격하고 전라남도 행정부지사를 지낸 정통 관료 출신이다. 만 21세에 행시에 합격한 뒤 내무부 지방자치기획단 운영 담당관, 김대중 대통령 인수위원회 행정관, 광양·목포·여수 부시장, 전라남도 관광문화국장·자치행정국장·기획관리실장에 이어 전남 행정부지사를 역임했다.

이 의원은 2014년 재보선에서 이낙연 전남지사가 출마하면서 공석이 된 전남 담양·함평·영광·장성 지역구에 출마해 19대 국회의원으로 당선됐다. 이 의원은 당시 이중효 새누리당 후보와 맞붙어 압도적 표차로 승리를 거뒀다.

2016년 제20대 국회의원 선거에서는 더불어민주당의 광주·전남 지역 유일한 당선자로 재선에 성공했다. 이 의원은 이 같은 공로를 인정받아 그해 4월 더불어민주당의 비상대책위원으로 선임됐다.

지역구가 농촌인 만큼 이 의원의 관심사는 농촌과 농민에 쏠려 있다. 이 의원은 20대 국회 농림축산식품해양수산위원회 상임위원이다. 이 의원은 작년 농해수위 국정감사에서 전남지역 들녘을 휩쓴 수발아(아직 베지 않은 곡식의 이삭에서 낟알이 싹이 트는 일) 피해 상황을 처음 언급하며 재해보험 피해보상을 촉구해 정부의 발 빠른 조치를 이끌어냈다는 평가다. 이 밖에도 농업용수 오염, 농축협 보험특례 연장 등 굵직한 농업·농촌 현안을 쟁점화하기도 했다.

관료 출신답지 않은 소탈한 리더십을 가지고 있다는 평가도 나온다. 2002년 전남도청 공무원으로부터 '가장 존경하는 간부'로 선정되기도 했다. 인사·사업·예산 부서 수장으로 일하며 구설수에 오르지 않았다는 것도 장점으로 꼽힌다.

이번 대선에서는 문재인 대통령의 호남 압승을 이끌어 일등 공신에 올랐다. 이 의원은 문 대통령의 선거운동 기간 전남 전 지역을 순회하며 승리를 견인했다는 평가다. "문 후보가 노무현 정부 시절 호남을 홀대했다는 풍문은 정치적 목적으로 조작된 이야기"라며 호남 홀대론을 비판한 유세가 주효했다는 것이다. 이 의원은 문 대통령 당선 직후 인터뷰에서 "민주당의 심장이라고 할 수 있는 호남을 되찾은 것이 가장 큰 기쁨"이라고 했다.

# 이석현

**더불어민주당 의원**

| 출생 | 1951년 전북 익산
| 학력 | 익산 남성고, 서울대 법학과, 고려대 경제학 석사
| 경력 | 평민당 부대변인, 새천년민주당 제2정책조정위원장,
14·15·17·18·19·20대 국회의원(6선, 경기 안양
동안갑), 환경관리공단 이사장, 19대 후반기 국회 부의
장, 더불어민주당 공동선대위원장

## 과거 '이명박 정부 저격수' … 시집 내는 감성 중진 의원

6선 중진 '노총각' 국회의원이다. 1980년 '서울의 봄' 당시 민주연합청년동지회(연청) 최연소 운영위원을 시작으로 본격적인 민주화 운동에 뛰어들었다. 이후 김대중 전 대통령(DJ)과 김영삼 전 대통령(YS)을 비롯한 재야 정치인들이 제5공화국 정권에 대항하기 위해 1984년 5월 결성한 민주화추진협의회에서 기획위원을 맡으면서 정치를 시작했다. 이후 김대중 전 대통령 비서로 3년간 일하며 깊은 신임을 얻은 그는 신민당, 평화민주당, 새정치국민회의 등을 거쳤다.

40대 초반의 나이로 14대 총선에서 국회에 처음 입성한 뒤 15대에서 재선에 성공하며 청년 정치인으로 승승장구했다. 16대 총선에서 3선에 도전한 그는 당시 심재철 한나라당 의원에게 0.7%포인트 차로 낙선한 뒤 환경관리공단 이사장을 지냈다. 이후 17대 총선에서 재기해 20대 총선까지 무난하게 당선됐다.

문재인 사람들

당내 정책통으로 분류되며 18대 국회에선 주로 이명박 정부 저격수로 활약했다. 환경관리공단 이사장 때 경력을 살려 4대강 사업에 대한 대형 건설사들의 입찰 담합의혹, 이명박 전 대통령의 포항 동지상고 출신들의 낙동강 컨소시엄 공사수주 특혜 의혹 등을 폭로하며 '4대강 저격수'로 이름을 날렸다. 2010년 국무총리실 산하 공직윤리관실의 대포폰을 활용한 민간인 불법사찰 파문, 청와대의 불법사찰 입막음을 위한 관봉 5000만원 제공 의혹, 2011년 10월 서울시장 보궐선거 때 한나라당의 선관위 디도스 테러 등 각종 의혹을 폭로하며 정부·여당 공격의 선봉에 나서기도 했다.

DJ를 통해 정계에 입문했지만 같은 동교동계에서 한솥밥을 먹은 정치인인 문희상·설훈 의원 등과는 다른 길을 걸었다. 문 의원은 친노(친노무현)·친문(친문재인)계에 합류했고, 설 의원은 김근태계로 분류된다. 그는 비노(비노무현)계로 분류되지만 국회 5선 이상 의원 모임인 여야 중진협의체에 소속돼 여당 의원들과 두터운 친분 관계를 유지하는 등 계파색이 옅다는 평가를 받는다.

과거 동교동계에서 함께 활동한 뒤 이번 대선에서 문재인 대통령의 선거 핵심 전략을 총괄하는 등 친문 핵심인사로 거듭난 전병헌 청와대 정무수석과 오랜 인연을 맺고 있다. 비문계인 그가 이번 대선 선대위에서 공동선거대책위원장 및 국민참여본부 상임본부장에 이름을 올린 것도 각 계파를 아우르는 가교 역할을 담당해 온 전 수석과의 깊은 인연과 무관치 않다는 분석이다. 대선 후엔 당내 핵심 요직인 중앙위원회 의장으로 선출됐다. 다수의 자작 시집과 동화집, 에세이집 등을 출간하는 등 감성을 지니고 있어 정치권 내에선 '감성 정치인'으로 불리기도 한다.

이용득

더불어민주당 의원

| 출생 | 1953년 경북 안동
| 학력 | 덕수상고, 성균관대 경영학과
| 경력 | 한국상업은행 노조위원장, 전국금융산업노조위원장,
한국노동조합총연맹 위원장, FTA국내대책위원회 민간
위원, 민주통합당 최고위원, 새정치민주연합 최고위원,
20대 국회의원

## 한국노총 3선위원장 출신 초선 의원

한국노동조합총연맹(한국노총) 3선 위원장 출신으로 1980년대부터 노동운동에 참여했다. 1986년 한국상업은행 노동조합 위원장을 맡았으며, 2004년 한국노총 위원장으로 선출됐다. 경북 안동 출신으로 덕수상업고등학교와 성균관대 경영학과를 졸업했다.

본격적으로 정치권에 발을 내디딘 건 18대 총선에서 한나라당(현 자유한국당)에 비례대표를 신청하면서다. 한국노총 위원장 시절 한나라당과 정책연대를 펼치며 당시 이명박 대통령 후보를 지지했다. 하지만 비례대표로 선출되지는 못했다. 이후 2009년부터 2011년까지 상업은행의 후신(後身)인 우리은행 신탁사업단 퇴직연금부문 조사역으로 일하다 2011년 2월 한국노총 위원장으로 돌아왔다.

위원장으로 재선출되자마자 한나라당과의 정책연대를 파기했다. 이명박 정부의 노동정책이었던 노조 전임자 임금 지급 금지와 복수노조

교섭창구 단일화 제도 등을 비판하면서 강경 투쟁에 나서기도 했다.

2012년에는 민주통합당(현 더불어민주당) 손학규 전 대표의 권유로 당에 합류하며 최고위원에 임명됐다. 이 인연으로 지난 18대 대선에서 손 전 대표를 대통령 후보로 지지했다. 손 전 대표가 당시 문재인 후보에게 밀려 대선 경선에서 탈락하자 민주통합당 대선 캠프의 노동위원장을 맡았다.

이후 2016년 20대 총선에서 더불어민주당 비례대표 12번으로 국회의원이 됐다. 국회의원이 된 뒤 아르바이트 학생들이 겪는 부당한 대우를 개선하자는 내용을 담은 이른바 '알바존중법'을 발의하는 등 활발한 의정활동을 펼쳤다.

문재인 대통령과 인연을 맺은 건 20여 년 전으로 거슬러 올라간다. 노무현 전 대통령이 국회의원이던 시절 함께 한국노총 사무실을 방문한 문 대통령과 인사를 나눴다. 본격적으로 호흡을 맞춘 건 2012년 대선캠프 때부터였다. 이후 문 대통령이 당 대표를 맡은 2015년에 최고위원으로 일하며 신뢰를 쌓았다. 이번 대선에서는 '한국형 노동회의소' 등 일자리·노동 공약을 만드는 데 일조했다. 이 공약은 노동회의소를 법정단체로 만들어 중소·영세기업 노동자와 비정규직·특수고용직 같은 취약계층 노동자를 지원하는 내용을 담고 있다.

문 대통령 캠프의 노동 부문 브레인 역할을 했다는 점에서 초대 고용노동부 장관 후보로 거론되고 있다. 18대 총선에서 한나라당 비례대표 낙천, 18대 대선에서 그가 지지했던 손 전 대표의 민주통합당 대선후보 경선 탈락 등으로 어려움을 겪기도 했으나 화려하게 부활했다는 평가를 받고 있다.

# 이재정

**더불어민주당 의원**

| 출생 | 1974년 대구
| 학력 | 대구 성화여고, 경북대 법학과, 연세대 언론정보대학원
| 경력 | 법무법인 동화 변호사, 투명사회를 위한 정보공개센터 이사, 민주사회를 위한 변호사 모임 사무처장, 참여연대 공익법센터 운영위원, 한국이주여성인권센터 상담위원, 20대 국회의원, 더불어민주당 원내 대변인

## 법정에서 '쌈닭'으로 불린 인권변호사 출신 초선의원

인권변호사로 활동하다 2016년 비례대표로 20대 국회에 입성한 여성 정치인이다.

1974년 대구에서 태어나 대구 성화여자고등학교, 경북대 법과대학을 졸업했다. 제45회 사법시험(2003년)에 합격했고 사법연수원 35기를 수료했다. '민주사회를 위한 변호사 모임(민변)' 회원으로 인권변호사의 길을 걸었다. 민변 사무처장, 참여연대 공익법센터 운영위원, 국민 TV 비상임이사 등으로 활동했다. 대한안과의사회 고문 변호사와 투명사회를 위한 정보공개센터 이사도 역임했다.

박근혜 정부 시절 '통합진보당 정당해산 심판 사건'에서 통진당 측 변호를 맡았다. 이 의원은 당시 소셜네트워크서비스(SNS)에 "통합진보당 해산은 6월 항쟁의 상징인 헌법재판소가 자신을 탄생시킨 헌법을 살해하는 존속살인"이라는 글을 남기기도 했다.

2012년 팟캐스트 '나는 꼼수다' 진행자들이 허위사실을 공표한 혐의로 기소됐을 때도 변론을 맡았다. SNS에서 이명박 전 대통령을 비난했다가 상관 모독죄로 기소된 육군 대위의 변호도 담당했다. 정치적으로 쟁점화된 사건을 잇따라 변호하면서 대중에 이름을 알렸다. 그는 한 언론과의 인터뷰에서 "법정에서 나는 '쌈닭'으로 불렸다"며 "'변호사님 성질 좀 죽이라' 는 말도 많이 들었다"고 했다. 이 밖에 인터넷기반 매체인 국민TV에서 '이재정의 70.5'를 진행하며 이름을 알렸다.

20대 국회의원 선거를 앞두고 비례대표 순번을 정하는 더불어민주당 중앙위원회에서 여성후보 중 1위를 차지해 화제를 모았다. 인상적인 정견 발표로 정치 신인임에도 좋은 평가를 받았다. 이 의원은 "더불어민주당이 국민의 요구에 답할 수 있는 정당이 되기 위해서는 내가 필요하다"고 당당히 이야기했다. 정권 창출을 위해 필요한 강점을 나열하는 방식의 다른 후보들과 달랐다.

당내 몇 안 되는 대구 출신 정치인이다. 지난 대통령 선거 당시 대구 출신인 김부겸, 조응천 더불어민주당 의원들과 함께 대구에서 문재인 대통령 후보 지원 유세를 펼치기도 했다.

작년 5월 기동민 더불어민주당 의원과 함께 원내 대변인으로 임명됐다. 지난해 11월 국회에서 열린 '최순실 게이트 관련 긴급현안질문'에서 황교안 국무총리를 상대로 정부가 제작한 공식 달력에 '오방색'이 들어간 것을 지적하면서 '오방달력'과 '오방끈'을 황 총리 단상에 올려놓아 화제를 모으기도 했다. 박근혜 전 대통령 탄핵 뒤 황 총리가 대통령 권한대행을 수행할 때는 "아무것도 하지 말라"고 요구하기도 했다.

이종걸

더불어민주당 의원

| 출생 | 1957년 서울
| 학력 | 경기고, 서울대 법대
| 경력 | 사법시험 30회, 16·17·18·19·20대 국회의원, 더
불어민주당 원내대표, 새정치민주연합 원내대표, 민주
통합당 최고위원, 제30·31대 대한농구협회 회장, 민
주사회를 위한 변호사모임 기획간사

## 가깝고도 먼 비문재인 세력 대표 주자

명문가 출신으로 잘 알려져 있다. 독립운동가인 우당 이회영 선생의 손자다. 우당의 여섯 형제는 1910년 한일 강제병합 직후 서울 일대 명동 땅 등 현재 가치 2조원대로 평가되는 재산 대부분을 처분하고 만주로 망명, 신흥무관학교를 세우는 등 독립운동에 일생을 바친 것으로 유명하다.

1957년 5월22일 서울에서 우당 이회영 5남 이규동의 아들로 태어났다. 정치인 이종찬은 그의 사촌 형이다.

경기고, 서울대를 졸업하고 1988년 사법시험에 합격했다. 민주사회를 위한 변호사 모임(민변)에서 인권변호사로 사회활동을 시작한 그는 박원순 변호사와 함께 '참여연대' 설립의 기초를 마련하기도 했다. 1999년 11월 새정치국민회의에서 변호사 20인을 영입할 때 조배숙, 정성호 등과 함께 정치권에 입문했다. 2000년 안양 만안구에서 국회

의원에 당선되며 정치 활동을 본격화했다.

19대 대통령선거에서 문재인 더불어민주당 대선후보 캠프 공동선 대위원장으로 활약하며 당선의 일등 공신이 됐다. 하지만 김대중 전 대통령으로부터 발탁돼 정치권에 입문한 그는 '비노(비노무현) 비문(비 문재인)' 대표주자로 꼽히며 문재인 대통령과 애증의 관계를 지속해왔 다. 2015년 문재인 대통령이 당대표였을 때 벌인 두 차례의 당무 거부 사태가 대표적이다.

지난해 8월 '문재인 불가론'을 부르짖으며 더불어민주당 대표 선 거에 출마하기노 했다. 그 당시 "친문재인인 추미애 김상곤 후보가 대 표가 되면 문 전 대표가 대선후보가 되는 것이 기정사실화할 것이고 대선 승리를 기대하기 어렵다"며 비노 비문 계파를 설득했다. 이 의원 은 지난해 문 대통령과 안희정 충남지사 등과 함께한 행사장에서 안 지사에게 "안 지사의 가도에 큰 길이 열릴 수 있도록 하겠다"며 "큰 길 이 열린다면 언제든 (시간을) 맞추겠다"고 말하기도 했다.

하지만 문 대통령이 후보로 선출되자 대선 캠프에 합류해 당선에 힘을 보탰다. 이 의원은 지난 4월 말 대선후보 TV토론회에서 불거진 '문재인 주적' 논란을 완벽히 반박하며 찬사를 받았다. 이 의원은 '대 통령은 국방부 장관이 아니다'라는 글을 통해 "대통령에게 북한은 주 적일 수 없고, 주적이어서도 안 된다"고 강조했다.

그는 정치적 관계에선 문 대통령과 가깝고도 먼 사이였지만, 정책 적 측면에서는 한목소리를 내왔다. 2015년 공무원연금 개편안 국회 통과 때가 대표적이다. 그는 최근 언론 인터뷰에서 "문 대표와 일할 때 노선·이념상 큰 차이를 느끼지 못했다"고 밝혔다.

이춘석 ——

**더불어민주당 의원**
**(사무총장)**

| 출생 | 1963년 전북 익산
| 학력 | 익산 남성고, 한양대 법대, 원광대 법학 석사
| 경력 | 원광대 법대 겸임교수, 18~20대 국회의원, 민주당 원
내부대표 · 대변인, 문재인 대선후보 공동특보단장, 더
불어민주당 사무총장

## 뚝심의 호남 3선의원 … 대선 후 당 사무총장 맡아

변호사 출신 호남 3선 의원이다. 지난 5월15일 더불어 민주당 신임
사무총장에 임명됐다. 당내 '비주류'로 분류되지만, 당 유일의 호남 3
선 의원이라는 확고한 입지를 토대로 향후 협력적 당청 관계를 만들
어 갈 적임자라는 평가다.

1988년 사법시험 합격 후 1994년 당시 '무변촌'(변호사가 없는 지역)
이던 전북 익산에 1호로 변호사 사무실을 내고 무료 변론 활동 등을
펼쳤다. 중앙 정치와 인연을 맺은 건 2007년 당 대선후보 경선 때였
다. 같은 전북 출신인 정동영 후보 대신 손학규 후보를 지지하고 지역
선거를 물심양면으로 도왔다.

18대 총선에서 전북 익산갑 지역구 의원이던 한병도 의원이 공천에
서 배제되자 경쟁자인 김재홍 의원 등을 누르고 공천을 따냈고 본선
에서 당선됐다. 18대 국회에서는 이른바 '법제사법위원회 4인방'으로

당시 천성관 검찰총장 후보자를 철저하게 검증해 천 후보자 낙마에 결정적인 역할을 했다.

19·20대 국회에서도 법사위에서 활약하는 등 의정 활동에서 좋은 평가를 받았다. 박근혜 전 대통령 탄핵 사건에선 국회 탄핵소추위원으로 활약했다.

2015년 문재인 대표 체제 출범 이후 당내 활동에서도 두각을 나타냈다. 당 전략홍보본부장을 지내며 4·29 재보궐 선거 전략을 총괄 지휘했다. 이번 19대 대선에서도 원내 비서실장과 선대위 공동특보단장을 맡아 문재인 대통령 당선에 기여했다. 영입 당시 문 대통령이 이 의원에게 도움을 요청하며 2시간가량 '막걸리 회동'을 한 사실이 화제가 됐다.

전북은 19대 대선에서 문 대통령에게 몰표에 가까운 절대적인 지지를 보냈다. 문 대통령은 전북에서 전국 평균 지지율보다 20%포인트가량 더 높은 지지를 받았으며, 이 같은 수치는 전국 최고치인 것으로 분석됐다. 당 소속 호남 유일의 3선 의원인 이 의원이 전북에서 민주당의 존재감을 유감없이 보여주는 데 적잖은 역할을 했다는 평가다.

이 의원은 대선 과정에서 문 후보를 지지하며 "문 후보의 리더십은 기존 대선후보와 다르다"며 유권자 설득에 나섰다. 그는 "문 후보는 상대방 기분 좋으라고 빈말을 하거나 기자들과 살갑게 스킨십을 하지 않기 때문에 어찌 보면 고지식하게 보일 수도 있다"면서도 "요즘 트렌드로 보면 능수능란한 정치꾼보다 문 후보같이 담백한 인물이 더 매력적"이라고 칭찬했다. 또 "예측가능하다는 점은 지도자의 덕목"이라고 했다.

# 인재근

더불어민주당 의원

| 출생 | 1953년 인천 강화
| 학력 | 인천 인일여고, 이화여대 사회학과
| 경력 | 김근태재단 이사장, 연탄나눔운동 이사, 광주인권상 심
사위원장, 국회 민주주의와 복지국가연구회 대표, 제
19·20대 국회의원

## 김근태 전 의원 부인 ··· 대표적 민주화 인사

'민주화 운동의 대부'인 고(故) 김근태 전 의원 부인으로 잘 알려져 있으나 1980년대 군사 정부에 맞서 민주화·노동 운동에 투신한 대표적 인물 중 한 명이다.

인천 인일여고, 이화여대 사회학과를 졸업했다. 1977년 대학 졸업 후 노동운동을 하기 위해 인천 부평 소재의 한 봉제 공장에 위장 취업했다. 그해 학생운동 등으로 수배 중이던 남편인 김 전 의원을 처음 만나 이듬해 결혼했다.

1987년 민주화가 이뤄지기까지 민주화 운동에 혼신의 힘을 불태웠다. 김 전 의원이 설립한 민주화운동청년연합(민청련)에서 함께 활동했고, 민주화실천가족운동협의회(민가협) 총무와 민주통일민주운동연합(민통련) 서울지역 의장을 지냈다. 김 전 의원이 연루된 서울대 민주화 추진위원회(민추위) 사건이 알려지는 데 일조하며 1987년에 김 전 의원과 함께 로버트 케네디 인권상을 공동 수상하기도 했다.

이후 김 전 의원이 1996년 15대 총선에서 서울 도봉을 선거 승리로 정계에 입문하며 '정치인 아내의 삶'이 시작됐다. 김 전 의원이 이 지역에서 16대, 17대 총선까지 내리 3선을 거두며 승승장구하는 동안 김 전 의원의 지역구 활동을 적극 도왔다. 김 전 의원은 2008년 18대 총선에서 낙선한 뒤 19대 총선을 5개월여 앞둔 2011년 말 뇌정맥 혈전증으로 치료를 받다 합병증이 겹쳐 패혈증으로 별세했다.

김 전 의원의 빈자리를 채우기 위해 '구원투수'로 나섰다. 총선을 누 날 앞두고 민주통합당으로부터 1호 전략 공천을 받아 당시 새누리당 후보를 꺾고 당선됐다. 선거기간 동안 안철수 서울대융합과학기술원장이 응원 메시지를 보내면서 큰 화제를 모았다. 당시 문재인 노무현재단 이사장도 지지 선언을 보냈다.

19대 국회에선 '현실 정치인'으로 여성가족위원회 간사를 지냈으며 후반기엔 보건복지위에서 활동했다. 사회적 약자를 위한 의정활동에 매진했고, 소외계층을 챙기는 따뜻한 정치를 하는 데 주력했다.

활발한 의정활동으로 2016년 20대 총선에서도 단수 추천을 받아 재선에 성공했다. 김 전 의원과의 사이에서 1남1녀를 뒀다.

이번 대선에선 문재인 후보 캠프 국민주권선거대책위원회에서 인권신장정책위원회 위원장을 맡아 활동했다.

# 전재수

**더불어민주당 의원**

- **출생** | 1971년 경남 의령
- **학력** | 부산 구덕고, 동국대 역사교육과, 동국대 대학원 정치학 석사
- **경력** | 청와대 국정상황실 · 경제정책수석비서관실 행정관, 청와대 제2부속실장, 민주당 부대변인, 민주당 부산 북 · 강서갑 지역위원장, 20대 국회의원(부산 북 · 강서갑), 국회 예산결산특별위원회 위원

## 3전 4기로 배지 단 '친노의 막내'

노무현 정부 때 청와대 행정관으로 근무했다. 지역주의 타파를 위해 노력한 '노무현 정신'을 잇겠다며 부산에서 네 번이나 선거에 뛰어든 원조 '친노(친노무현)' 정치인이다.

동국대 재학시절에는 학생운동에 투신했다. 그는 "입학 후 학교생활 대부분 시간을 학생운동으로 보냈다"고 대학시절을 기억했다. 국회 입법보좌관으로 일하던 20대 청년이 노무현의 뒤를 잇겠다며 정치에 뛰어든 것이 그의 인생을 바꿔놓았다.

정치 1번지 서울 종로를 뒤로 하고 지역주의 타파를 위해 부산 북 · 강서을 지역구에 출마한 노무현 전 대통령에게 반해 선거캠프로 합류한 것이 정치생활의 시작이었다. 부산에서 초 · 중 · 고교 학창시절을 보낸 전 의원은 노 전 대통령을 찾아가 "그쪽(지역구 사정을) 잘 모르시지 않습니까? 제가 지역을 잘 압니다. 제가 자원봉사하겠습니다"

라고 말했다.

2002년 대선에서 승리한 노 전 대통령을 따라 청와대에서 근무했다. 젊은 나이 때문에 '친노의 막내'라고 불렸다. 노 전 대통령은 생전에 전 의원을 "재수야"라고 격의없이 부르며 아꼈던 것으로 알려졌다.

청와대 근무는 그에게 소중한 정치적 자산이 됐다. 대통령 비서실장이던 문재인 대통령과의 인연도 청와대 근무에서 시작됐다. 청와대 경제정책수석실에서 경제부총리 정책보좌관으로 피부에 와 닿는 서민정책을 연구한 것은 그의 정책역량을 키우는 계기가 됐다. 청와대 근무 당시 '제2의 외환위기'로 불린 '신용카드 대란' 사태를 해결하는 데 공을 세웠다.

노 전 대통령의 지역주의 타파 정신을 계승하겠다며 2006년 여당인 열린우리당에서 험지였던 부산 북구청장 선거에 도전했다. 이때부터 18·19대 총선까지 낙선하면서 10년 넘게 야인 생활을 했다. 세간에서는 '바보 노무현과 닮은 길을 가는 사람'이라고 평가했다. 20대 총선에서 노 전 대통령이 출마했던 지역구 바로 옆인 부산 북·강서갑에서 당선되면서 '3전 4기'의 뚝심이 세상의 인정을 받기 시작했다.

그는 이번 대선에서 문재인 후보 선거캠프의 '문화예술교육 특보단장'을 맡았다. 격전지였던 부산지역 선거대책위원회에서 문 대통령 득표율 제고에 앞장섰다. 그는 문 대통령 경쟁 상대였던 안철수 국민의당 대선후보 딸 안설희 씨의 재산 의혹을 제기하며 '공격수' 역할도 자처했다.

전 의원은 '친노 패권주의'에 대한 일각의 비판에 대해 "한 번도 가지 않은 길을 갔던 노무현 대통령의 정신을 가슴에 안고 사는 사람들은 '친노'라고 할 수 있다. 그런 면에서 친노의 부활이 맞다"고 말했다.

# 전해철

**더불어민주당 의원
(최고위원)**

| 출생 | 1962년 전남 목포
| 학력 | 마산중앙고, 고려대 법학과
| 경력 | 사법시험 제29회 합격, 법무법인 해마루 종합법률사무
소 설립, 노무현 대선후보 선대위 법률지원단 간사, 대
통령비서실 민정비서관, 대통령 비서실 민정수석, 대통
령 정무특보

## '3철'로 불린 문재인 대통령의 최측근 3인방 중 한 명

"제 역할은 여기까지."

2012년 대선 당시 양정철 부실장, 이호철 전 청와대 민정수석 등과 함께 이른바 '3철'로 불린 문재인 대통령의 최측근이다. '비선실세' '노무현 정부의 황태자'라는 별명도 따라붙는다. 문재인 대통령이 당선되고 나서는 문재인 정부의 법무부 장관 후보로 거론되기도 했다. 문 대통령 핵심 측근이기 때문에 대선 기간 각당 대선후보들은 "문재인 후보가 당선되면 3철이 요직을 장악할 것"이라고 주장했다. 하지만 이런 주장과 달리 세 사람은 권력 핵심부와 거리를 두고 떠났다.

청와대에서 4년 가까이 일하며 핵심 보직을 맡아 '친노(친노무현)의 핵심'인 그와 노무현 전 대통령과의 인연은 20여 년 전으로 거슬러 올라간다. 1993년 군법무관 복무를 마치고 들어간 법무법인 해마루에서 노 전 대통령과 처음 만났다. 세월이 흘러 2002년 4월 노 전 대통령은 새천년민주당 대통령 후보가 된다. 하지만 같은 해 6월 지방선거에서 참패하면서 후보 재신임, 사퇴론 등 '노무현 흔들기'가 거세졌다. 이 때 노 전 대통령을 지원하는 여러 모임이 생겼는데, 법조계 지지선언을 이끌어낸 사람이 전해철 변호사였다.

전 의원은 19대 국회에 입성한 뒤 문 대통령이 공격을 당할 때마다 방패역할을 맡았다. 지난 전당대회에서는 더불어민주당 최고위원으로 당 지도부에 입성한 뒤 대선 기간 내내 문 대통령의 든든한 지원군 역할을 했다. 하지만 이번 대선에서는 선거대책위원회 조직특보 단장으로 한발 떨어져 있었다. 문 대통령과의 개인적인 친분 때문에 비선 실세라는 말이 오갔다. 그러나 그는 문 대통령의 의사결정에 영향을 미치는 일은 있을 수 없다고 단호하게 말한다. 그는 문 대통령에 대해 "공식적이고 제도적인 틀을 답답할 정도로 준수한다"며 "그 원칙과 원리가 굉장히 강하다. 노무현 정부 시절 청와대에 있을 때부터 그랬다"고 말했다.

1962년 전남 목포시에서 태어났다. 아버지는 사범학교 출신으로 6·25전쟁 때 평양에서 월남해 목포에 정착했다. 목포에서 대성초등학교와 영흥중을 졸업했다. 그러나 중학교 때 갑자기 가세가 기울어 마산에서 직장 생활을 하던 형에게 맡겨졌다. 1981년 마산중앙고를 졸업하고, 고려대 법대에 입학했다. 1985년에 고려대 법대를 졸업했고 2년 뒤인 1987년 제29회 사법시험에 합격했다. 사법시험에 합격해 출세했지만 2006년 청와대 민정수석 당시 로스쿨 도입 등 사법개혁에 앞장섰다.

# 전현희

**더불어민주당 의원**

| 출생 | 1964년 경남 통영
| 학력 | 부산 데레사여고, 서울대 치의학과, 고려대 법무대학원 의료법학 석사
| 경력 | 사법시험 합격(38회), 제18대 국회의원(비례대표), 제20대 국회의원(서울 강남구을)

## 치과의사 출신 변호사 … 강남구서 재선 '주목'

국내 최초의 치과의사 출신 변호사로 잘 알려져 있다. 서울대 치의학과를 졸업하고 치과의사를 하다가 1996년 사법시험(38회)에 합격했다. 그는 혈우병 환자들이 "치료제를 사용했다가 후천성면역결핍증(AIDS·에이즈)에 집단 감염됐다"며 제약사를 상대로 낸 손해배상 소송에서 10여 년간 환자 측 대리인을 맡아 조정을 이끌어낸 것으로 유명하다.

2008년 18대 총선에서 민주당 비례대표 7번으로 여의도에 입성했다. 손학규 전 민주당 대표에게 발탁돼 손학규계로 분류된다. 2012년 박지원 전 국민의당 대표가 민주통합당 원내대표를 지낼 당시 비서실장을 맡아 박 전 대표와도 인연이 깊은 것으로 알려졌다. 초선 의원이지만 묵묵히 일하며 당내에서 신뢰를 쌓은 전 의원은 2010년 민주당 대변인을 맡기도 했다.

정계 안팎에서 치열하게 일하는 인물 중 한 명으로 꼽힌다. 18대 의원을 마친 뒤 인천아시안게임 친환경위원장으로 활동한 사례가 대표적으로 회자된다. 평소 환경에 관심이 많던 그는 위원회를 찾아가 무보수로 일하겠다고 자처했다. 영국 런던올림픽 친환경위원회를 설득해 탄소배출량을 측정하기 위한 예산을 지원받고, 아시안게임의 친환경ISO인증을 받는 데도 성공했다.

치과의사 변호사 등 화려한 이력을 가졌지만 늘 순탄한 삶을 살아온 건 아니다. 19대 총선 때는 강남을에서 정동영 전 의원과 당내 경선을 벌여 패했다. 당 지도부는 그를 서울 송파갑에 전략 공천했지만 강남구을 총선 불출마를 선언한 뒤 4년 동안 강남을에서 '표밭갈이'를 했다.

지역구를 지키기 위한 그의 노력은 20대 총선에서 결실을 맺었다. 현역 의원이던 새누리당 김종훈 후보를 득표율 7.1%포인트(6624표) 차로 여유롭게 따돌리고 재선에 성공했다. 새누리당의 철옹성인 서울 강남을에서 야당 후보가 당선된 건 14대 총선 이후 24년 만이다. 누구도 예상치 못한 선전으로 전 의원은 정치계 안팎에서 '20대 총선의 최대 승리자'로 꼽혔다. 전 의원은 당선 이후 국회 국토교통위원으로 활동하고 있다.

19대 대선에서는 당 경선 때부터 문재인캠프에 합류했다. 당시 캠프는 외연 확장을 위해 전 의원을 비롯해 이춘석 의원(익산갑), 부산 3선인 김영춘 의원(부산진갑) 등 외곽 인사를 불러모았다. 캠프에서 직능특보단장을 맡은 전 의원은 선거 운동 기간 의료계를 종횡무진하며 여러 의료단체의 지지를 이끌어내는 등 대선 승리의 숨은 공신으로 평가받았다.

## 조응천

**더불어민주당 의원**

| 출생 | 1962년, 대구
| 학력 | 성광고, 서울대 법대
| 경력 | 수원지방검찰청 부장검사, 김앤장 법률사무소 변호사, 법무부 장관 정책보좌관, 박근혜 대통령 민정수석실 공직기강비서관, 제20대 국회의원

## '정윤회 문건파동' 한가운데 선 검사 출신

문재인 대통령이 '정윤회 게이트' 재수사를 지시하며 다시 주목받는 인물이 있다. 당시 논란의 중심에 섰던 조응천 더불어민주당 의원이다. 검사 출신인 조 의원은 이 사건으로 '박근혜의 남자'에서 '문재인의 남자'로 거듭났다.

그의 파란만장한 공직 생활은 김대중 정부 때 막을 올렸다. 검사 신분을 유지하면서 청와대 민정수석비서관실 행정관으로 근무했다. 2005년 검사직을 사임한 뒤 김앤장 법률사무소에서 변호사로 일했다. 그러다 노무현 정부 때인 2006년 법무부 장관 정책보좌관으로 공직에 복귀했다. 그의 공직생활은 네 번의 정권을 거치며 계속됐다.

이명박 정부 때인 2008년에는 국가정보원 원장 특별보좌관을 1년간 맡았다. 그후 잠시 변호사로 돌아갔다가 박근혜 정부 때 대통령직인수위원회 전문위원을 거쳐 청와대 민정수석비서관실 공직기강비서관으로 일했다.

이때 '정윤회 게이트'가 터졌다. 최순실 씨 남편인 정씨가 청와대 내 속칭 '문고리 3인방'과 함께 국정을 농단하고 있다는 의혹이었다. 관련 문건이 언론에 유출되면서 검찰은 문건 유출 경로를 조사했다.

유출 경로를 조사하는 과정에서 이 문건 작성자로 조 의원이 지목됐다. 조 의원은 문건 유출 공범 혐의로 검찰에 기소됐으나 이후 1·2심에서 무죄 판결을 받았다. 조 의원은 이를 두고 '사필귀정'이라 했다. 아직 대법원 선고를 남겨둔 상태다.

소 의원이 사실이 아닌 내용을 보고서로 작성했다는 게 검찰 조사 결과였다. 조 의원이 이를 부인하고 있는 만큼 향후 재조사가 이뤄지면 조 의원은 '진실 게임'의 한가운데 설 가능성이 크다.

청와대를 나온 조 의원은 한때 해물요리집 '별주부'를 운영하는 등 공직사회에서 떨어져 지냈다. 그러던 중 2016년 문재인 당시 더불어민주당 대표의 설득 끝에 입당을 결심한다. 당시 문 대표는 조 의원에게 "당신이 겪은 아픔을 다른 사람이 겪지 않도록 하는 게 우리가 해야 할 정치 아니겠느냐"는 말로 설득했다고 한다. 조 의원은 경기 남양주갑 선거구에 출마했다. '지역 토박이'인 심장수 새누리당 후보를 294표라는 극적인 차이로 꺾고 국회에 입성할 수 있었다.

20대 국회에서는 정보위원회 위원을 거쳐 현재 법제사법위원회 위원으로 활약하고 있다. 문 대통령의 주요 공약인 검찰 개혁에도 목소리를 내는 등 문 대통령의 공약 실현에 필요한 핵심 인재로 꼽힌다. 평소 소셜네트워크서비스(SNS) 페이스북을 통해 거침없이 의견을 밝히는 것으로도 유명하다.

## 진영

**더불어민주당 의원**

**| 출생 |** 1950년 전북 고창
**| 학력 |** 경기고, 서울대 법대, 미국 워싱턴주립대 법과대학원 법학석사
**| 경력 |** 사법시험 17회, 17·18·19·20대 국회의원, 한나라당 기획위원장, 한나라당 대표 비서실장, 제18대 대통령직인수위원회 부위원장, 보건복지부 장관, 19대 대통령선거 더불어민주당 공동선대위원장

## '친박'에서 '문재인의 남자'로 화려한 변신

한나라당과 새누리당 소속으로 17, 18, 19대 국회의원 선거에 당선된 중견 정치인이다. 20대 국회의원 선거에서는 16년 만에 여당에서 야당으로 소속을 옮기며 4선 고지에 올라 화제를 불러일으켰다.

1975년 제17회 사법시험에 합격했다. 판사, 변호사로 활동하다 1997년 이회창 당시 한나라당 대선후보 특보로 정계에 입문했다. 2004년 17대 총선부터 19대까지 서울 용산에서만 내리 3선을 하며 정치력을 인정받았다.

17대 총선 직후 박근혜 전 대통령이 한나라당 대표를 할 때 비서실장을 맡았다. 2012년 18대 대선 당시 새누리당 중앙선거대책위원회 산하 국민행복추진위원회 부위원장을 맡았다. 박근혜 전 대통령이 당선되자 대통령직인수위원회 부위원장 등을 지내며 '핵심 친박(친박근혜)'로 분류됐다. 박근혜 정부 초대 보건복지부 장관에 임명되면서 실세 장관으로 평가됐다.

장관 시절 청와대와 여러 차례 의견 충돌을 겪었다. 정부의 기초연금안에 반대 뜻을 고수하다 2013년 9월 200여 일 만에 사의를 밝혔다. 진 의원은 당시 국민연금 가입기간이 길수록 기초연금 수령액을 깎는 방식에 반대했다. 수령액에 차등을 두더라도 국민연금 가입기간이 아니라 소득인정액을 기준으로 적용해야 한다는 견해를 고수했다. 청와대는 사퇴 문제가 청와대와의 갈등·항명 파동으로 번질 조짐이 보이자 사표를 수리했다.

이후 친박 핵심이 아니라 비박(비박근혜)로 분류됐다. 2016년 20대 총선을 준비하면서 당내 공천에서 배제되자 탈당이라는 초강수를 선택했다. 더불어민주당과 국민의당 모두 영입을 희망했지만 김종인 당시 더불어민주당 비상대책위원장의 설득으로 민주당에 입당했다. 지난 4월 문재인 당시 더불어민주당 대선후보의 요청을 받아들여 캠프 공동선거대책위원장으로 합류했다. 정치적 연륜과 여야 화합, 김 전 비대위원장과의 가교 역할 등을 고려해 영입한 것으로 알려졌다.

문 대통령 당선 직후 호남 출신 정치인이란 점 등을 기반으로 초대 국무총리 후보로도 거론됐다. 정가에서는 정치력, 출신지 등을 감안할 때 문재인 정부에서 중책을 맡을 가능성이 높은 것으로 보고 있다.

# 최운열

**더불어민주당 의원**

| 출생 | 1950년 전북 영암
| 학력 | 광주제일고, 서울대 경영학과, 미국 조지아 대 대학원 경영학 석사 · 박사
| 경력 | 서강대 경영학과 교수, 서강대 대외부총장, 한국증권연구원장, 금융통화위원회 위원, 제20대 국회의원(비례 초선), 더불어민주당 정책위 부의장

## 대학교수 출신의 새 정부의 '경제통'

주류 경제학자 출신으로 더불어민주당의 대표적인 경제통 의원으로 꼽힌다. 지난해 20대 총선에서 더불어민주당 비례대표 4번으로 국회에 입성했다. 서강대 경영학과 교수 출신으로 대외부총장을 지냈다. 한국증권연구원 원장, 코스닥위원회 위원장, 국민은행 사외이사, 기업지배구조개선위원회 자문위원장, 한국은행 금융통화위원회 위원, 제18대 한국증권학회 회장, 한국금융학회 회장 등을 맡았다.

2015년 서강대 정년퇴임을 앞두고 '주류학자의 참회록'이란 제목의 고별 강연에서 "대기업의 낙수효과는 사라졌고 지속가능한 경제구조는 어려워졌다"고 말했다. 국회 입성 후 김종인 전 더불어민주당 비상대책위원회 위원장을 도와 경제민주화 이론을 개발하는 데 일조했다. 2016년 5월부터 당 정책위원회 부의장, 경제민주화 태스크포스(TF) 위원장을 맡았다.

그는 언론 인터뷰 등을 통해 줄곧 "구조적 위기에 직면한 경제를 살리기 위해선 법인세율 인상과 임금 구조조정이 필요하다"고 주장했다. 경제 구조개혁을 위해선 '대주주와 경영진의 희생'이 선행돼야 하며 고위 공직자의 월급을 20% 삭감해 솔선수범하는 모습을 보여야 한다는 주장을 펴기도 했다. 민주당 의원으로는 이례적으로 "비정규직 문제 해결을 위해선 정규직의 임금을 줄여 일자리를 늘리는 '대타협'이 필요하다"고 밝혀 화제가 되기도 했다.

　그동안 '김종인계'로 분류됐지만, 문재인 캠프의 경제공약에 관여한 김광두 국가미래연구원장이 최 의원의 후원회장이란 점에서 새 정부의 경제 정책에 상당한 영향력을 미칠 것이라는 관측이 당 안팎에서 나오고 있다. 최 의원은 지난 2월 더불어민주당 국가경제자문위원회의 부의장에 선임되기도 했다. 국가경제자문위원회는 민주당 대선후보 경선 이후 대선캠프 정책단에 흡수됐다.

　그는 금융감독위원회를 부활해 감독 정책을 전담토록 하는 금융위원회 조직 개편을 주장해온 인물이다. 금융위의 금융정책 기능은 기획재정부에 넘기고, 금융감독 기능은 금융감독위원회에 맡기는 옛 모델을 다시 도입하자는 게 핵심이다.

　대표적인 화폐개혁론자이기도 하다. 국회 입성 후 "사회적 비용을 줄이고 지하경제를 양성화하기 위해 '리디노미네이션'(화폐의 0자리를 빼는 개혁) 논의에 나서야 한다"는 주장을 펼쳤다.

　그는 최순실 국정농단 사태가 불거진 이후 정경유착의 연결고리로 지적받아온 기업 준조세를 금지하는 '기부금품 모집 및 사용에 관한 법률 일부 개정 법률안'을 발의하기도 했다.

# 최인호

**더불어민주당 의원**

| 출생 | 1966년 경남
| 학력 | 동인고, 부산대 정치외교 학 · 석사, 박사과정 수료
| 경력 | 부산대 총학생회장, 대통령 비서실 부대변인, 대통령비서실 국내언론비서관, 열린우리당 전국청년위원장, 20대 국회의원, 더불어민주당 원내부대표, 을지로위원회 위원, 최고위원

## 부산대 총학생회장 출신 문 대통령 부산 인맥

노무현 전 대통령이 대선후보이던 시절 보좌역으로 정치에 입문한 문재인 대통령의 부산 인맥 중 한 사람이다. 경남 창녕 출신으로 동인고와 부산대 정치외교학과를 나와 부산대 대학원에서 석사와 박사과정을 수료했다.

부산대 재학시절 총학생회장으로 활동했다. 문재인 정부의 청와대 제1부속실장으로 임명된 송인배 전 선대위 일정총괄팀장의 부산대 선배이기도 하다. 1995년 노무현 전 대통령이 부산시장에 출마했을 때 선거를 지원하며 '친노(친노무현)그룹'에 편입됐다. 문 대통령이 변호사 시절에 첫 인연을 맺었다. 2002년 16대 대통령선거 때 노무현 새천년민주당 후보 보좌역으로 당선을 도왔다. 노무현 정부 출범 후 대통령직속 국가균형발전위원회 자문위원을 지낸 뒤 2004년 17대 총선에서 해운대기장갑 선거구에 출마했지만 고배를 마셨다.

2005년 대통령비서실 부대변인, 2006년 대통령비서실 국내언론비서관을 지냈다. 문 대통령이 민정수석으로 있을 때다. 2007년에는 열린우리당 전국 청년위원장을 거쳐 2008년 정치 은퇴를 선언했다. 2010년 지방선거에서 민주당 부산시장 후보 선대본부장 겸 대변인을 맡으며 정치 일선으로 돌아왔다. 민주당 부산광역시당 위원장을 거쳐 2011년 민주통합당 부산광역시당 위원장, 2015년 새정치민주연합 혁신위원회 위원을 지냈다.

2016년 더불어민주당 공천을 받아 부산 사하구갑에서 김척수 새누리당 후보를 제치고 20내 국회의원에 당선됐다. 해운대 기장군갑 선거구에서 국회의원 선거에 나섰다가 낙선한 뒤 출마 지역구를 사하구갑으로 옮겼다. 여론조사에서는 김 후보에게 밀렸지만 대티터널 상습교통체증을 해소하기 위한 괴정~대신동 간 신설도로 개설 추진 등 공약을 내걸어 지역민의 마음을 사로잡았다. 네 번째 도전 만에 새누리당 텃밭인 부산에서 금배지를 달아 전국적인 주목을 받았다.

원내 진입에 성공한 뒤 민주당 원내부대표를 맡았다. 국회에서는 국회 운영위원회 위원, 국토교통위원회 위원으로 활약했다. 불공정거래를 막기 위한 을지로위원회(을(乙)을 지키는 위원회) 위원을 지냈고 2016년 민주당 최고위원, 원자력안전대책특별위원회 위원장, 국회 헌법개정특별위원회 위원으로 활동 중이다.

이번 대선에서는 문재인 후보 캠프 부산 상임선대위원장을 맡아 '부산을 살리는 정권교체, 준비된 대통령 문재인' 이라는 슬로건을 전면에 내세우며 표심을 공략했다. 문재인 대통령이 부산에서 홍준표 후보를 누르고 득표율 1위에 오르는 데 공을 세웠다는 평가를 받고 있다.

# 추미애

**더불어민주당 대표**

| 출생 | 1958년 대구
| 학력 | 경북여고, 한양대 법학과
| 경력 | 사법시험(24회), 인천지방법원 판사, 광주고등법원 판사, 15·16·18·19·20대 국회의원, 김대중 새천년민주당 총재 비서실장, 새천년민주당 최고위원, 국회 환경노동위원장, 더불어민주당 최고위원, 민주당 대표

## 판사 출신 여성 최초 5선 의원 … 당 대표로 대선 승리 이끌어

여성 최초의 지역구 5선 국회의원. '추다르크'로 통한다. 추다르크는 소신이 뚜렷한 여성 정치인으로 야당 의원 시절 김대중 대통령 후보 유세단장을 맡는 등 각종 선거에서 득표전 선봉에 서면서 강인한 여성이라는 의미로 붙여진 별명이다. 문재인 대통령과는 특별한 인연이 없었지만 18대 대선에서 문 대통령을 지원했다. 문재인 당 대표시절 지명직 최고위원으로 지도부에 입성해 문 대표를 도우면서 협력관계가 형성됐다. 지난해 당 지도부 선출을 위한 전당대회에서 문 대통령의 적극적인 지원에 힘입어 대표직에 오른 신주류다.

대구 세탁소집 딸로 태어나 경북여고와 한양대 법대를 졸업했다. 제24회 사법시험에 합격해 판사 생활을 했다. 인천지방법원 판사와 광주고등법원 판사를 지냈다. 1995년 김대중 전 대통령의 발탁으로 정계에 입문했다. 15대와 16대 총선에서 내리 당선돼 '차세대 여성지도자'로 이름을 높였다. 김대중 총재 비서실장을 지내는 등 탄탄대로를 달렸다.

정치적 시련은 노무현 대통령 지지세력이 창당한 열린우리당에 동참하지 않고 민주당에 잔류하면서 찾아왔다. 그는 17대 총선을 앞두고 한나라당과 함께 노무현 전 대통령 탄핵 때 찬성표를 던졌다. 탄핵 역풍으로 17대 총선에서 낙선의 고배를 마셨다. 노 전 대통령 탄핵은 추 대표에게 큰 정치적 부담이 됐다. 지난해 당 대표 선거 과정에서 경쟁 후보들의 집중 타깃이 됐고, 추 대표는 수차례 "노 전 대통령 탄핵이 내 정치인생 중 가장 큰 실수"라고 말했다. 그는 대선 준비과정에서 문 대통령의 든든한 지원군 역할을 했다.

2003년 노 전 대통령 당선인 시절 특사로 미국과 일본을 방문하고 2007년에는 '햇볕정책 계승자'를 자임하며 대선에 출마하기도 했다. 그는 2009년에는 국회 환노위원장을 맡아 노동조합 및 노동관계조정법(노조법) 수정안을 민주당과 민주노동당 의원의 출입을 막은 채 한나라당 의원만으로 단독 통과시켰다. 복수노조 1년 6개월 유예, 노조 전임자 임금 지급 금지 6개월 유예, 교섭창구 단일화 등을 핵심으로 한 소위 '추미애 수정안'이었다. 소신이 뚜렷한 그의 면모를 보여주는 단적인 사례다.

지난 18대 대선에서는 문재인 후보 선거대책위원회 국민통합위원장을 맡아 선거를 도왔다. 선거 뒤 문재인 당 대표 시절 지명직 최고위원으로 임명돼 극심한 당내 계파갈등 속에서 문 대표에게 힘을 실어주는 역할을 했다. 이 때 문 전 대표와의 협력관계가 형성됐다. 문 전 대표 측이 지난해 당 대표 경선에서 추 대표를 밀어준 배경이다. 추 대표는 이번 대선에서 상임 선대위원장을 맡아 대선 기간 내내 전국을 누비며 문 대통령 지원유세를 했다.

# 표창원 ——————

**더불어민주당 의원**

| 출생 | 1966년 경북 포항
| 학력 | 고려대사범대부속고, 경찰대, 영국 엑서터대 박사
| 경력 | 부천경찰서 형사과 형사, 아시아경찰학회 회장, 광운대 등 강사, 경찰대 교수, 더불어민주당 비상대책위원, 선 거대책위원, 20대 국회의원(용인 정)

## 경찰 프로파일러 출신 '문재인 키즈'

경찰 출신 정치인이다. 13년간 경찰대 교수로 재직하다가 2016년 20대 총선을 앞두고 문재인 대통령(당시 더불어민주당 대표)의 제안으로 정치에 입문했다. 더불어민주당 비상대책위원을 맡은 그는 4월 국회의원 선거에 용인시 정 지역구에 출마해 당선됐다. 범죄자 심리를 분석하는 프로파일러로 활동하며 다수의 범죄 관련 서적을 펴낸 인기 저술가이자 경찰 퇴직 후엔 방송인으로 활동하기도 해 대중적 인지도가 높다.

1966년 경북 포항에서 태어났다. 학창시절은 서울에서 보냈다. 고려대사범대부속고를 거쳐 경찰대에 들어간 그는 1989년 졸업과 동시에 경찰관에 임용됐다. 이후 제주도, 화성, 부천 등에서 전경 소대장, 형사 생활을 했고 1993년 국비유학생으로 영국 엑서터대로 유학을 가 경찰학 관련 주제로 석·박사 학위를 취득했다.

1998년 귀국 후 광운대 등에 출강하던 그는 퇴직 후 2001년 경찰대 조교수가 됐고, 2012년 경찰대 정교수가 됐다. 그해 12월 국가정보원 직원이 문재인 민주통합당 대선후보에 대해 비방 댓글을 달았다는 의혹을 둘러싸고 경찰의 즉각적 진압과 수사가 필요하다는 의견을 밝힌 그는 '표현의 자유'와 '경찰대의 정치적 중립성'을 이유로 경찰대 교수직을 내려놨다.

교수직 사퇴 후에도 이 사건 규명을 위해 활동했다. 2014년 '표창원 범죄과학연구소'(Pyo Institute of Crime Science, PICS)를 설립해 민간 전문가로 활동하던 그를 2015년 12월 문재인 당시 더불어민주당 대표가 낮은 당 지지율을 반전시키기 위해 '1호 인사'로 영입했다. 당시 함께 영입된 인물로는 조응천 의원(전 공직기강비서관), 박주민 의원(전 민변 변호사), 김병기 의원(전 국정원 인사처장) 등 현재 더불어민주당의 주축들이다. 이른바 '문재인 키즈'다.

정계 입문 후 20대 국회 대표 경찰통(通)으로 다양한 법안을 내놨다. 검찰의 수사지휘권을 제한하는 형사소송법 개정안, 가정폭력 피해자 보호를 위해 임시조치 신고 대상자를 피해 당사자에서 가족으로까지 넓히는 가정폭력범죄에 대한 특별법 등을 발의했다.

돌출 발언·행동으로 구설에도 자주 올랐다. 2016년 11월30일 박근혜 전 대통령 탄핵에 대한 국회의원들의 입장을 '찬성' '주저 & 눈치보기' '반대'로 분류한 명단을 작성해 당시 새누리당의 반발을 샀다. 올해 1월엔 자신이 주최한 전시회에 걸린 박 전 대통령 풍자 누드화로 한바탕 설화를 겪기도 했다. 이번 19대 대통령 선거에서는 민주당 선대위 국민주권개헌특별위원회 부위원장을 맡아 문 대통령 당선을 도왔다.

## 홍영표

**더불어민주당 의원**

| 출생 | 1957년 전북 고창
| 학력 | 전북 이리고, 동국대 철학과, 동국대 행정대학원 행정학 박사과정 수료
| 경력 | 국회 환경노동위원장(20대), 18·19·20대 국회의원, 참여연대 정책위원, 대우그룹 노조 사무처장, 한국노동운동연구소 소장, 민주당 원내대변인, 국무총리실 시민사회비서관

## 문 대통령과 노동계의 연결고리

대표적인 친문(친문재인)계 의원으로 분류된다. 전북 고창 출신으로 이리고, 동국대 철학과를 졸업한 뒤 1982년 한국GM 전신인 대우자동차에 용접공으로 입사했다. 1985년 대우자동차노조 파업을 주동했다는 이유로 구속됐다. 대우자동차 파업 시 김우중 회장과 단독으로 협상해 노사합의를 이끌어낸 것으로도 알려져 있다.

노동자 대표, 민주노총 조직위원, 한국노동연구소 소장, 참여연대 정책위원 등을 지낸 노동전문가로 손꼽힌다. 2002년 개혁국민정당 중앙당 조직위원회 위원장을 맡으며 정치권에 뛰어들었다.

노무현 정부에서 국무총리실 시민사회비서관을 지내면서 행정수도 이전 등의 갈등 조정에 나섰다. 당시 한명숙 총리 추천으로 한·미 자유무역협정(FTA) 체결지원위원회 지원단장을 맡은 데 이어 재정경제부 FTA 국내대책본부장을 지냈다.

2009년 4 · 29 재보궐선거로 인천 부평을에서 당선되며 18대 국회에 입성했다. 이 지역은 노동자가 많은 곳이다. 20대 총선까지 내리 당선되며 3선에 성공했다. 민주당 원내대변인을 지낸 뒤 2012년 한명숙 민주통합당 대표 비서실장을 맡았다. 19대 국회 환경노동위원회 간사에 이어 20대에는 환노위원장으로 노동을 챙기고 있다.

19대 국회에서 산업통상자원위원회 야당 간사를 맡을 당시 한진중공업 사태 해결에 앞장섰다. 또 이명박 정부의 해외자원개발 적자를 지적하며 대책을 마련해야 한다고 목소리를 높였다. 2013년 국정감사에서는 가습기살균제 피해와 관련해 옥시레킷벤키저로부터 피해자 지원을 위한 50억원 상당의 기금 조성 약속을 이끌어내기도 했다.

문 대통령이 2012년 대선에 출마했을 당시 캠프 종합상황실장을 맡아 선거를 지휘했다. 이듬해에는 안철수 후보와의 단일화 과정 뒷얘기를 담은 《비망록》을 펴내기도 했다. 이번 대선에는 문재인 정부의 일자리 정책을 만드는 데도 관여했다. 선대위에서 일자리위원회 공동위원장과 환경노동정책위원장을 맡아 일자리와 노동정책을 설계하는 데 일조했다.

그는 소탈하고 적극적인 성격의 소유자로 알려졌다. 원내대변인으로 활동할 당시 강한 추진력과 협상력을 보였다는 평가를 받는다. 지난 19대 국회에서 조부의 친일행적을 공개한 뒤 사과하기도 했다. 노동계 출신으로 강성이란 이미지도 있다.

# 홍익표

**더불어민주당 의원**

| **출생** | 1967년
| **학력** | 관악고, 한양대 정치외교학과, 한양대 정치학 박사
| **경력** | 대외경제정책연구원 전문연구원, 통일부 정책보좌관,
  북한대학원대 겸임교수, 제19대 국회 외교통일위원회
  위원, 민주당 원내대변인, 민주당 원내부대표

## 민주당 내 대표적인 북한·통일문제 전문가

19대 총선에서 서울 성동을에 출마해 당선된 초선 의원이다. 더불어민주당 내에서 대표적인 북한·통일문제 전문가로 꼽힌다. 총선 당시 사무총장이던 임종석 전 의원이 정치자금 수수 혐의로 재판이 진행되고 있는 점이 문제가 돼 공천을 반납하자 그가 전략 공천을 받았다.

총선 출마를 선언할 당시 "남북협력정책의 은둔고수, 세상에 나오다"라고 자평했다. 이후 당내 외교통일위원회에서 활동하며 개성공단 발전과 남북 평화체제 전환 등의 중요성을 강조했다.

외교 통일 분야란 한우물을 팠다는 평가를 받는다. 서울 관악고를 졸업한 뒤 한양대 정치외교학과 학생회장을 거쳤다. 당시 1년 선배이자 이전 총학생회장이던 임종석 전 의원과 인연을 맺은 것으로 알려졌다. 이후 한양대에서 정치학 박사 학위를 받은 홍 의원은 대외경제

정책연구원 전문연구원으로 활동했으며 북한대학원대 겸임교수 등을 거치며 북한 문제에 전문성을 쌓았다.

이런 경력을 인정받아 노무현 정부에서 이재정 전 통일부 장관의 정책보좌관을 맡았다. 2007년 남북정상회담 당시 북한과 경제 협력 분야 실무 협상 준비에 힘을 보탰다. 당내에서 북한·통일 관련 실무를 주도했다고 주변 사람들은 평가한다.

대체로 차분하고 논리적이라는 평가를 받고 있다. 종종 '파격 발언'으로 세간의 주목을 받기도 했다. 2013년 7월에는 박정희 전 대통령을 '태어나지 않아야 할 사람'이라는 뜻의 '귀태(鬼胎)'로, 박근혜 대통령을 '귀태의 후손'으로 언급해 문제가 되기도 했다. 당시 민주당 원내대변인이던 그는 국회 브리핑에서 《기시 노부스케와 박정희》란 책 내용을 인용, "책에 '귀태(鬼胎)'라는 표현이 나온다. 당시 만주국의 귀태 박정희와 기시 노부스케가 있었는데, 아이러니하게도 귀태의 후손들이 한국(박근혜 대통령)과 일본(기시 노부스케의 외손자인 아베 총리)의 정상으로 있다"고 말했다. 당시 이 발언이 정치권에서 크게 논란이 되자 책임을 지고 원내대변인에서 물러났다.

2016년에는 정부가 대우조선해양 분식 회계 문제를 알면서도 방치했을 뿐 아니라 거액을 지원했다는 의혹을 제기했다. 홍 의원은 당시 국회 경제분야 대정부질문을 마친 뒤 지난해 10월 청와대 서별관회의에서 보고된 '대우조선해양 정상화 지원방안'이라는 제목의 문건을 공개해 주목받았다.

제4장

더불어민주당
전직 의원 및 당직자

# 강기정 ——

**전 더불어민주당 의원**

| 출생 | 1964년 전남 고흥
| 학력 | 광주 대동고, 전남대 공대
| 경력 | 17·18·19대 국회의원, 열린우리당 부대표, 민주통합당 최고위원, 새정치민주연합 정책위원회 의장, 문재인 대선후보 선대위 총괄수석 부본부장

## 운동권 출신 친문(親文)·86세대 정치인

호남 출신 86세대(80년대 학번·1960년대 출생) 정치인이다. 17·18·19대 국회의원을 지냈다. 전남 고흥에서 태어나 광주 대동고, 전남대 공대(전기공학과)를 나왔다. 대학 시절 일찌감치 학생운동에 투신했다. 전남대 재학 중이던 1985년 삼민투위원장을 맡아 5·18 광주민주화운동 진상 규명을 요구하며 서울 미국문화원 점거농성을 벌였다. 이 사건으로 8년 실형을 선고받고 3년7개월간 복역했다.

대학 졸업 후 지역 사회운동에 매진하다가 2000년 16대 총선에 무소속으로 출마했으나 낙선했다. 2004년 총선에서 열린우리당 공천을 받아 광주광역시 북구갑 국회의원에 당선돼 중앙정치 무대에 데뷔했다. 당시 야권 중진인 김상현 의원(6선)을 꺾고 당선돼 화제가 되기도 했다. 18대 총선에서도 무난히 재선에 성공했다. 18대 의원 시절 정세균 민주당 대표 비서실장을 지냈다. 이때 인연으로 더불어민주당 내

문재인 사람들

'정세균계' 로 통한다. 국회에선 보건복지위원회, 행정안전위원회, 정무위원회 등에서 활동했다.

　'정치인 강기정' 의 이름이 회자된 건 2010년이다. 그해 12월8일 예산안 국회 의결 과정에서 여당인 한나라당 의원들을 저지하면서 김성회 한나라당 의원과 충돌했다. 이 사건으로 국회 윤리위원회에 제소당했다.

　19대 국회의원 때인 2013년에도 구설에 올랐다. 2013년 11월 당시 박근혜 대통령이 국회 시정연설을 할 때 국회 본관에서 청와대 경호실 직원들과 물리적 충돌을 빚었다. 경호실 버스를 지워딜라고 항의하던 민주당 의원들과 청와대 경호실 직원들이 몸싸움을 벌이는 과정에서 경호실 직원과 폭행 시비가 불거졌다. 2016년 2월엔 '필리버스터'(무제한 토론을 통한 합법적 의사진행방해)로 다시 화제의 인물이 됐다. 당시 정의화 국회의장이 테러방지법안을 직권상정하자 야당 의원 12명이 필리버스터에 나섰다. 그는 아홉 번째 주자로 나서 5시간6분간 연설했다.

　3선을 끝으로 잠시 중앙정치 무대를 떠나야 했다. 2016년 20대 총선에 민주당 공천에서 탈락하면서다. 이후 2016년 7월 독일 베를린자유대에서 방문연구원 코스를 밟다가 2017년 1월 말 귀국해 문재인 후보 캠프에 합류했다. 당내 경선에서 문 후보 캠프 종합상황실장을 맡은 데 이어 문 대통령이 대선후보로 확정된 뒤 선거대책위원회 총괄수석 부본부장을 맡아 호남 표심 공략을 주도했다.

# 김기식

**전 더불어민주당 의원**
**(더미래연구소장)**

| 출생 | 1966년 서울
| 학력 | 경성고, 서울대 인류학과
| 경력 | 참여연대 창립멤버(정책위원장, 사무처장 등 역임), 노무현 대통령 탄핵무효국민행동 공동집행위원장, 한미FTA저지 범국민운동본부 공동집행위원장, 더미래연구소 소장, 19대 국회의원

## 참여연대 창립한 시민운동 1세대 … 금융분야 정책통

참여연대를 창립한 '시민운동 1세대'. 서울대 인류학과를 졸업한 뒤 1994년 참여연대를 조직해 활동을 시작했다. 사무국장, 정책실장, 사무처장, 정책위원장 등을 역임했다. 한미FTA저지 범국민운동본부 공동집행위원장, 사회양극화해소국민연대 공동집행위원장, 국가보안법 폐지 국민연대 공동집행위원장, 총선시민연대 공동집행위원장, 노무현 대통령 탄핵무효국민행동 공동집행위원장, 파병반대비상국민행동 공동운영위원장, 혁신과통합 공동대표, 시민정치행동 내가꿈꾸는나라 창립준비위원회 공동준비위원장을 지내는 등 활발한 시민운동을 했다.

2011년 박원순 서울시장 선거대책위원회 전략기획특별보좌관을 지냈다. 19대 국회에서 민주통합당 비례대표로 추천돼 국회에 입성했다. 참여연대에서 활동하며 쌓은 해박한 금융지식과 성실성을 무기로 금융위원회 공정거래위원회 국무총리실 국책연구기관 등을 담당하는 정무위원회에서 피감기관을 긴장시켜 '정무위 저승사자'로 불렸다. 그가 더불어민주당 경선 과정에서 탈락했을 당시 피감기관에서 환호성이 나왔을 정도였다.

19대 국회의원으로 활동할 당시 민주당이 자체 선정한 국정감사 최우수 의원으로 뽑혔다. 시민단체 모니터단이 선정해 주는 국정감사 우수상을 4년 연속 받았다. 특히 국회 정무위원회 야당 간사로서 부정청탁 및 금품 등 수수의 금지에 관한 법률(김영란법) 국회 통과에 주도적 역할을 맡았다. 두 차례의 법 개정을 주도하니 대부업 최고이지 율을 연 39%에서 연 27.9%까지 낮추고 2014년 신용카드 정보 유출사태 이후 신용정보법을 개정해 금융회사의 개인정보 수집 제한, 금융회사 간 정보공유 금지, 피해자 구제를 위한 법정손해배상제를 도입했다.

임기 말에는 인터넷전문은행 출범을 위해 '은산분리 규제 완화'를 요구하는 정부와 관련 기업에 "은산분리 원칙은 절대 훼손해선 안 된다"는 의견을 고수하며 19대에서 관련 개정안을 모두 폐기하기도 했다. 19대 국회를 떠나면서 후임자가 참고하도록 헌정 사상 처음으로 4년 동안의 의정활동을 담은 보고서를 만들었다.

19대 대선에서는 경제·금융정책 '브레인' 역할을 했다. 통합정부추진위원회 자문위원으로 이름을 올리며 문재인 대통령 당선을 지원했다. 더불어민주당 공천혁신추진단 위원, 재벌개혁특별위원회 간사, 정책특보 등을 지냈다. 특히 민주당 내 초·재선 의원들이 세운 더미래연구소 소장을 맡아 정책 토론을 이끌었다. 지난 3월 말 더미래연구소는 기획재정부를 분리하는 내용의 정부조직개편안을 내놓았다.

# 김민석

**민주연구원장**
**(전 의원)**

| 출생 | 1964년 서울
| 학력 | 숭실고, 서울대 사회학과, 미국 하버드대 케네디스쿨,
중국 칭화대 법과대학원 법학과, 미국 뉴저지주립대 법
무학 박사
| 경력 | 서울대 총학생장, 15 · 16대 국회의원, 민주당 대표,
민주당 최고위원, 더불어민주당 제19대 문재인 대통령
후보 종합상황본부장

## '리틀 DJ'로 이름 날린 뒤 시련 딛고 선 86세대

'리틀 DJ'로 불릴 정도로 김대중 전 대통령의 총애를 받았던 인물
이다. 서울 출신으로 숭실고와 서울대 사회학과를 나왔다. 서울대 4학
년 재학 시절인 1985년 서울대 총학생회장에 당선돼 전국학생총연합
(전학련) 의장으로도 활동했다. 그러다 그해 서울 미국문화원 점거농성
사건에 연루돼 5년6개월의 실형을 선고받고 3년간 복역했다.

김 전 대통령을 만난 것은 수감생활 시절이다. 교통사고로 세상을
떠난 작은형의 장례식장에 조문객으로 온 김 전 대통령을 만났다. 당
시 김 전 의원의 어머니가 재야단체인 민주화실천가족운동협의회 회
장을 맡고 있었다. 이 일은 김 전 의원이 정치에 발을 들이게 된 계기
가 됐다.

1990년 이기택 전 민주당 총재 등이 주도한 이른바 '꼬마 민주당'
에 입당하면서 정치에 입문했다. 이후 민주당과 김 전 대통령의 신민

주연합당이 합당한 통합민주당에 참여했다. 김 전 대통령의 지지를 받아 28세의 나이로 1992년 14대 국회의원 선거에서 민주당 후보(서울 영등포구)로 공천받았다. 당시 200여표 차로 낙선했지만 존재감은 드러냈다는 평가가 많았다. 이후 미국 하버드대 케네디스쿨에서 행정학 석사 학위를 취득하고 1995년 귀국했다.

1990년대말에는 '리틀 DJ'로 입지를 다졌다. 1995년 김 전 대통령의 정계 복귀로 인한 민주당 분당 과정에서 새정치국민회의에 입당했다. 1996년에는 15대 국회의원 선거에서 당선됐다. 1997년 한보 청문회 때 '정분회 스나'로 주목을 받기도 했다. 1999년에는 새천년민주당 창당준비위원회 대변인으로서 창당 작업에 주도적으로 참여했다.

승승장구가 따로 없었다. 2000년 16대 국회의원 선거에서 재선에 성공했다. 2001년에는 당내 대선후보 여론조사 2위까지 올랐고 2002년 새천년민주당의 서울시장 후보가 됐다. 하지만 이명박 당시 후보에게 밀린 뒤 내리막길을 걸었다. 특히 2002년 16대 대선 때 노무현 당시 후보가 아니라 정몽준 후보를 지지하겠다며 민주당을 탈당, '철새'라는 비난을 받았다. 이후 새천년민주당으로 복귀했지만 출마하는 선거마다 고배를 마셨다.

19대 대선에서는 문재인 대통령의 중앙선거대책본부 종합상황본부장을 맡았다. 추미애 더불어민주당 대표의 지지가 있어서 가능했다는 게 정치권의 분석이다. 대선 직후 더불어민주당의 싱크탱크인 민주연구원장에 임명됐다.

# 김상현 ——

**더불어민주당 전 상임고문**

| 출생 | 1935년 전남 장성
| 학력 | 한영고 중퇴, 러시아 상트페테르부르크대 대학원 명예
  박사
| 경력 | 6·7·8·14·15·16대 국회의원, 대한산악연맹 회
  장, 민주당 부총재, 민주당 상임위원, 새정치민주연합
  상임고문, 더불어민주당 상임고문

## 동교동계의 원로, 현대정치사의 산증인

현대정치사의 산증인이다. 10·26사태, 12·12사태, 1990년 3당
합당 등 한국 현대정치사의 주요사건 현장에서 야당 정치인으로 살았
다. 김 상임고문은 "당내 요직은 경험하지 못했지만, 격변의 시대에
국민 편에서 최선을 다했다고 자부한다"고 회고했다.

1935년 전남 장성에서 출생했다. 서울 한영고를 중퇴했다. 정치 지
망생이던 김대중 전 대통령이 운영하는 웅변학원 학원생으로 그와 처
음 인연을 맺었다. 곧 사이가 가까워져 호형호제하는 사이가 돼 김 전
대통령을 따라 민주당에 입당, 정계에 발을 들였다. 1960년 5대 국회
의원 선거 당시 강원 인제군에 출마한 김 전 대통령의 선거운동원으
로 가두연설을 담당했다. 이후 김 전 대통령이 선전부장이 되자 바로
밑 선전부 차장으로 일했다. 1965년 치러진 재보궐선거에서 민중당
후보로 서울 서대문갑에 출마해 당선됐다. 그는 만 30세에 금배지를

달아 6대 국회 최연소 국회의원이란 타이틀을 얻었다.

1972년 10월 유신 선포 후 시련기를 보냈다. 박정희 정권에 밉보여 군부대에 끌려가 고문당했다. 1980년에는 신군부가 꾸민 '김대중 내란음모 조작 사건'에 연루돼 징역을 살았다.

정치인 중에서도 애주가로 유명하다. 드라마 '제5공화국'에서도 김 상임고문이 보안사(현 기무사)에 끌려가 고문을 받다가 전두환 전 대통령이 갑자기 불러내 환담이나 하자며 술을 따라주자 "아무리 나를 때려죽이려고 했다지만 술자리 예의는 지켜야지. 한 잔 받으시오"라며 대작하는 장면이 나온다.

1987년 대선 때는 김영삼 전 대통령과 김대중 전 대통령의 후보 단일화를 줄기차게 외쳤다. 그러나 김대중 전 대통령이 후보 단일화를 거부하고 평민당을 만들어 분당하자 대의에 어긋난다며 '의형제'인 김대중 전 대통령과 결별했다. 1988년 13대 총선에서 통일민주당 후보로 출마했지만 김대중 전 대통령의 저격공천으로 낙선했다. 김 상임고문은 "눈앞의 이익을 탐했다면 그때 다른 선택을 했을 것"이라며 "국민과 대의를 좇아 불이익도 많았다"고 당시를 회고했다.

'마당발'로도 유명하다. "어느 상갓집에 가더라도 김 상임고문이 있다"는 말이 있을 정도다. 그의 인맥이 드러난 사례가 2000년 16대 총선 때다. 당시 시민단체들이 총선연대를 결성해 낙천시켜야 할 인물을 선정했는데 그중 김 상임고문이 포함됐다. 이때 학계와 시민단체에서 신망이 높던 이영희 한양대 교수가 총선연대 사무실로 찾아와 "민주주의 일등공신인 김 상임고문을 어떻게 낙천시킬 수 있느냐"며 총선연대를 꾸짖었다는 일화는 유명하다.

# 김용익 ──

**전 더불어민주당 의원**

| **출생** | 1952년 충남 논산
| **학력** | 서울고, 서울대 의대, 런던대 보건정책학 박사
| **경력** | 서울대 의과대학 교수, 한국보건행정학회 회장, 노무현
대통령비서실 사회정책수석비서관, 사람사는세상 노
무현재단 상임운영위원, 제19대 국회의원, 더불어민주
당 민주연구원장

## 문재인 대통령의 '보건복지 싱크탱크' … 의료민영화 적극 저지

문재인 대통령의 대표적인 '보건복지 정책 싱크탱크' 다. 2016년 9
월 제5대 민주연구원장으로 취임한 뒤 더불어민주당의 각종 복지 관
련 정책과 대선 공약 수립을 주도적으로 도왔다.

1952년 충남 논산에서 태어나 서울고를 졸업하고 서울대에서 의과
대학 의학과 의학학사, 대학원 보건학 석사, 대학원 예방의학 박사과
정을 거쳤다. 이후 영국 리즈대에서 보건학 석사를, 런던대에서 보건
정책학 박사 학위를 받았다. 어렸을 적 앓은 소아마비로 휠체어를 자
주 이용한다.

1984년부터 서울대 의과대학 의료관리학교실 교수로 재직했다.
1998년 주임교수가 됐다. 이후 보건복지부 의약분업실행위원회와 의
료보험통합추진단에서 각각 위원과 제1분과장으로 활약했다. 참여연
대 사회복지위원회와 의약분업실현을위한시민대책위원회에도 몸을

담았다.

2000년 김대중 정부 당시 의약분업을 기획 및 추진했다. 2001년 대통령 자문 정책기획위원회 위원을 지내면서 본격적으로 자기 목소리를 내기 시작했다.

노무현 정부로 바뀌고 난 뒤 보건복지부 공적노인요양보장추진기획단 위원장과 대통령 자문 고령화 및 미래사회위원회 위원장을 거쳤다. 2006년부터는 대통령비서실 사회정책수석비서관으로 일했다. 노 전 대통령 서거 후에 사람사는세상 노무현재단 상임운영위원을 맡고 있다.

의료 민영화를 전면에서 반대하는 인물 중 한 명으로 꼽힌다. 민주통합당의 비례 공천을 받아 2012년 제19대 국회의원으로 발탁된 데도 이 같은 성향이 크게 작용했다는 분석이다. 그는 국회 입성 후부터 더 적극적으로 의료민영화 저지 행보를 이어나갔는데, 2013년 진주의료원 폐쇄 사태가 대표적이다. 당시 홍준표 경남지사가 의료공급 과잉과 귀족노조, 수익성 악화에 따른 적자 누적을 주장하며 공공의료기관인 진주의료원을 폐쇄시키려 하자 김 전 의원은 폐업 철회를 요구하면서 같은해 4월부터 1주일간 단식 투쟁을 벌였다. 이후 진주의료원 용도 변경에 반대하며 이듬해 12월5일부터 10일까지 다시 단식 투쟁을 이어나갔다.

제19대 대선을 앞두고 문재인 대통령의 대선정책 싱크탱크인 '정책공간 국민성장'에서 복지팀장을 맡았다. 복지 관련 공약을 주도적으로 수립하고 다듬는 역할을 했다.

# 김원기 ──────

**전 국회의장**

| 출생 | 1937년 전북 정읍
| 학력 | 전주고, 연세대 정치외교학과
| 경력 | 동아일보 기자, 10 · 11 · 13 · 14 · 16 · 17대 국회의원, 민주당 공동대표, 국민통합추진회의 공동대표, 제2기 노사정위원장, 새천년민주당 최고위원, 노무현 대선 후보 중앙선대위원장, 열린우리당 상임의장, 대통령 정치특보, 더불어민주당 상임고문

---

### 노무현 전 대통령의 '정치적 사부' …
### 구수한 호남사투리의 '지둘려 선생'

문재인 대통령의 정치적 뿌리는 고(故) 노무현 전 대통령이다. 그런 노 전 대통령이 '정치적 사부(師父)'로 여긴 원로가 있다. 전북 정읍 출신의 국회 최다선(6선) 의원으로 제17대 국회의장을 맡았던 정치인 김원기(80)다.

동아일보 기자 출신인 김 전 의장은 1979년 제10대 국회의원 선거에서 고향인 정읍에서 신민당 후보로 당선돼 원내에 입성했다. 김대중 전 대통령과 오랫동안 정치활동을 하며 당의 요직을 두루 맡았다. 하지만 주류인 '동교동계'와는 거리를 두고 늘 비주류 쪽에 섰다.

김 전 대통령이 1995년 새정치국민회의를 창당했을 때 합류하지 않고 당시 민주당에 남았다. 김 전 의장은 이후 노 전 대통령을 비롯한 이철 · 이부영 · 박계동 등의 정치인들과 함께 국민통합추진회의(약칭

'통추')를 결성했다. 김 전 의장은 통추의 공동대표를 맡아 야권 통합 운동을 이끌었다.

노 전 대통령과 김 전 의장은 아홉 살 차이가 났다. 노 전 대통령은 김 전 의장을 언제나 정중하게 대했다고 한다. 통추에서의 인연으로 김 전 의장은 2002년 대선에서 선거대책위원장을 맡고 노무현 당시 대선후보의 정치고문 역할을 했다.

노 전 대통령은 취임 후 제헌절에 국회의장 공관을 방문해 4부 요인들과 만찬을 했다. 대통령이 국회의장 공관을 직접 방문한 건 정부 수립 이후 처음 있는 일이었다.

김 전 의장의 특징은 진득한 호남 사투리다. 일을 서두르는 주변인에게 "지둘려(기다려)"라고 말하는 일이 많아 '지둘려 선생'이라고 불린다. 매사를 조급하지 않게 풀어가는 성품을 가졌다는 평가를 받는다.

지난 19대 대선에서 김 전 의장은 '문재인 대통령 만들기'를 위해 팔을 걷어붙였다. 만 80세의 몸으로 전북과 호남, 전국을 돌며 문재인 당시 후보자에 대한 지지를 호소했다.

"이것을 잊지 맙시다. 노무현이 피운 꽃은 김대중이 뿌린 씨앗에서 비롯됐다는 것을. 노무현이 이루고자 했던 사람 사는 세상은 김대중이 꿈꾼 나라를 완성하는 것과 다르지 않다는 것을. 이제 우리가 가야 할 길은 통합입니다."

김 전 의장이 지난해 노 전 대통령 추도식에서 읽은 추도사의 한 부분이다. 노 전 대통령의 정치적 동지인 문재인 신임 대통령에게 김 전 의장이 바라는 것은 무엇일까. 김 전 대통령이 뿌린 씨앗과 노 전 대통령이 피운 꽃이 열매를 맺어 갈등과 분열을 극복한 뒤의 '통합'을 이루길 그는 여전히 바라고 있을 듯하다.

# 김효석 ——————

**전 국회의원**

| **출생** | 1949년 전남 장성
| **학력** | 광주제일고, 서울대 경영학과, 조지아대 경영학 박사
| **경력** | 11회 행정고시, 중앙대 경영대학장, 정보통신정책연구
원장, 국민경제자문회의 전문위원, 국회 재정경제위원
회 책임연구원, 16·17·18대 국회의원, 민주당 원내
대표, 민주정책연구원장, 새정치민주연합 최고위원

## 안철수 경제멘토에서 문재인 대통령의 지원군으로

중앙대 경영대학장을 거쳐 16~18대 국회의원을 지낸 3선 의원이
다. 민주당에서 정책위 의장과 원내대표를 지낸 '경제통'으로 꼽힌다.
1949년 전남 장성 출신으로 광주서중, 광주제일고, 서울대 경영학과
를 졸업하고 미국 조지아대에서 경영학 석·박사 학위를 땄다.

행시(11회)에 합격했지만 일찌감치 관료의 길을 접고 중앙대 경영대
학장, 정보통신정책연구원장(KISDI)을 지냈다. 김대중 정부 시절 대통
령 직속 자문기관인 국민경제자문회의 전문위원을 맡았다. 2000년 16
대 총선 당시 민주당 선대위원장을 맡았던 이인제 당시 자민련 의원
의 소개로 정치에 입문했다.

이 의원과는 서울대 동기다. 2002년 민주당 대선후보 경선 때 이
의원을 지원했고 노무현 전 대통령이 대선후보로 확정되자 노무현 캠
프에서 선대위 제2정책위원장을 맡아 경제공약을 만들었다. 이 의원

문재인 사람들

의 경선 패배 후 탈당을 만류하는 중재역도 맡았다. 노무현 정부 조각 때 정보통신부 장관 후보 물망에 오르기도 했다. 2003년 민주당이 깨지고 열린우리당으로 갈라졌으나 합류하지 않고 민주당에 남았다. 이일로 노 전 대통령과 관계가 소원해졌다.

2005년 노 전 대통령이 '연정'을 염두에 두고 교육부총리 자리를 제의했지만 고사했다. 당내에선 대표적인 중도실용론자로 분류된다. 2008년 전남 담양곡성구례 지역에서 18대 국회의원으로 당선됐다. 2009년 민주당 집권플랜인 '뉴민주당플랜'을 만들어 당의 정책, 노선, 조직의 현대화를 주창했다. 이를 통해 "중도개혁의 합리적 자세를 견지하면서 시대의 급속한 변화에 대응해 민주당의 정책, 전략, 조직 모두를 현대화시켜 당을 재창조해야 한다"고 주장했다. 그러나 진보와 보수의 개념이 모호하고 기업과 시장의 역할, 성장의 중요성을 강조하면서 당내에서 정체성 논란에 휘말리기도 했다.

안철수 전 국민의당 대표가 정계에 입문한 뒤로는 '안철수의 멘토'로 불렸다. 새정치민주연합 시절인 2014년 7월까지 당 최고위원을 맡았다. 안 전 대표가 당을 떠난 이후 정치와 인연을 끊었다.

정계에 모습을 드러내지 않던 그는 최순실 사태 이후인 2017년 초 문재인 대통령 후보의 선거 운동에 뛰어들었다. 안 전 대표를 향해 "당에 남아서 정권교체를 이루는 게 '안풍(安風)'을 살리는 길"이라며 "정권교체의 대의 앞에서 단일화 및 연대라도 해서 하나로 뭉쳐야 한다"고 주장하기도 했다.

# 노영민

**중국 대사 내정자**
**(전 더불어민주당 의원)**

| **출생** | 1957년 충북 청주
| **학력** | 청주고, 연세대 경영학과
| **경력** | 민주개혁국민연합 충북연대 공동대표, 제17 · 18 · 19
대 국회의원, 민주당 대변인, 민주당 원내수석부대표,
제19대 국회 산업통상자원위원회 위원장, 19대 대통
령 선거 더불어민주당 선거대책위원회 조직본부장

## 시민 · 노동운동 출신의 3선 의원 ··· 문재인의 스핀닥터

고(故) 김근태 전 의원의 지지세력인 '민평련'(민주평화국민연대) 출신
정치인으로 원래는 비노(비노무현)계로 분류됐다. 2012년 대선 당시 문
재인 민주통합당 대선 후보가 탕평인사 차원에서 비노계인 노 전 의
원을 비서실장으로 발탁했다. 이후 자연스럽게 친문(친문재인)계로 흡
수됐다.

충북 청주 출신으로 청주고를 나와 연세대 경영학과에 입학했으나
졸업하진 못했다. 연세대 구국 선언서 사건으로 구속 수감됐고 이후
에도 이어진 학생운동으로 학교에서 제적됐다. 학교를 나와서는 노동
현장에 투신했다. 서울 성수동 작은 전기업체 노동자로 취업했으며
전기공사 관련 2급 자격증을 따기도 했다. 고향 청주에서 노동운동을
이어가다 1986년 금강전기를 설립했다. 1997년 정권교체민주개혁 충
북위원회 공동대표를 맡으면서 본격적으로 정치활동을 시작했다. 16

대 대통령 선거에서는 충북지역 선거대책본부장을 맡았으며, 청주시 흥덕을구에서 17 · 18 · 19대 국회의원으로 당선됐다.

주류 정치에서 부상하기 시작한 시기는 2012년 18대 대통령 선거였다. 2012년 민주통합당 내 친노와 비노 갈등 구조를 타개하기 위해 문재인 당시 대통령 후보가 비노 세력을 대거 기용했다. 이때 비서실장으로 임명된 노 전 의원은 정치 전문가로서의 면모를 유감없이 발휘했다. 학생운동에서 시민 · 노동운동으로 다져온 선거 조직 설계와 선거 전략 등에 여러 아이디어를 내놨다. 문 대통령이 2015년 공개적으로 "주요 현안을 상의한다"고 밝힐 정도다.

정치적인 고비도 있었다. 노 전 의원은 지난해 시집 강매 논란에 휩싸여 더불어민주당 윤리심판원으로부터 당원 자격정지 6개월의 중징계 처분을 받았고, 4 · 13 총선에 출마하지 않았다. 19대 대선에선 본격적인 '스핀닥터'로 부상했다. 스핀닥터란 여론 파악 및 구체적인 정책화, 아젠다 설정, 홍보 · 기획에 능한 정치전문가를 뜻한다. 노 전 의원은 문 대통령의 경선 캠프와 본선 선거대책위원회에서 모두 조직본부장을 맡았다. 조직본부장은 각 지역 권리당원과 일반당원이 선거운동에 열심히 참여하도록 독려하고 조직을 모으는 중책이다. 문 대통령이 경선에서 결선 없는 승리를 쥘 수 있었던 데도 노 전 의원의 역할이 컸던 것으로 알려졌다.

그의 조직구성 능력은 다른 부문에서도 드러난다. 2012년 대선 패배 후에는 '문지기(문재인을 지키는 사람들)'라는 모임을 만들어 친문 세력 구축에 나섰다. 19대 대선에선 문 대통령 지지모임인 '더불어포럼'(정동채 전 문화부 장관 등 23인 공동대표) 출범을 주도했다. 또 문 대통령을 지지하는 전 · 현직 의원 모임 '달개비'의 좌장이기도 하다.

# 배재정

**전 더불어민주당 의원**

**출생** | 1968년 부산
**학력** | 데레사여고, 부산대 영문학과
**경력** | 부산일보 기자, 부산문화재단 기획홍보팀장, 제19대 국회의원, 민주통합당 언론대책특별위원회 위원, 민주통합당 대변인, 문재인 더불어민주당 대통령후보 선거대책위원회 여성본부 부본부장

## 문재인 지역구 물려받은 언론개혁 전문가

문재인 대통령은 20대 총선에 불출마를 선언했다. 자신의 지역구는 배재정 전 의원에게 물려줬다. 지역구만 물려 준 것이 아니다. 문 대통령은 배 전 의원의 캠프 선거대책위원장을 맡아 선거를 직접 도왔다. 장제원 의원에게 밀려 재선에 실패했지만, 20대 총선은 배 전 의원이 대표적인 '친문' 인사임을 확인해 주는 계기가 됐다.

19대 대통령 선거대책위원회에서 여성본부 부본부장을 맡은 배 전 의원은 '언론개혁 전문가'라는 평가를 받는다. 부산에서 양말 공장을 운영하던 부친 슬하에서 1남2녀 가운데 둘째로 태어났다. 데레사여고, 부산대를 졸업한 뒤 1989년 부산일보에 입사한 그는 2007년까지 18년 동안 취재 현장을 발로 뛰었다. 그는 부산일보 노조위원장을 맡으며 부산일보 지분 100%를 보유한 정수장학회의 편집권 침해 문제를 제기하다 사실상 해고됐다.

언론정상화를 위한 배 전 의원의 행보는 문 대통령과 인연을 맺는 데 결정적으로 작용했다. 2012년 초 민주통합당 상임고문 역할을 하던 문 대통령은 정수장학회 관련 인사를 찾고 있었는데, 한명숙 당시 민주통합당 대표가 배 전 의원을 추천한 것으로 알려졌다. 이후 배 전 의원은 민주당 언론정상화특별위원회 간사직을 맡았으며 정계에 입문했다.

그는 19대 총선에서 민주당 비례대표로 '깜짝' 공천을 받아 국회에 입성했다. 이후 당 대변인, 당 정책위원회 부의장, 국회 교육문화체육관광위원회 위원, 19대 국회 후반기 예산결산특별위원회 위원 등으로 활동했다. KBS 등 공영방송의 지배구조를 투명하게 하는 '공영방송 지배구조 개선법', 중앙·지역 언론에 대한 정부 광고의 균형있는 집행을 위한 '정부기관 광고법' 등을 대표 발의했다. 배 전 의원은 2016년 테러방지법 저지를 위한 야당 의원들의 필리버스터에 참여해 3시간39분가량 연설을 했다.

2012년 치러진 18대 대선에서는 문재인 후보의 비서실 부실장 겸 수행2단장을 맡았다. 배 전 위원은 당시 박정희 정권이 부일장학회를 강탈한 뒤 정수장학회로 이름을 바꾸고 부산일보와 MBC를 집어삼켰다고 폭로한 바 있다. 정수장학회가 선거에서 박근혜 새누리당 대통령 후보를 지원했다며 정호성 전 청와대 부속비서관과 이창원 전 정수장학회 사무총장의 통화내역을 공개하기도 했다.

# 백군기

**전 더불어민주당 의원**

| 출생 | 1950년 전남 장성
| 학력 | 광주고, 육군사관학교 29기
| 경력 | 육군대 총장, 특수전사령부 사령관, 육군 인사사령관,
　　　 제21대 육군 제3야전군 사령관, 제19대 국회의원, 더
　　　 불어민주당 국방안보센터장

## 4성 장군 출신, 민주당 최고 안보 전문가

　4성 장군 출신으로 더불어민주당의 최고 안보 전문가로 꼽힌다. 35년간 군인의 길을 걷다가 19대 총선에서 민주당 비례대표로 국회에 입성했다. 19대 국회 국방위원회, 민주당 안보담당 원내부대표, 국방안보센터장으로 활동하면서 당의 안보정책을 책임졌다. 군 출신이 많지 않은 민주당의 한계를 보강해주는 인물로 평가된다.

　이름에 '군기'가 들어 있듯 필연적으로 군인의 삶을 살았다. 1950년 2월 전남 장성에서 태어났고 6·25전쟁이 발발하면서 생후 8개월만에 아버지를 여의었다. 어려운 형편에도 아들을 광주로 유학 보낸 홀어머니 밑에서 자라면서 육군사관학교 진학을 결심했다. 광주고를 졸업하고 육사 29기로 임관했다. 노무현 정부 시절인 2004년 1공수여단장, 31사단장, 육군대학 총장, 특전사령관을 지냈다. 2006년 육군 인사사령관, 3군 사령관을 역임하며 고속 승진했고 2008년 3월 예편

했다. 군에서는 교육훈련은 물론 특수작전 분야에 능통한 야전 작전통으로 평가받았다.

군 시절 별명은 '실버폭스(silver fox)'다. 백발이 은빛 여우를 닮은데다 영민한 사람이라는 뜻으로 미군이 붙여준 애칭이다. 인사사령관을 맡으면서 부드러운 인상을 주기 위해 염색을 하지 않은 것으로 알려졌다. "실버폭스답게 위장된 것 없이 그대로 보여주는 게 낫다"며 백발을 고수하고 있다.

2012년 주변의 권유로 정치계로 뛰어들었다. 19대 총선에서 민주통합당 비례대표 8번으로 당선됐다. 당내에서는 중도 성향으로 분류된다. 2013년 국방위원회 소속으로 활동하던 당시 검찰 수사를 받고 있던 해상작전헬기 와일드캣(AW-159)의 문제점을 국정감사에서 처음 지적했다.

2016년 총선 공천에서 탈락했다가 구제됐다. 공천 배제 통보를 받은 직후 당의 결정을 수용해 화제가 됐다. 공천 결과에 반발해 탈당하는 의원들이 있었지만 "당에서 비례대표까지 줬는데 탈당은 도리에 맞지 않는다"며 당에 남았다. 이 일로 충성심이 강하고 의리가 있다는 평가를 받았다. 우여곡절 끝에 용인갑에 다시 공천됐지만 이우현 자유한국당 의원에게 패배했다. 문재인 당시 민주당 대표는 백 의원의 총선 유세를 지원하면서 "제가 특전사 공수부대 출신인데 그 부대의 여단장을 하셨다"며 "정말 존경하는 분이고 우리 당이 유능한 안보정당이 되는 데 꼭 필요한 분"이라고 언급했다. 대선 정국에서 안보에 취약한 민주당의 이미지를 깨고 중도보수층으로 당의 외연을 확장하는 데 기여했다.

백원우 ____

**전 더불어민주당 의원**

| 출생 | 1966년 서울
| 학력 | 동국대사대부고, 고려대 신문방송학과
| 경력 | 17·18대 국회의원, 대통령 민정수석비서관실 행정
　　　관, 열린우리당 전자정당위원장, 더불어민주당 제19대
　　　문재인 대통령 후보 중앙선거대책본부 조직본부 부본
　　　부장

## 원칙과 소신의 정치인 … "이명박 사죄하라" 발언의 주인공

　　원칙과 소신을 정치철학으로 삼고 있는 인물이다. 고(故) 노무현 전 대통령의 정치철학을 롤모델로 삼는 것으로 알려졌다. 서울 출신으로 동국대사대부고와 고려대 신문방송학과를 나왔다. 1988년 전국대학생대표자협의회(전대협) 연대사업국장을 지낸 학생운동 출신 정치인이다. 1994년 고 제정구 의원 비서관으로 정치계에 발을 디뎠다.

　　그의 정치 인생에서 노 전 대통령과의 인연은 빼놓을 수 없다. 1997년 노무현 당시 새정치국민회의 부총재 보좌역을 맡은 데 이어 1998년에는 노무현 당시 국회의원의 비서관을 지냈다. 2000년 노 전 대통령이 해양수산부장관이 됐을 때도 정부보좌역을 맡았다. 2001년에는 노무현 당시 대통령 후보의 경선캠프 인터넷 팀장, 2002년엔 노무현 당시 대선 후보 비서실 정무비서로 활동했다. 노무현 정부에서는 청와대 민정수석실에서 공직기강 행정관을 지냈다.

2004년 17대 국회의원 선거에서 경기 시흥갑(열린우리당)에 출마해 당선됐다. 2008년 18대 총선에서도 시흥갑 의원으로 당선됐다. 특히 18대 총선 때는 노 전 대통령과 가까웠던 소위 '친노' 인사들이 줄줄이 공천 탈락 및 낙선을 겪는 상황에서 당선돼 주목받았다. 하지만 19대, 20대 국회의원 선거에서는 모두 같은 지역구에서 낙선했다.

　자신이 세운 원칙이나 소신에 어긋나는 일에 대해선 그냥 넘어가는 일이 없다는 평가가 많다. 2009년 노 전 대통령의 영결식장에서의 에피소드가 대표 사례다. 그는 영결식장을 찾은 이명박 전 대통령이 헌화하려는 순간 "사죄하라"고 고함치며 뛰쳐나가다 제지당했다. 이때 국장 상주를 맡았던 문재인 대통령은 백 전 의원을 대신해 이 전 대통령에게 고개 숙여 사과했다. 이 사건으로 백 전 의원은 특수공무집행방해 및 명예훼손 혐의로 검찰에 고발당했다. 2010년 1심에서 벌금 100만원이 부과됐다가 항소심에서 무죄를 선고받았다. 2013년 대법원에서 무죄가 확정됐다.

　문재인 대통령의 측근으로도 꼽힌다. 2016년 백 전 의원이 시흥갑 국회의원으로 출마했을 때 문 대통령이 직접 유세 지원을 나가기도 했다. 문 대통령은 당시 백 전 의원에 대해 "노무현 대통령을 만드는 일을 함께했고 청와대에서 함께 일했다"며 "노무현의 동지이고 저 문재인의 오랜 동지"라고 소개했다. 백 전 의원은 19대 대통령 선거에서 문재인 캠프의 중앙선거대책본부 조직본부 부본부장을 맡았다.

# 송갑석

**문재인 대통령 후보
비서실부실장
(광주학교 이사장)**

| 출생 | 1966년 전남 고흥
| 학력 | 광주 광덕고, 전남대 무역학과
| 경력 | 전남대 총학생회장, 전국대학생대표자협의회(전대협)
4기 의장, 열린우리당 중앙위원, 더불어민주당 정책위
원회 부의장, 사람사는세상 노무현재단 광주지역위원
회 운영위원, 광주학교 이사장 · 교장

## 호남민심 다잡은 80년대 운동권 대표주자

문재인 대통령 경선 캠프에서 비서실 부실장을 맡았다. 주로 호남
지역 관련 공약을 만들고 메시지를 다듬는 역할을 했다. 5조6000억원
규모의 광주공항 · 군공항을 이전하고 스마트시티를 조성하는 내용의
공약도 그의 '작품'으로 알려졌다.

1980년대 학번 · 1960년대 출생자를 일컫는 이른바 '86 운동권'으
로 분류된다. 1966년 전남 고흥군에서 태어났다. 고흥 포두초등학교
와 포두중을 졸업해 유년 시절을 모두 고흥에서 보냈다. 1985년 광주
광덕고를 졸업하고 이듬해 전남대 무역학과에 입학했다. 1990년 전남
대 총학생회 회장으로 당선됐다. 같은 해 지방대학 학생회장 출신으
로는 처음으로 전국대학생대표자협의회(전대협) 제4기 의장을 지냈다.
제3기 전대협 의장이었던 임종석 청와대 비서실장의 후임이다.

대학을 졸업하기까지 10년이 걸렸다. 전대협 의장 시절 3당 합당에 반대하면서 '반(反)민자당 투쟁'을 이끌다 국가보안법 위반으로 5년2개월 동안 수감생활을 했기 때문이다. 1980년대 운동권 인물 중에서도 유독 긴 시간 옥고를 치렀다. 그는 "독재로부터 국민의 생존권과 정치적 기본권을 지키는 것이 소명이었고 여기에 청춘을 바쳤다"고 회고했다.

2007년 정동영 당시 대통합민주신당 대통령 후보의 선거 캠프를 도왔다. 청년위원장으로 모바일 홍보활동 등을 펼쳤다. 지난해 20대 총선 때는 더불어민주당 후보로 광주 서구갑 지역에 출마했다. 출마 당시 기자회견에서 "새로운 정치와 경제민주화를 소명으로 삼고 남은 인생을 바치겠다"고 지지를 호소했지만, 송기석 당시 국민의당 후보에 밀려 낙선했다. 두 사람의 경쟁은 '종친 간 한판 승부'로 주목을 받았다. 송 이사장과 송기석 의원 모두 여산 송씨 원윤공파인 데다 출생지도 같은 고흥이어서다.

2011년 사단법인 광주학교를 설립해 이사장과 교장으로 부임했다. '빛고을 광주가 세상에서 가장 큰 학교'라는 의미에서 사단법인 이름을 광주학교로 지었다. 소외아동 복지를 위해 광주에서 운영 중인 지역아동센터 43곳에 매달 케이크를 두 개씩 배달하고 있다. 광주 역사를 알리는 '무등산 역사길 트레킹'을 90여 회 개최했다. 이 프로그램에 참여한 사람만 3000여 명에 달한다. 광주학교는 2014년 7월 '1365 자원봉사인증기관' 자격을 땄고, 같은 해 12월 지정기부금단체 인증을 취득한 뒤 비영리민간단체 등록을 마쳤다. 지난해 3월부터 사람사는세상 노무현재단 광주지역위원회 운영위원을 맡고 있다. 저서로 《무등산 역사길이 내게로 왔다》가 있다.

양향자 ——————

더불어민주당 최고위원

| 출생 | 1967년 전남 화순
| 학력 | 광주여상, 한국디지털대 인문학, 성균관대 전기전자컴
퓨터공학 석사
| 경력 | 삼성전자 반도체메모리설계실 연구보조원, SRAM설
계팀 책임연구원, 메모리사업부 DRAM설계팀 수석연
구원, 메모리사업부 플래시설계팀 수석연구원(부장),
상무, 더불어민주당 최고위원

## 고졸 출신 삼성전자 임원, 문재인 대통령의 사람으로

삼성그룹 역사상 첫 여상 출신 임원이다. 1986년 광주여상을 졸업한 뒤 삼성전자에 입사해 반도체 메모리설계실 연구보조원으로 일했다. 1993년 SRAM설계팀 책임연구원을 거쳐 1995년 사내 대학에서 반도체공학 학사학위를 받았다. 2005년 한국디지털대에서 인문학 학사학위를 받았다.

그는 2016년 1월 민주당 입당하면서 "학벌의 유리천장, 여성의 유리천장, 출신의 유리천장을 깨기 위해 모든 걸 다 바쳐 노력했다"며 "하지만 청년들에게 '나처럼 노력하면 된다'고 말하고 싶진 않다"고 말해 화제가 됐다. 한국에서 청년과 여성들이 맞닥뜨리는 부조리를 지적하며 "오늘 열심히 살면 정당한 대가와 성공을 보장받을 수 있는 사회를 만들어야 한다. 스펙은 결론이 아니라 자부심이 돼야 한다"고 강조하기도 했다.

그는 "우리 사회가 직장맘들에게 던지는 메시지는 '독해지거나 하나를 포기하라'는 것 말고는 없었다"며 "출산이 출세를 막고, 육아가 경력단절로 바로 이어지는 구조를 바꿀 책임이 정치에 있다"고 했다.

이런 입당 인사로 양 최고위원은 대기업 임원 출신이라는 성공적인 커리어에도 불구하고 '솔직하다'는 평가를 받는다. 무엇보다 젊은 이들에게 부당한 노력을 강조하지 않는 모습을 보인 것이 가산점이 됐다.

20대 총선에서 광주 서구을 지역 후보로 전략공천을 받아 출마했다. 하지만 천정배 후보에게 패해 낙선했다. 그 후 더불어민수당 2기 지도부 선거에서 여성 부문 최고위원 겸 전국여성위원장 경선에 출마해 57.08%의 득표율을 기록해 경쟁자였던 유은혜 의원을 제치고 전국여성위원장 겸 최고위원에 당선됐다.

우윤근 _____

**국회 사무총장
(전 더불어민주당 의원)**

| 출생 | 1957년 전남 광양
| 학력 | 광주 살레시오고, 전남대 법학과, 전남대 대학원 법학박사, 러시아 상트페테르부르크대 대학원 국제정치학 석사
| 경력 | 국회 사무총장, 새정치민주연합 원내대표, 새정치민주연합 정책위원회 의장, 국회 법제사법위원장 17·18·19대 국회의원, 더불어민주당 비상대책위원, 사법연수원 22기 수료

## 친문 그룹 내 대표적 개헌론자

국회 내 대표적인 개헌론자로 알려졌다. 전남 광양 출신으로 광주 살레시오고와 전남대 법학과를 졸업한 뒤 변호사로 활동했다. 1983년 사법고시에 합격한 뒤 신영합동법률사무소, 법무법인 유·러에서 변호사로 일했다. 전남대와 조선대에서 교편을 잡기도 했다.

2003년 열린우리당 창당에 참여하면서 정치에 입문했다. 17대 총선 당시 전남 광양에 출마해 당선된 뒤 내리 3선을 지냈다. 이후 국회 법제사법위원장, 새정치민주연합 정책위원회 의장, 원내대표 등 요직을 두루 거쳤다.

민주당 내에서 보기 드물게 의원내각제를 선호한다. 여의 의원 100명으로 구성된 '개헌추진 국회의원 모임' 간사를 맡고 있던 2013년 저서《개헌을 말한다》를 통해 구체적 구상을 밝혔다. 한국 정치의 문제가 '제왕적 권력 구조'에 있다고 진단하고, '독일식 의원내각제'와

'오스트리아식 국민 직선 분권형 대통령'을 절충한 '국민 직선 분권형 대통령제' 도입을 제안했다. 이와 함께 "국회가 개헌 논의의 중심이 돼야 한다"며 국회 개헌특위의 중요성을 강조했다.

대표적 친문(친문재인)계 인사로 꼽힌다. 문재인 대통령이 2012년 대선후보 경선에 출마했을 당시 공동선거대책본부장을 지냈다. 선대위 산하에 직능·조직을 총괄하는 동행본부 본부장을 맡아 지원하기도 했다.

19대 국회에서는 원조 그룹인 '문간방' 모임을 만들어 결속을 다졌다. 이 모임은 '안방'과 '건넌방'을 차지한 듯하지 말고 '문간방'에 있는 것처럼 낮은 자세로 문 대통령을 보좌하자는 뜻에서 붙인 이름이다. 노영민 전 의원과 전해철 박남춘 홍영표 윤호중 김태년 의원 등이 멤버다. 이후 문 대통령을 지지하는 전·현직 의원 모임인 '달개비'로 확대·개편됐다.

이들은 문 대통령 당선 직후 오찬을 함께하며 대선 승리를 축하하고 격려를 나눈 것으로 알려졌다. 또 문 대통령이 대통합과 대탕평 인사를 추진하는 데 걸림돌이 되지 않기 위해 2선으로 물러나기로 한 것으로 전해졌다.

합리적이고 온화한 성격으로 친화력이 높다는 평이다. 당내 모든 의원에게 직접 편지를 보낸 적도 있다. 정치적 성향은 온건·중도 성향의 합리주의자로 분류된다. 원내대표를 지낼 당시 혼란스러운 정국을 수습하며 안정화했다는 평가를 받는다. 세월호 협상을 마무리지었고 예산안도 법정 시한 안에 처리했다. 당 지지율도 취임 전 10%대에서 20%대로 올랐다.

# 이미경

**전 더불어민주당 의원**

| 출생 | 1950년 부산
| 학력 | 이화여고, 이화여대 영어영문학과, 이화여대 정치외교학 석사
| 경력 | 한국기독교사회문제연구원 연구원, 한국여성민우회 부회장, 한국여성단체연합 공동대표, 민주당 사무총장, 15 · 16 · 17 · 18 · 19대 국회의원, 20대 대통령선거 더불어민주당 공동선거대책위원장

## 문재인 대통령 대선 캠프서 여성정책 총괄

시민운동권 출신으로 여성 · 환경문제에 정통하다는 평가를 받고 있다. 5선 국회의원을 지낸 중량급 정치인이다. 16대부터 19대 국회까지 의원직을 수행했다. 20대 총선에서 김종인 비상대책위원장이 주도한 공천심사위원회 심사에서 의정활동 부진 등을 이유로 탈락했으나 문재인 대통령 대선캠프에 합류해 공동선대위원장과 더불어 성평등본부 본부장을 맡아 여성정책 총괄을 맡았다.

문 대통령이 후보 시절 '페미니스트 대통령'을 내세우며 발표한 성평등 정책 추진에 큰 역할을 할 것으로 기대된다. 문 대통령은 육아휴직급여 인상 등 육아휴직제도 활성화, 국공립어린이집 이용 아동 40%까지 확대, 초등학교 돌봄교실 전 학년으로 확대 등 보육 해법을 여성 공약 전면에 내세웠다. 블라인드 채용제를 도입하고 여성 고용 촉진 우수기업에 조세 감면 등의 인센티브를 줘 여성 채용을 확대하겠다고 약속했다.

대학 시절 후배들과 의기투합해 이화여대 최초의 학생운동 동아리 '새얼'을 만들었다. 한국정신대문제대책협의회 총무 시절 위안부 피해 할머니들을 설득해 일본 정부에 사과와 배상을 촉구하기도 했다.

시민운동가로 활동하던 이 의원은 1996년 15대 총선에서 민주당 비례대표로 국회에 입성했다. 당시 민주당은 김영삼 전 대통령, 김종필 전 총리, 노태우 전 대통령의 3당 합당에 반발해 김 전 대통령의 통일민주당을 탈당한 의원들이 창당한 정당이다. 노무현 전 대통령, 원혜영 새정치연합 의원, 유인태 새정치연합 의원 등이 속해 있냐. 이후 김 전 대통령이 당시 민주당 소속 조순 전 서울시장을 영입한 뒤 합당하면서 이 의원은 한나라당 소속이 됐다.

한나라당 소속이 된 이후에도 소신에 따라 당론으로 반대하던 1999년 노동법 개정안에 찬성하고, 동티모르 파병 동의 과정에선 찬성 연설까지 했다. 연설은 많은 사람에게 감동을 줬지만 당에서 제명당해 의원직을 상실했다. 2000년 16대 총선에서 새천년민주당 비례대표 공천을 받고 국회에 재입성했다. 2003년 열린우리당 창당에 참여하면서 탈당해 다시 의원직을 잃었다.

2004년 열린우리당 소속으로 출마한 서울 은평갑 지역구에서 당선됐고, 연달아 세 번 같은 지역구에서 국회의원을 지냈다. 과거 여야 간 어려운 협상에 나서기도 했다. 강단 있으면서 남의 말도 들을 줄 아는 성격을 갖췄다는 평가를 받는다. 남편인 이창식 씨는 시민운동가이자 국립중앙청소년수련원장을 지냈다. 학생운동을 하면서 만난 영호남 부부로 슬하에 두 딸을 두고 있다. 2008년 자전 에세이 《엄마, 국회의원 왜 해?》를 출간하기도 했다.

# 임채정 —————

### 전 국회의장

| 출생 | 1941년 전남 나주
| 학력 | 광주제일고, 고려대 법대
| 경력 | 동아일보 기자, 민주통일민중연합 상임위원장, 제14·
15·16·17대 국회의원, 대한택견협회 회장, 제16대
대통령직인수위원회 위원장, 열린우리당 당의장, 제17
대 국회 후반기 의장

**동아일보 기자 출신 4선 의원 …**
**노무현 대통령 인수위원장 맡은 야권의 상징**

동아일보 기자 출신으로 14~17대 국회의원을 한 4선 의원이다. 국
회의장도 지냈다. 야권의 상징 역할을 한 정치인이다. 대표적인 친노
(친노무현)계 인사로 노무현 정부 대통령직 인수위원장을 맡았다.

광주제일고, 고려대 법대를 졸업한 뒤 동아일보에 입사해 기자 생
활을 시작했다. 그는 1975년 '동아자유언론수호투쟁위원회(동아투위)'
사건으로 해직당한 언론인 중 한 명이다. 2016년 5월 그를 비롯한 동
아일보 해직 기자 12명과 성유보 전 동아투위 위원장 유족이 낸 손해
배상 소송 재상고심에서 대법원이 원고 측 손을 들어줬다. 기자들은
1970년대 '언론자유수호선언' 과정에서 징계 처분을 받았다. 이때 49
명의 언론인이 해임되고, 84명이 무기정직 처분을 받았다.

동아투위 사건은 한겨레신문 창간으로 이어졌다. 임채정 역시 한겨

레신문 창간발기인 중 한 명이다. 그는 이후 동아투위 상임위원, 민주통일민중운동연합 상임위원장·사무처장 등을 거쳤다.

1988년 재야인사인 문동환, 박영숙과 함께 평화민주당에 입당하면서 정계에 입문했다. 1992년 14대 총선에서 김용채 민주자유당 의원에게 36표 차로 패했으나, 재검표 결과 군부재자 투표에서 그의 득표 100표 한 다발이 김용채 의원의 표로 판정된 것이 드러났다. 극적으로 172표 차로 역전승한 그는 2전 3기 끝에 금배지를 달았다. 이후 2008년까지 서울 노원구 국회의원을 지냈다. 2005년 열린우리당 당의장, 2006~2008년 국회의장을 맡았다.

14대부터 17대까지 총선마다 당 이름은 달랐지만 그가 중추적 역할을 한 건 같다. 14대 민주당으로 국회의원이 된 임채정은 15대에는 새정치국민회의, 16대 새천년민주당, 17대 열린우리당으로 출마해 국회의원에 당선됐다. 16대 대선에서 승리한 노무현 대통령은 2003년 그를 인수위원장에 임명하면서 진보 진영의 결집을 유도했다. 17대 총선에서 열린우리당이 제1당으로 발돋움했고, 그는 2006년 6월부터 2008년 5월까지 국회의장을 지낸 뒤 18대 총선 불출마를 선언했다. 노무현 정부 시절인 2006년 그는 17대 대통령선거 전에 개헌을 추진하자는 주장을 펴기도 했다.

그는 야권의 대표적 인사지만 한국 사회의 분열과 갈등을 통합하고자 하는 의지도 강한 인물이다. 2017년 3월 헌법재판소의 박근혜 대통령 탄핵 선고를 앞두고 "헌재 결정 이후 한국 사회는 치유와 화해의 과정으로 나가야 한다"며 "국민도 헌재 결정을 따라줘야 한다. 적법한 기관을 통해서 결론이 나왔다면 승복해야 한다"고 주장했다. 문재인 대통령이 대선후보로 활동할 때 원로로서 조언을 아끼지 않았다.

# 진성준

**전 더불어민주당 의원**

| 출생 | 1967년 전북 전주
| 학력 | 동암고, 전북대 법학과
| 경력 | 국회사무처 정책연구위원, 민주통합당 전략기획위원
회 위원장, 19대 국회의원, 민족화해협력범국민협의회
집행위원회 공동위원장, 더불어민주당 전략기획위원
회 위원장, 문재인 대선캠프 TV토론단장

## 더불어민주당의 전략통, '문재인 호위무사'

　문재인 후보 대선 캠프에서 TV토론단장(방송콘텐츠본부 부본부장)을 맡아 문 대통령이 경쟁 후보들의 공세를 무난하게 막아내고 지지층을 결집하는 데 일조했다. 상대 후보 측에서 문 대통령이 노무현 정부 시절 한국 정부의 유엔 '북한 인권결의안' 찬성 여부를 북한의 의견을 물어 결정했다는 의혹을 제기하자, 이에 맞서 적극적으로 증거를 제시하며 반박했다.

　더불어민주당의 대표적인 전략통 인사로 꼽힌다. 13년간의 국회의원 보좌관 생활을 밑거름 삼아 당내 주요 직책을 수행했다. 19대 총선에서 민주통합당 비례대표로 국회에 입성했다. 고(故) 김근태 전 의원 계열인 민주평화국민연대(민평련) 출신으로 2012년 대선 때도 문 대통령 캠프의 대변인을 맡으며 친(親)문재인 인사로 떠올랐다. 문 대통령의 당 대표 시절 20대 총선을 앞두고 비(非)노 세력의 문재인 흔들기에 맞서 싸워 '문재인의 호위무사'라는 별명이 붙었다.

주요 인사들이 민주당을 탈당해 국민의당을 창당하는 과정에서 안철수 전 의원과 박지원 의원 등과 대립했다. 그러나 이후 치러진 20대 총선에서 김성태 새누리당(현 자유한국당) 의원과 맞붙어 낙선했다. 대선 전까지는 민주당의 싱크탱크인 민주연구원 부원장을 맡아 주요 정책·전략을 수립하는 역할을 했다.

대학 시절 5·18 광주민주화운동의 실상을 알게 되며 학생운동에 참여했다. 장영달 전 의원의 권유로 1995년 국회 비서진으로 정계에 입문했다. 2000년대 후반 민주당 당직자로 변신해 '정세균 체제'와 '손학규 체제'에서 전략기획국장을, '한명숙 체제'에서 전략기획위원장을 맡았다. 의원 보좌관으로 오랜 시간 갈고닦은 경험에서 나오는 뛰어난 정무적 감각은 당 안팎에서 널리 인정받고 있다. 2014년 지방선거에서 박원순 서울시장 캠프에도 참여해 대변인 직을 맡아 힘을 보탰다.

# 최재성

**전 더불어민주당 의원**

| 출생 | 1965년 경기 가평
| 학력 | 서울고, 동국대 불교학과, 동국대 대학원 공공정책학
석사, 행정학 박사과정 수료
| 경력 | 17~19대 국회의원(경기 남양주시갑), 민주당 · 열린우
리당 대변인, 새정치민주연합 사무총장 · 총무본부장,
더불어민주당 총무본부장 · 당무감사원 감사위원

## 新친문계 … 학생회장 출신 3선 의원, '강성' 전략통

'신(新)문재인계 핵심'으로 분류된다. 대표적인 86세대(80년대 학번, 1960년대 출생) 정치인으로 꼽힌다. 19대 대통령선거에서 선대위 컨트롤타워에 해당하는 종합상황본부 1실장을 맡아 캠프 내 인재 영입을 총괄했다.

경기 가평 출신으로 서울고, 동국대 불교학 학사, 동대학원 공공정책학 석사와 행정학 박사과정을 수료했다. 동국대 재학 시절 총학생회장에 선출되면서 본격적으로 학생운동을 시작했다. 전국대학생대표자협의회 간부로 활동하며 두 차례 옥살이를 겪기도 했다. 이후 남양주시 정책기획단 상임부단장, 팔당생명살림연대 이사를 지내며 시민운동을 하다 30대 나이에 17대 총선에 열린우리당 후보로 출마, 남양주시갑 국회의원으로 정계에 입문했다. 18대, 19대까지 내리 3선 의원을 지내며 '중진급' 인사로 자리매김했다.

초선 시절 정세균 당시 열린우리당 의장에 의해 대변인으로 발탁된 인연으로 당내에서 '정세균계' 인사란 수식어가 붙었다. 이후 대통합민주신당, 민주당, 통합민주당 원내대변인 등 '당의 목소리' 역할을 네 번이나 맡았을 정도로 정치적 판단력과 순발력이 뛰어나다는 평가를 얻고 있다. 대변인 시절 '강부자(강남부동산부자) 내각' 'MB악법' 등의 조어를 만들어냈고, 원내협상 등에서도 특유의 돌파력과 추진력을 보여줬다. 2010년 지방선거에서는 정 전 대표 밑에서 선관위 부위원장을 맡아 지방선거 공천제도 수립에 관여했다. 당시 시민배심원제 도입도 그가 주도했다.

문재인 당대표 시절 더불어민주당 사무총장을 지내며 문재인의 '호위무사' '복심' 등의 별칭을 얻었다. 2012년 대선 때 당시 민주당 문재인 후보와 무소속 안철수 후보의 대선후보 단일화 성사를 촉구하며 20대 총선 불출마를 선언했다. "새로운 정치와 정권교체를 위해 모든 기득권을 포기하겠다"는 게 불출마 선언의 이유였다. 19대 국회에선 당내에서 '혁신모임'을 이끌었다. 문 대표 측은 '혁신'에 어울리는 인물로 내세우고 있지만 특유의 '강성' 이미지 때문에 의원들 사이에선 호불호가 갈린다.

지난해 4·13 총선 당시 영입 대상 선정부터 검증까지 맡으며 문 대통령의 신뢰를 받았다. 글로벌 기업 인텔의 수석매니저 출신 유웅환 박사, 호사카 유지 세종대 교양학부 교수 영입 등은 최 전 의원이 주축이 돼 추진했다. 이번 대선에서도 캠프의 매머드급 인재 영입을 주도해 '문재인 대세론'을 강화하는 데 기여했다.

# 한명숙 ──────

**전 국무총리**

| 출생 | 1944년 평양
| 학력 | 정신여고, 이화여대 불문학과
| 경력 | 한국여성민우회 회장, 한국여성단체연합 공동대표,
16 · 17 · 19대 국회의원, 초대 여성부 장관, 8대 환경
부 장관, 열린우리당 상임중앙위원, 37대 국무총리, 민
주당 상임고문, 사람사는세상 노무현재단 이사장

## '노무현의 사람'으로 문재인과 인연 …
## 대선 직전 교도소에서 문 캠프에 격려전화

더불어민주당의 원로 정치인이다. 정신적 지주로도 불린다. 국무총
리와 민주통합당 대표를 지냈다. 19대 대선 직전 의정부교도소에서
문재인 대선 캠프의 인사들에게 격려 전화를 한 것으로 알려졌다. 그
는 곽영욱 전 대한통운 사장에게 불법 정치자금을 받은 혐의로 기소
돼 2015년 8월 대법원에서 징역 2년의 유죄 확정 판결을 받았다. 5월
현재 수감 중이다.

평양에서 태어나 6 · 25전쟁 때 부모와 함께 월남한 뒤 서울에 정착
했다. '종교'와 '여성운동'은 그의 삶에서 중요한 위치를 차지했다.
1970년 이화여대 기숙사 사감으로 일하다가 학생들의 시위를 지원한
게 문제가 돼 한국크리스찬아카데미로 자리를 옮겼다. 이곳에서 민주
화 운동과 여성운동에 본격 뛰어들었다. 1980년대 말께에는 굵직한

여성운동 시민단체의 대표를 맡을 정도로 이름을 알렸다. 관련 학업도 계속해 석사학위를 신학(1977년 한국신학대)과 여성학(1985년 이화여대)으로 받았다. 서울 충정로 한백교회를 세운 박성준 목사(전 성공회대 사회복지학과 교수)가 남편이다.

시민단체 사이에서 명망이 높아지자 정치권에서 '러브콜'이 왔다. 1999년 김대중 전 대통령의 권유로 새천년민주당(더불어민주당의 전신) 창당 작업에 여성 분과위원장으로 참여했다.

이후 정계에서 요직을 두루 맡았다. 2001년에는 초대 여성부 장관에 임명됐다. 노무현 정부인 2006년에는 헌정 사상 최초의 여성 국무총리가 됐다.

문 대통령과는 같은 정당에서 활동하며 자연스레 인연을 맺었다. 민주통합당 대표를 맡은 2012년 문 대통령은 같은 당 상임고문으로 일했다. 두 사람은 노무현 전 대통령과 각별한 인연도 있다. 문 대통령은 노 전 대통령의 삶을 통틀어 가장 중요한 측근 가운데 하나였다. 한 전 총리도 2009년 노 전 대통령이 서거했을 당시 공동장례위원장을 지냈고 영결식에서 조사를 낭독하는 등 친분이 깊었다. 이런 인연 때문에 지금도 한 전 총리는 문 대통령의 원로 멘토로 꼽힌다.

일각에서는 한 전 총리와 문 대통령 사이가 그렇게 가까운 건 아니라는 주장도 있다. 한 전 총리가 정치자금법 위반으로 2015년 유죄 확정 판결을 받았을 때 당시 새정치민주연합 대표이던 문 대통령은 한 전 총리에게 스스로 당적을 정리해줄 것을 요청했다. 문 대통령은 "결백을 믿지만 국민의 눈높이에 맞춰달라"고 이유를 설명했다. 앞서 문 대통령은 한 전 총리가 확정 판결 뒤 서울구치소에 수감될 때 구치소 앞으로 배웅을 나오지 않았다. 당시 이를 두고 뒷말이 무성했다.

## 홍종학 ———

### 전 더불어민주당 의원

| 출생 | 1959년 인천
| 학력 | 제물포고, 연세대 경제학과, 연세대 대학원 경제학과
석사, 캘리포니아대 샌디에이고캠퍼스 대학원 경제학
과 박사
| 경력 | 가천대 경제학과 교수, 경제정의실천시민연합 정책위
원장 경제정책연구소장, 민주통합당 정책위의장, 제19
대 국회의원

## 문재인의 '경제 오른팔' … 반(反)재벌 경제정책 주도

문재인 대통령의 '경제정책 오른팔'이다. 반(反)재벌 정책을 주도적
으로 이끌어왔다는 평가를 받는다. 19대 대선에서 문재인 선거대책위
원회 정책부본부장으로 활동했다.

1959년 인천 출신으로 제물포고등학교를 졸업해 연세대 경제학과에
입학했다. 대학 졸업 후 한때 한국종합금융(현 우리종합금융)에서 근무하
기도 했으나 연세대 경제학과 석사 과정을 밟으면서 교수로서의 인생을
준비하기 시작했다. 캘리포니아대 샌디에이고캠퍼스 대학원 경제학과
에서 박사과정을 이수한 뒤 가천대 경제학과에서 교수생활을 시작했다.

교수생활을 하는 동안에도 공정거래위원회와 산업자원부, 경제정
의실천시민연합 등에서 활발하게 외부활동을 벌였다. 정계에 입문하
는 데에는 '민주당 헌법 제119조 경제민주화특별위원회 TF' 팀장과
민주통합당 정책위원장을 맡은 것이 큰 역할을 했다. 홍 전 의원은 이

를 계기로 2012년 19대 민주통합당 국회의원에 비례대표로 선출됐다. 이후 민주당, 새정치민주연합, 더불어민주당 등 당명이 변경될 때도 지속적으로 문 대통령 곁을 지키는 의리를 보였다.

국회에 입성한 후에는 기획재정위원회 소속 위원으로 활동했다. 재벌에 집중된 세금 감면 혜택을 줄여 중소기업에 이전해야 한다는 식의 분배형 정책을 주로 발의했다. 특히 맥주시장에 중소기업이 자유롭게 진출할 수 있도록 지원하는 주세법 개정안을 줄줄이 발의해 '맥통령'으로 불리기도 했다.

박근혜 정부에 대해서는 강노 높은 비판을 아끼지 않았다. 2015년 열린 기획재정위원회 종합국정감사에서는 최경환 당시 경제부총리 겸 기획재정부 장관을 두고 "박근혜 정부는 1년에 근로자 몇 명이 회사에서 쫓겨나는지 아는지 모르겠다"며 "현재의 노동시장 구조를 가지고는 양질의 일자리를 만들어낼 수 없다"고 발언하기도 했다.

논란도 있었다. 홍 전 의원이 발의해서 2013년 1월 시행된 관세법 개정이 대표적이다. 당시 홍 전 의원은 면세점 사업을 대기업 특혜로 규정한 뒤 10년짜리 사업권을 5년으로 줄이는 내용의 법안을 제출했다. 특허가 만료되면 관세청의 입찰 심사를 통과해야 한다는 내용도 담았다. 결과적으로 면세점업계는 해당 법안으로 인해 5년에 한 번씩 한정된 특허권을 놓고 '총성 없는 전쟁'을 치르게 됐다. 특허권 획득에 실패할 시 감내해야 하는 대규모 손실과 일자리 축소를 피하기 위해서다. 이미 피해를 입은 기업도 속출하는 중이다.

문재인 대통령 선거캠프에서는 경제·사회·외교·안보 등 각 분야 정책을 조율하고 교통정리하는 역할을 맡았다. 개별 정책에 대한 이해가 높고 언변이 뛰어나다는 평가를 받는다.

제5장

참여정부
인사

## 강철규 ──────
**전 공정거래위원장**

| **출생** | 1945년 충남 공주
| **학력** | 대전고, 서울대 상대
| **경력** | 한국은행, 산업연구원 산업정책실장, 서울시립대 경제학부 교수, 경제정의실천시민연합 상임집행위원장, 공정거래위원회 위원장, 우석대 총장, 서울시립대 경제학부 명예교수(현)

## 노무현 정부 '개혁 전도사' ··· MS도 제재

노무현 정부 시절 '시장개혁 전도사'로 통했다. 시장개혁 분야에서 이론과 실무를 겸비했다는 평가를 받는다.

그는 한국은행과 산업연구원 등에서 일한 뒤 1980년대 서울시립대 경제학부 교수로 재직하면서 '검은돈'을 제도적으로 차단하기 위한 재벌개혁과 금융실명제, 부동산실명제 등 경제개혁조치 도입을 강력히 주장했다. 1989년 경제정의실천시민연합(경실련) 창립회원으로 참여해 정책연구위원장과 집행위원장을 맡으면서 이론과 실천의 접목을 꾀했다. 김대중 정부 시절인 1999년 반부패 특별위원회 위원을 지냈으며 2000년 규제개혁위원장을 맡았다.

2003년 노무현 정부가 출범하면서 '경제 검찰'로 불리는 공정거래위원회 수장을 맡았다. 당시 이정우 청와대 정책실장, 이동걸 금융감독위원회 부위원장과 더불어 재계가 일거수일투족을 주목한 '경제개혁 3인방'으로 꼽혔다.

공정거래위원장 시절에는 대기업 지배구조 개선, 시장 투명성 제고 등을 놓고 재계와 피할 수 없는 토론과 논쟁을 벌였다. 치밀한 논리로 재계의 주장을 일일이 반박하면서도 항상 온화함과 여유를 잃지 않아 재계 관계자들로부터도 호평을 받았다.

위원장 시절 대표작은 '시장개혁 3개년 로드맵'이다. 대기업 총수의 과도한 지배력 행사 방지와 소액주주의 권리 향상 등 기업 내외부 통제 제도 개선 등을 추진했다. 2004년에는 재계의 반발에도 대기업 금융보험사가 보유한 계열사 주식의 의결권 행사 범위를 축소하도록 공정거래법을 개정하는 뚝심을 보이기도 했다.

그는 대기업 정책뿐 아니라 카르텔(담합) 등 시장 경쟁을 저해하는 요소를 없애는 정책도 지속적으로 추진했다. 특히 밀가루, 유선통신, 아파트 분양가, 굴삭기, 시멘트 등 업계에 만연해 있던 카르텔을 '시장경제 제1의 적'으로 규정, 강력히 대응했다. 미국 마이크로소프트 (MS)를 제재해 공정위의 위상을 높였다는 평가를 받았다. 하지만 시장개혁 3개년 로드맵의 틀에 갇혀 변화된 시장 환경을 제대로 따라가지 못했다는 지적을 받기도 했다. 강력한 규제로 기업의 자율적 경영활동을 위축시켰다는 불만도 제기됐다.

퇴임 후 우석대 총장 등을 지내며 학자로 활동했다. 2012년 총선을 앞두고 민주통합당 공천심사위원장을 맡았다. 당시 정치권에선 "기업 저승사자'가 '정치권 저승사자'가 돼 돌아왔다"는 말이 나오기도 했다. 이번 대선에서는 외곽조직인 '10년의 힘 위원회' 멤버로 문재인 대통령 당선에 힘을 보탰다.

# 김동연

아주대 총장
(전 국무조정실장)

| 출생 | 1957년 충북 음성
| 학력 | 덕수상고, 국제대, 서울대 행정대학원 석사, 미국 미시
간대 정책대학원 석·박사
| 경력 | 행시 26회, 입법고시 6회, 세계은행 선임정책관, 기획
재정부 예산실장, 기재부 2차관, 국무조정실장, 아주대
총장(현)

## 고졸 신화 장본인 … 노무현 정부 복지정책 수립

노무현 정부 시절 기획예산처 전략기획관, 산업재정기획단장, 재정
정책기획관 등 요직을 두루 거쳤다. 당시 중·장기 복지정책 로드맵
인 '비전 2030'을 수립하는 데 핵심적 역할을 하면서 청와대 비서실
장 등으로 일하던 문재인 대통령과 인연을 맺었다.

김 총장에겐 '고졸 신화'라는 수식어가 따라다닌다. 11세에 아버지
가 돌아가시면서 가세가 기울어 청계천 판자촌에서 살았다. 할머니와
어머니, 세 동생을 부양하기 위해 덕수상고를 졸업하기 전부터 한국
신탁은행에 들어갔다.

은행에서 야간대학(국제대)을 다니며 주경야독(晝耕夜讀)을 했다. 은
행 기숙사에서 선배가 버린 고시 관련 서적을 본 게 계기가 돼 공직에
도전했다. 1982년 입법고시와 행정고시를 동시에 합격했다.

그는 "돈, 학력, 인맥이 없는 3무(無) 인생이라기보다 꿈과 열정, 사

회를 변화시키려는 의지와 행동이 있는 3유(有) 인생"이라고 했다. "고난을 극복하고자 하는 노력이 힘이 됐기 때문에 지나온 과정은 '위장된 축복'이었다"는 말도 자주 한다.

공무원으로 일할 때도 학업을 게을리하지 않아 서울대 행정학 석사, 미국 미시간대 정책학 석·박사까지 취득했다. 미국 존스홉킨스대 국제대학원 교환교수, 세계은행 선임정책관 등을 지내 국제 감각도 쌓았다.

이명박 정부에선 기획재정부 예산실장, 2차관을 지냈고 박근혜 정부에선 초대 국무조정실장(장관급)에 선임됐다. 국무조정실장은 국정과제 수행을 총괄하고, 각 부처 간 정책을 조율하는 조타수 역할을 하는 자리다. 국무조정실장 시절 그는 교육부가 관할하는 유치원과 보건복지부가 담당하는 어린이집으로 이원화된 유아교육과 보육의 통합(유보통합) 등 부처 간 이해가 엇갈리는 현안들을 매끄럽게 주도했다는 평가를 받는다.

2014년 7월 부인을 직접 간병하기 위해 공직에서 물러났다. 이듬해 2월 아주대 총장에 선임됐다. 총장 선임 이후 그는 논문의 양이 아닌 질을 평가하고 교육과 산학협력, 저술활동으로도 업적평가를 받을 수 있도록 교수평가제도를 개선했다.

문 대통령은 공공 부문 일자리 창출과 복지 확대를 위한 실탄의 상당 부분을 세출 구조 개편으로 마련하겠다는 방침이다. 나라 재정에 대한 이해가 깊은 김 총장이 주목받는 이유다.

# 김석동

### 전 금융위원장

| 출생 | 1953년 부산
| 학력 | 경기고, 서울대 경영학과
| 경력 | 재정경제원 금융부동산실명제실시단 총괄반장, 금융
감독위원회 감독정책1국장, 재경부 금융정책국장, 재
경부 차관보, 금감위 부위원장, 재경부 1차관, 농협경
제연구소 대표, 금융위원장, 지평인문사회연구소 대표

## 영원한 '대책반장' … 문 대통령과 경남중 동문

"윗사람들이 얼마나 좋아했는지 말도 못할 정도였다. 일만 터지면
김석동을 찾았다. '사무관 김석동' '서기관 김석동' '과장 김석동'
'국장 김석동' …. 그는 뭘 해야 할지 분명하게 알고 있었고 준비가 돼
있었다. 멀리 내다보고 일을 해 온 사람이다." 금융위원회의 한 관료
는 김석동 전 금융위원장을 이렇게 회상했다.

한국 관료 사회에서 김 전 위원장은 '대책반장'으로 통한다. 우리
나라 경제의 중요한 고비 때마다 이를 해결하는 역할을 해왔기 때문
이다. 그는 무역회사를 다니다 뒤늦게 관료의 길로 들어섰다. 관료 시
절 각종 현안 해결을 진두지휘하면서 강한 추진력을 인정받았다. 사
무관 시절부터 '대책반장', '해결사'라는 별명이 항상 뒤따른 이유다.

실제로도 그는 'OO반장'이란 직함을 많이 달았다. 5·8부동산 특
별대책반장(1990년), 금융실명제대책반장(1993년), 금융개혁법안 대책

반장 및 부동산 실명제 총괄반장(1995년), 한보대책 1반장과 금융개혁 법안 대책반장(1997년) 등 굵직굵직한 정책의 실무 처리를 총괄했다.

참여정부 시절엔 금융감독위원회 부위원장과 재정경제부 1차관 등을 맡았다. 이 시기에 4·3카드 대책, 신용불량자 대책, 8·31 부동산 대책, 11·15 부동산대책, 1·11 부동산대책 등에 관여했다. 2003년 카드사태 당시 관치 논란에 대해선 "관(官)은 치(治)하기 위해 존재한다"는 유명한 말을 남겼다. 정부의 시장 개입이 필요하다는 소신을 밝힌 것이다. 2005년 금융정보분석원(FIU) 원장에 취임할 때는 선배들을 추월하는 파격 인사로 화제가 되기도 했다.

잠시 야인 생활을 거치는 동안 농협경제연구소 대표를 맡기도 했다. 그러다 이명박 정부에서 장관급인 금융위원장에 올랐다. 저축은행 구조조정 및 가계부채 문제 등을 포함한 여러 금융 현안을 해결하기 위한 소방수로 전격 투입됐다. 당시 청와대 안팎에서 "지금 금융을 맡길 사람은 김석동밖에 없다"며 강력히 천거한 것으로 알려졌다.

2013년 금융위원장에서 물러난 후에는 법무법인 지평 고문을 거쳐 지평인문사회연구소 대표를 맡고 있다. 예전부터 관심을 갖고 있던 한국 고대사를 연구 중이다. 단군 조선에서 시작되는 조선상고사에서부터 오늘날 수출 강국으로 성장하기까지의 한민족 역사와 역동성을 줄줄이 풀어내는 게 그의 취미 중 하나다.

일각에선 대책반장 역할을 오랫동안 맡아온 그의 이력 때문에 이번 문재인 정부에서도 어느 정도 역할을 할 것이란 전망도 나온다. 그는 문재인 대통령과 경남중학교 동문이기도 하다.

# 김용덕

**전 금융감독위원장**

| **출생** | 1950년 전북 정읍
| **학력** | 용산고, 고려대 경영학과
| **경력** | 행정고시(15회), 재무부 금융실명제실시단 과장, 재무부 국제금융국 과장 및 국장, 재정경제부 국제담당 차관보, 관세청장, 건설교통부 차관, 대통령비서실 경제보좌관, 금융감독위원장

## '미스터 원' 별명의 국제금융 전문가 … 외환위기 소방수 역할도

재무부(현 기획재정부) 국제금융 라인에서 주로 경력을 쌓은 정통 관료다. 1997년 외환위기 전후 청와대 경제수석실과 재정경제부 국제금융 라인에서 근무할 때 '미스터 원(Mr. Won)'이라는 별칭을 얻었다. 당시 국제외환시장에서 '미스터 엔'으로 불리며 이름을 날린 일본의 사카키바라 전 재무관을 빗댄 말이다.

전북 정읍 출신으로 용산고등학교와 고려대 경영학과를 졸업했다. 1974년 행시 15회로 공직에 들어가 재무부 국제금융국 과장, 국제금융심의관, 국제금융국장 및 초대 국제업무정책관(차관보)을 차례로 맡으며 국제금융 전문가로 명성을 쌓았다. 차관보 시절 중국과 일본을 설득해 만든 한·중·일 국제금융국장 회의는 나중에 아세안+3(한·중·일) 정상회의와 아시아 역내 금융 공조체제 '치앙마이 이니셔티브(CMI)'가 출범하는 계기가 됐다.

노무현 정부가 들어선 2003년부터 관세청장, 건설교통부 차관, 대통령비서실 경제보좌관 등 경제 부처 요직을 역임했다. 청와대 경제보좌관 시절 부동산값 급등의 주요 원인이 과잉 유동성에 있다고 진단하고 주택담보대출 규제를 강화하는 부동산 정책을 주도해 노무현 대통령의 신임을 받았다. 2007년 금융감독위원장으로 취임했으나 이듬해 이명박 정부가 들어서면서 7개월여 만에 물러났다.

오랜 기간 통화 정책을 담당해 모피아(재무부+마피아 합성어) 관료 중에서는 시장 친화적이라는 평가를 받는다. 조용하고 꼼꼼한 성격으로 업무를 세밀하게 챙기는 편이다. 음악 감상, 연극 관람, 등산을 즐긴다. 김광림 전 재경부 차관의 손위 동서다.

## 김조원 ——

**전 감사원 사무총장**

| **출생** | 1957년 경남 진양
| **학력** | 진주고, 영남대 행정학과, 미국 인디애나대 석사, 건국대 대학원 경영학 박사
| **경력** | 행시 22회, 감사원 국가전략사업평가단 단장, 대통령 비서실 공직기강비서관, 감사원 사무총장, 영남대 행정대학원 석좌교수, 경남과학기술대 총장, 더불어민주당 당무감사원 원장(현)

## 文이 뽑은 민주당 당무감사원장 … 경남 조력자로도 꼽혀

문재인 캠프의 경남지역 조력자로 알려져 있다. 18대 대선부터 문 대통령의 당선을 위해 고향에서 발로 뛰었다. 19대 대선에서는 경남 시민캠프에서 활동했다.

새정치민주연합 시절 당무감사원장을 지내며 문 대통령과 인연을 쌓았다. 당시 당 대표를 맡았던 문 대통령은 어지러운 당내 분위기를 수습하기 위해 김 전 총장을 발탁했다. 2015년 말 논란이 된 노영민 전 의원의 '시집 판매 강매' 등 문 대통령 주변이 구설에 오르자 김 전 총장은 당무감사원장을 맡아 당내 암행어사로 활동했다. 문 대통령은 "인품과 함께 감사원 사무총장을 지내 전문역량을 겸비한 분"이라고 그를 평가했다.

경남 진양 출신인 김 전 총장은 행시 22회로 공직에 들어와 감사원 국가전략사업평가단장, 청와대 공직기강비서관, 감사원 사무총장 등을 역임했다. 김 전 총장은 노무현 정부에서 청와대 공직기강비서관을 맡으며 노 전 대통령과도 연을 맺었다. 2005년 발탁된 그는 노무현 정부 시절 열린 인사청문회 등 숱한 인사검증에 대비해왔다. 당시 문 대통령은 민정수석으로 청와대에 함께 있었다.

# 김진경
### 전 청와대 교육문화비서관

| 출생 | 1953년 충남 당진
| 학력 | 대전고, 서울대 국어교육과, 서울대 대학원 국어국문학
석사
| 경력 | 한성고 교사, 우신고 교사, 양정고 교사, 전국교직원노
동조합 정책실장, 민족문학작가회의 이사, 청와대 교육
문화비서관

## 전교조 초대 정책실장 … 노무현 · 문재인 지지 시인

　노무현 정부 초기에 교육 개혁을 맡았던 교육운동가다. 1953년 충남 당진에서 태어났다. 고등학교 3학년 때 아버지를 여의고 한때 대학 진학을 포기한 채 공무원 시험을 준비하기도 했다. 서울대 사범대 국어교육과를 졸업해 1976년 한성고에서 교사 생활을 시작했다. 이후 우신고 양정고에서도 국어 교사로 근무했다. 우신고 시절에 당시 학생이었던 양정철 전 청와대 홍보기획비서관을 가르치기도 했다. 교사로 재직 중이던 1985년 '민중교육지 사건'에 연루돼 옥고를 치렀다. 민중교육은 새로운 교육 운동을 내세우는, 젊은 교사를 중심으로 만들어진 부정기 간행물이었다. 김 전 비서관은 여기에 '해방 후 지배집단의 성격과 학교 교육'이란 글을 게재했다 국가보안법 위반 혐의로 1년2개월간 복역했다. 출소 후 본격적으로 교육 운동에 뛰어들었다. 전국교직원노동조합 초대 정책실장을 지냈고 《미래로부터의 반란》 등 저서를 통해 교육 개혁을 주창했다. 그는 《미래로부터의 반란》에서 "입시 부담 때문에 학생들은 '입시 검투사'가 되고 있다"고 비판했다. 2000년에 교사로 복직했으나 3년 만에 다시 그만뒀다.

노무현 정부 때인 2005년 5월 청와대 교육문화비서관으로 임명됐다. 노무현 전 대통령이 직접 그를 발탁한 것으로 알려졌다. 노 전 대통령은 13대 국회 노동위원회 시절에 당시 전교조 활동을 하던 김 전 비서관을 알게 돼 국회 교육위 시절 교육 분야 자문을 받기도 했다. 비서관으로 일하며 사학법 개정, 교원평가 등 사안을 진행했다. 사립학교에 개방형 이사제 등을 도입하는 사학법 개정에 대해 사립학교 총장들이 "신입생을 뽑지 않겠다"며 반발하기도 했다. 그는 당시 서울대의 논술시험 반영률 60% 추진에 대해 청와대 소식지를 통해 "신에게 속한 것을 신의 창고에서 함부로 훔쳐내지 마라"고 비판하기도 했다. 그는 1년 만인 2006년 5월 개인 사정을 이유로 사임했다.

그는 시인·동화작가로도 유명하다. 대학교 3학년 때 이미 시로 등단했다. 1980년대에 '5월시' 동인으로 활동했다. '한국판 해리포터'로 유명한 장편동화 《고양이 학교》로 2006년 프랑스 앵코립티블상을 수상했다. 지난 1월 문재인 당시 대통령 후보를 지지하는 전문가와 시민들이 주축이 된 '더불어포럼'의 공동대표 23인 가운데 한 명으로 참여했다. 지난 5월에는 문학인 422명과 함께 문 후보에 대해 지지선언을 했다.

# 김회중

**전 보건복지부 장관**

| 출생 | 1945년 충남 논산
| 학력 | 대전여고, 서울대 간호학과
| 경력 | 서울대병원 수간호사, 서울대 보건학과 교수, 가정간호
학회 회장, 대한간호협회 회장, 16대 국회의원, 민주당
정책위원회 부의장, 보건복지부 장관, 한국여성단체협
의회 회장, FTA국내대책위원회 민간위원

## 간호사 출신 서울대 교수 … 보건복지 전문가

2003년 노무현 정부 출범과 함께 보건복지부 장관으로 발탁돼 보
건복지 분야 업무를 주도했다. 서울대병원 간호사를 시작으로 서울대
보건학과 교수를 거쳐 대한간호협회장 등 수많은 간호 관련 단체에서
폭넓은 활동을 펼쳐 '간호계의 대모'로 꼽힌다. 친화력과 추진력을 갖
췄다는 평가를 받고 있다. 김대중 정부 시절인 1998년 '제2건국 범국
민추진위원'으로 활동하면서 정치권과 인연을 맺었다.

간호계를 대표해 2000년 16대 총선에서 민주당 전국구 국회의원으
로 정계에 진출했고 민주당 첫 여성 원내부총무를 맡기도 했다. 충남
논산 출신으로 한때 동향인 이인제 전 의원 계보에 몸을 담았고, 2002
년 민주당 대선 경선 과정 초기에는 동교동계와의 인연으로 한화갑
전 대표를 지지하기도 했다. 경선 이후 대선 과정에서 노무현 후보의
보건 · 의료특보로 의사회와 치과의사회, 약사회 등 보건의료 관련 단

체들과의 가교 역할을 하며 능력을 인정받았다.

정무특보로 노 후보 부인 권양숙 씨 비서실장을 맡았다. 당시 노 후보 부산 선대위원장을 맡았던 문재인 대통령과 자연스럽게 친분을 쌓았다.

대선이 끝난 뒤 보건복지부 장관으로 입각하자 '대통령 부인과의 친분이 작용한 게 아니냐'는 지적이 일기도 했지만 노 대통령은 이를 부인하며 김 전 장관을 '보건복지분야 전문가'로 치켜세웠다. 김 전 장관은 노 대통령의 각별한 신임을 받았다. 2004년 7월 보건복지부 장관에서 물러난 지 12일 만에 대통령 보건복지특별보좌관에 임명된 게 대표적이다. "보건복지부 장관 재임 당시 특정 이해집단에 치우치지 않는 균형감각과 조화를 바탕으로 보육업무 이관, 담뱃값 인상, 보건의료단체 간 갈등 중재 등 현안을 무난히 처리했다"는 게 청와대의 설명이었지만 이례적인 인사였다는 것도 사실이다.

김 전 장관의 남편은 2002~2006년 전남 곡성군수를 지낸 고현석 씨다. 서울대 법학과와 서울대 간호학과를 다니던 두 사람은 대학시절 동아리에서 만나 결혼했다. 고 전 군수와 김 전 장관은 정치 일선에서 물러난 뒤 2013년 곡성군 죽곡면에 은퇴자마을인 '강빛마을'을 조성해 화제를 모았다. 유럽풍 전원주택 100여 채가 나란히 늘어선 이곳에서 김 전 장관은 '강빛마을 독일어학원'을 운영하며 독일 유학을 원하는 학생들을 교육하고 있다.

후학 양성에 집중하던 김 전 장관은 19대 대선을 앞두고 동교동계 원로들과 함께 문재인 후보 지지를 선언하고 유세 현장을 돌며 문 후보 선거 운동을 펼쳤다.

# 박봉흠

**전 기획예산처 장관**

| **출생** | 1948년 경남 밀양
| **학력** | 경남고, 서울대 상대, 미국 듀크대 경제학 석사
| **경력** | 행정고시(13회), 예산청 예산총괄국장, 기획예산처 장관, 대통령비서실 정책실장, 금융통화위원회 위원

## 노무현 전 대통령이 꼽은 최고의 경제관료

고(故) 노무현 대통령이 '최고의 경제관료'로 꼽을 정도로 사고의 폭이 넓고 상황을 정확히 짚어내는 순발력이 뛰어나다는 평가를 받는다.

경남 밀양 출신임에도 김대중 정부 시절 예산총괄국장과 예산실장 등 정부 내 최고 요직을 거쳤다. 노무현 당시 해양수산부 장관이 예산 관련 업무를 협의하다가 해수부 차관 자리를 제안했다는 일화도 있다. 노무현 정부 첫 기획예산처 장관(2003년 2~12월)에 선임됐다.

2004년에는 청와대 정책아젠다를 실행에 옮기는 컨트롤타워인 정책실장(장관급)으로 발탁됐다. 노무현 정부 때 신설돼 이명박 정부까지 이어진 정책수석은 경제는 물론 고용·복지, 교육 등 주요 정책 전반을 담당했다.

박 전 장관이 정책실장을 할 때 문재인 대통령은 민정수석과 시민사회수석을 맡았다. 그는 지난 2월 김대중·노무현 정부 시절 장·차관들로 구성된 자문단 '10년의 힘 위원회' 멤버로서 문 대통령을 지원해 왔다.

박 전 장관은 업무 처리에 빈틈이 없는 것으로 유명하다. 장·차관 시절부터 방문자의 사전 용건을 알기 전에는 만나기를 꺼릴 정도다. 그는 "공인으로서 책임 있는 얘기를 하려면 준비 없이 방문자를 만날 수 없다"고 강조했다.

외환위기 시절 예산총괄국장으로 금융위기 극복을 위해 적자재정을 강조하는 각계의 지적에 '재정의 재역할 수행론'과 '5년간 균형재정 필수론'을 주장하면서 결국 금융위기 5년 만에 정부 예산이 균형으로 돌아가는 데 초석을 제공했다.

그는 장관 시절 각 부처의 대통령 업무보고 때마다 고정 멤버로 참석했다. 부처 사업에 대한 재정적 검증이 필요하기도 했지만, '예산은 단순한 숫자가 아니라 정책의 숫자적 표현'이라는 그의 주관이 대통령과 맞았기 때문이다.

자유롭고 호방한 '큰 형님' 기질로 따르는 사람이 많다. 청와대 근무 시절에 박 위원과 소설가 이문열 씨의 친분을 알고 있던 한 여직원이 회식 자리에서 이씨의 팬이라는 말을 했던 얘기를 기억해뒀다가, 그 여직원이 아팠을 때 청와대 직원들과 병문안을 가면서 이씨의 친필 사인이 담긴 책 두 권을 챙겨서 선물해줬다고 한다.

밀양초등학교 동기동창인 이씨와의 친분 때문에 '우리들의 일그러진 영웅'의 반장 엄석대의 모델로 알려져 곤욕을 치르기도 했으나, 이씨가 "모범생인 옆반 반장"이라고 해명하기도 했다.

# 박선원
### 전 통일외교안보전략비서관

| 출생 | 1963년 전남 나주
| 학력 | 영산포상업고, 연세대 경영학과, 영국 워릭대 국제정치
학 박사
| 경력 | 연세대 통일연구원 연구교수, 청와대 국가안전보장회
의 행정관, 대통령비서실 통일외교안보전략비서관, 미
국 브루킹스연구소 초빙연구원, 문재인 대통령후보 선
거대책위원회 안보상황 부단장

## '386' 출신 외교 · 안보 막후 실력자

　노무현 정부의 외교 · 안보 전문가다. 문재인 대통령후보 캠프에서
는 선대위 안보상황단장인 서훈 이화여대 초빙교수(국가정보원장 후보
자)와 부단장으로 호흡을 맞췄다.

　문재인 대통령과는 2003년 노무현 정부 출범 당시 청와대 국가안
전보장회의(NSC) 행정관으로 입성하면서 인연을 맺었다. 그는 노무현
정부 5년 내내 청와대에서 근무했다. 2006년 2월부터 2008년 2월까
지는 대통령비서실 통일외교안보전략비서관을 지냈다.

　노무현 정부에서 박 전 비서관은 북핵 · 대미 외교 관련 업무를 주
로 담당했다. 2005년 중국 베이징 6자회담에서 북한 핵 폐기의 대가
로 안전을 보장하는 '9 · 19 공동성명'을 이끌어낸 주역 중 한 명이다.
2006년 9월 미국에서 열린 한 · 미 정상회담에도 배석했다.

　2008년 정권교체로 청와대를 떠난 뒤엔 미국 브루킹스연구소 등에

머물며 꾸준히 외교·안보 현안에 목소리를 냈다. 지난 1월 송영길 의원 등 더불어민주당 의원 7명이 '사드(고고도 미사일방어체계) 방중단'을 꾸려 중국 베이징에 갔을 때 방문을 막후에서 기획한 것으로 알려졌다. 대미 외교에서 '자주파'로 분류되는 그는 한 언론과의 인터뷰에서 "개인적으로 볼 때 사드 배치는 중국을 설득하고 해법을 찾을 수 있는 문제인데 그렇게 못한 정부 책임이 크다고 본다"고 말했다.

연세대 경영학과 재학 중이던 1985년 서울 미국문화원 점거 사건의 배후 인물로 지목돼 구속됐다. 당시 그는 연세대 '삼민투'(민주쟁취·민중해방 투쟁위원회) 위원장이었다. 수감 생활을 마친 후 영국 워릭대에서 광주민주화운동과 주한미군 역할을 주제로 연구해 국제정치학 박사학위를 받았다. 노무현 대통령 인수위원회선 통일외교안보분과 자문위원을 지냈다.

반기문 전 유엔사무총장과의 '악연'을 증언해 화제가 되기도 했다. 그는 올 초 한 라디오 프로그램에 출연해 "2009년 반 전 총장에게 노 전 대통령 국장 장의위원장을 맡아달라고 제의했다"며 "반 총장이 '유엔 사무총장은 개인의 인연 등에 얽히면 안 된다'는 등 말도 안 되는 변명을 내놓으며 철저하게 외면했다"고 밝혔다.

# 박종헌

### 전 공군참모총장

| 출생 | 1954년 경북 포항
| 학력 | 경북고, 공군사관학교 24기
| 경력 | 공군 제20전투비행단 단장, 합동참모본부 인사부장,
공군 전력기획참모부장, 공군사관학교장, 국방대 부총
장, 공군교육사령부 사령관, 공군참모총장(제32대)

## 이명박 정부 시절 중도하차한 공군참모총장 …
## 문재인 대통령에 국방·안보 자문

1954년 경북 포항에서 태어났다. 경북고를 졸업하고 1972년 공군
사관학교 24기로 입교해 1976년에 임관했다. 1983년 북한 공군사단
소속 이웅평 상위의 귀순 당시 소령 신분으로 출격, 귀순을 유도해 화
랑무공훈장을 받았다.

2002년 준장으로 진급해 공군교육사령부 기본군사훈련단 단장, 제
20전투비행단장 등을 역임했다. 소장 진급 이후로는 합동참모본부 인
사부장, 공군 전력기획참모부장, 공군사관학교장, 국방대 부총장, 공
군교육사령부 사령관 등을 맡았다. 그는 공군의 주력 전투기인 KF-
16을 주기종으로 하는 전투 조종사로 3100여 시간의 비행기록을 갖
고 있다.

2010년 공군참모총장에 올랐지만 2년 임기를 다 채우지 않고 물러

났다. 군 내부에서는 아들 취업 문제로 감사원 조사가 진행되면서 물러난 것이라는 관측이 많다. 그의 아들은 2009년 봄부터 2011년 1월까지 항공전문기업인 블루니어에 취업했던 것으로 알려졌다.

그가 중도 하차한 또 다른 배경엔 이명박 정부 시절 청와대가 추진한 군 개편 정책에 반대하면서 밉보인 것이 작용했다는 분석도 나온다. 천안함 피격사건과 연평도 포격 도발로 청와대가 2011년 통합군 형태로 군 구조 개편을 추진하자 박 전 총장은 현역 장성 중 거의 유일하게 공개적으로 반대 의사를 나타냈다.

전역 4년 만인 2016년 국회의원 선거에 출마하면서 새기를 꿈꿨나. 당초 비례대표 당선 안정권인 A그룹(1~10번)에 이름을 올렸으나 공천을 받지 못했다. 전역 직후인 2012년 대통령선거에서 문재인 후보의 국방정책을 비난하며 박근혜 후보를 지지했던 행적이 드러났기 때문이다. 박 전 총장은 군 출신 180여명이 참여하고 있는 더불어국방안보포럼에 소속돼 문재인 대통령의 국방과 안보 관련 정책 자문을 제공하고 있다.

# 변양균

**전 기획예산처 장관**

| **출생** | 1949년 경남 통영
| **학력** | 부산고, 고려대 경제학과
| **경력** | 행시 14회, 경제기획원 예산실 예산총괄과장, 재정경제원 경제예산심의관, 기획예산처 기획관리실장, 기획예산처 차관, 기획예산처 장관, 대통령비서실 정책실장, 스마일게이트인베스트먼트 회장(현)

## 엘리트 경제 관료 ··· '신정아 게이트'로 옷 벗어

정부 예산 관련 업무를 두루 섭렵한 옛 경제기획원(EPB) 출신의 정통 관료다. 노무현 정부 시절 기획예산처 장관, 대통령비서실 정책실장 등을 맡으면서 승승장구하다 2007년 9월 내연 관계에 있던 '신정아 스캔들'이 터지면서 야인으로 물러났다.

경남 통영 출신으로 부산고, 고려대 경제학과를 나와 1973년 행시 14회로 공직에 입문했다. 경제기획원 예산총괄과장, 기획예산처 재정기획국장과 기획관리실장 등 옛 EPB 요직을 두루 섭렵했다. 예산총괄과장 시절 청와대 경제수석실로 전화를 걸어 항의할 정도로 강단있는 공무원이라는 평가를 받았다. 노무현 정부가 들어서기 직전 당파견 경험을 통해 정치적 감각도 갖췄다.

노무현 대통령이 해양수산부 장관 시절 직접 만나본 뒤 "우리나라에 이런 공무원도 있구나"라고 극찬했다. 노무현 정부의 국가 장기 발전 계획인 '비전2030'을 총괄했다. 2030년까지 성장과 복지의 동반 성장을 위한 50대 과제가 포함됐다. 그가 대통령비서실 정책실장으로 있을 당시 비서실장이 문재인 대통령이었다. 19대 대선에서 문 대통령의 경제참모로 'J노믹스'를 설계하는 데 적지 않은 기여를 했다.

신정아 스캔들로 구속 수사를 받은 후 직권남용 혐의가 인정돼 2009년 징역 1년에 집행유예 2년을 최종 선고받았다. 2015년 정보통신 기업 옵티스 회장을 거쳐 창업투자회사 스마일게이트 인베스트먼트 회장을 맡고 있다.

판단력과 통찰력이 뛰어나고 직원들에게 큰소리를 치는 일이 없지만 때론 지나치게 꼼꼼하다는 지적도 받는다. 고교 시절 미대 진학을 꿈꿨고 대학 2학년 땐 신춘문예에 당선되는 등 문화 예술에 대한 소양이 깊다.

## 성경륭 ── 전 국가균형발전위원장

| 출생 | 1954년 경남 진주
| 학력 | 부산고, 서울대 사회복지학과
| 경력 | 한림대 사회과학부 교수 및 사회과학연구원장, 노무현 정부 대통령직인수위 기획조정분과위원회 위원, 국가균형발전위원장, 더불어민주당 포용국가위원회 위원장

## 노무현 정부 행정수도 공약 설계

노무현 대통령이 2002년 대선에서 승리하는 데 결정적 기여를 했던 '행정수도 이전' 공약의 이론적 틀을 제시했다. 노무현 정부의 3대 국정 목표인 '더불어 사는 균형발전사회' 의 이론적 기반도 구축했다. 지방분권과 균형발전의 신봉자로 잘 알려져 있다.

경남 진주 출신으로 부산고와 서울대 사회복지학과를 졸업하고 미국 스탠퍼드대에서 사회학으로 박사 학위를 받았다. 정부 혁신과 복지국가, 균형발전, 지방분권 분야에 관심을 갖고 활발한 저술활동을 벌였다. 한림대에서 교수로 재직하던 중 2002년 제16대 대통령직인수위원회 인수위원으로 발탁됐다. 인수위에서 노 대통령의 대선 공약이던 신행정수도 이전과 혁신도시 계획을 주도했다.

노무현 정부 시절인 2003년부터 2007년까지 4년간 초대 국가균형발전위원회 위원장을 역임했다. 2007년 9월부터 5개월여간 노무현 정부의 마지막 청와대 정책실장으로 일한 후 대학으로 복귀했다. 19대 대선에서 문재인 캠프의 대선 공약을 다듬었다. 북유럽 선진국 들의 포용적 성장론과 사회적 시장경제 모델을 벤치마킹하기 위해 지난 4월 문재인 선대위 산하에 설치된 포용국가위원회 위원장을 맡 았다.

# 송영무 ———

## 전 해군참모총장

| 출생 | 1949년 충남 논산
| 학력 | 대전고, 해군사관학교 27기
| 경력 | 청주함장, 제1함대 사령관, 해군본부 기획관리참모부장, 합참 인사군수참모본부장, 전략기획본부장, 해군참모총장(제26대), 새정치민주연합 국방안보연구소 소장, 건양대 군사학과 석좌교수, 더불어민주당 선거대책위원회 국방안보특별위원장

## '송 충무공' 별명 … 국방개혁과 전작권 환수 밑그림

1949년 충남 논산시에서 태어났다. 대전고를 졸업하고 1969년 해군사관학교 27기로 입학해 1973년 항해소위로 임관했다. 청주함장을 지내고 1997년 해군 준장으로 진급했다. 해사생도 시절부터 그의 별명은 '송 충무공'이었다. 군기에 충실하고 성정이 엄격해 후배와 동료들이 붙여줬다고 한다.

1999년 제1차 연평해전에 제2 전투전단장으로 참전했다. 이 공로로 정부는 당시 송 준장에게 충무무공훈장을 수여했다. 해군 소장으로 진급한 뒤 제1함대 사령관을 지냈고 해군 조함단 단장, 해군본부 기획관리참모부장을 역임했다.

2005년 해군 중장으로 진급해 합동참모본부 인사군수참모본부 본부장, 전략기획부 본부장을 맡았다. '국방개혁 2020' 및 전시작전권(전작권) 환수 업무를 추진했다. 노무현 정부 때인 2006년 11월~2008

년 3월 해군참모총장을 지냈다. 업무 처리가 시원하고 명쾌할 뿐 아니라 추진력과 조직 장악력이 뛰어나다는 평이다. 이명박 정부 들어 2008년 전역했다. 해군 최초의 합참의장이 될 수도 있다는 하마평이 나오기도 했지만 무위에 그쳤다.

전역 후 2011년 민주당에 입당하면서 정치에 입문했다. 문재인 대통령이 2012년 대선에 출마했을 때 안보공약 정책실장을 맡아 그의 안보공약 수립에 참여했다. 2015년 11월엔 새정치민주연합 국방안보연구소 소장으로 위촉된 바 있다. 20대 총선 때는 대전 유성구에 출마 제의기 있었으나 본인이 사양했다. 문 대통령이 당선되기까지 더불어민주당 선거관리위원회에서 국방안보특별위원회 위원장을 맡았다. 건양대에서 경영학 석사학위를 이수한 것이 인연이 돼 건양대 군사학과 석좌교수직도 맡고 있다.

문 대통령과의 인연은 2006년 그가 합동참모본부 전략기획본부장을 맡을 때 시작됐다. 당시 문 대통령은 노무현 정부 초대 청와대 민정수석이었다. 그는 한 언론과의 인터뷰에서 "당시 국방개혁과 전작권 환수 업무를 추진하다가 문 대통령을 만났다"고 말했다.

# 신현수

### 전 청와대 사정비서관

| **출생** | 1958년 서울
| **학력** | 여의도고, 서울대 법대
| **경력** | 사법시험 26회(사법연수원 16기), 서울 · 부산 · 수원지
방검찰청 검사, 대검찰청 검찰연구관, 유엔 법무협력
관, 제주지검 부장검사, 대검 정보통신과장, 대검 마약
과장, 청와대 사정비서관

## '살아있는 권력' 김현철 구속시킨 뚝심의 '수사통'

검사 출신으로 국내 최대 로펌인 김앤장 소속 변호사다. 19대 대통령 선거 때 더불어민주당 선거대책위원회의 법률지원단장을 맡아 법률과 정무 지원을 통해 문재인 대통령의 당선을 도왔다.

선거 과정에서 민주당 캠프가 문 대통령의 아들 준용씨의 한국고용정보원 취업과 관련해 경쟁 후보 캠프 측이 제기했던 각종 의혹에 대응하는 데도 큰 역할을 했다. 대선을 앞두고 국민의당 대선 캠프에서 준용씨의 동료 발언을 인용해 고용정보원 특혜 취업 의혹을 제기하자 공직선거법상 허위사실 유포와 비방 등 혐의로 이들을 검찰에 고발하기도 했다.

노무현 정부의 청와대 민정수석실 사정비서관을 지낼 당시 시민사회수석과 민정수석을 맡았던 문 대통령과 호흡을 맞췄을 정도로 인연이 깊다. 2012년 18대 대선에서도 당시 민주통합당 문재인 대선 경선

후보의 '담쟁이 캠프'에 법률 멘토로 합류했다. 문 대통령 집권 후 내각 구성 작업 과정에서도 일부 인사 검증에 참여한 것으로 전해졌다. 박근혜 정부 말기 때 비선실세 최순실 씨의 국정농단 의혹 사건에 대한 특별검사 후보 중 한 명으로도 거론됐다.

김영삼 정부 시절 한보그룹 수사 당시 대통령의 차남으로 '소통령'이라 불렸던 김현철 씨를 구속하는 등 수사 역량이 높다는 평가를 받았다. 2005년 8월 사정비서관을 그만둔 뒤 검찰로 복귀하지 않고 같은 해 11월 김앤장에서 변호사 활동을 시작했다. 굵직한 대기업 관련 형사 사건마다 오너 등의 변호인단으로 합류하면서 김앤장을 대표하는 형사사건 변호사 중 한 명으로 자리를 잡았다.

2010년 서울서부지검이 태광그룹 비자금 의혹 사건을 수사하면서 1400억원대의 횡령·배임 혐의로 구속기소했던 이호진 회장의 변호를 김앤장이 맡았을 때 핵심 실무를 총괄했다. 2013년 서울중앙지검 특수2부가 효성그룹을 수사할 때도 김앤장 변호인단으로 참여했다. '특수통 검사의 전설'로 불렸던 검찰 선배 박상길 변호사(사시 19회) 등과 팀을 이뤄 분식회계와 탈세, 배임 등의 혐의로 기소된 조석래 효성그룹 회장에 대한 변호 논리를 주도적으로 개발했다.

지난해 9월에는 신동빈 롯데그룹 회장에 대한 횡령·배임사건의 변호인단으로 합류해 검찰이 청구한 구속영장에 대한 법원의 기각 결정을 이끌어냈다. 서울고검장을 지낸 차동민 변호사(사시 23회), 대검찰청 중수부장 출신의 김경수 변호사(사시 27회) 등과 함께 변론에 참여했다. 외부 활동에도 활발하게 참여했다. 2006년부터 3년간 국세청 고문변호사를 맡아 국가의 과세 행정을 지원했다. 2011년부터는 SK가스 사외이사와 법제처 법령해석심의위원회 위원으로도 활동하고 있다.

양정철 ───

**전 청와대 홍보기획비서관**

| 출생 | 1964년 서울
| 학력 | 서울 우신고, 한국외국어대 법대
| 경력 | 언론노보 기자, 스카이라이프 비서실장, 노무현 대통령
후보 언론보좌역, 대통령비서실 국내언론행정관, 홍보
기획비서관, 노무현재단 사무처장, 상임운영위원, 우석
대 문예창작학과 교수

## 2선 후퇴한 문재인의 '복심'

기자 출신으로 참여정부 시절부터 언론·홍보 정책을 맡았다. 문재인 대통령의 자서전인 《문재인의 운명》의 집필을 돕기도 했다. 이번 대선에서는 선대위 비서실 부실장 역할을 수행했다.

그는 한국외국어대 재학 시절 학보사에서 일했다. 운동권에도 가담해 한국외국어대 '자민투' 위원장을 맡아 국가보안법 위반으로 구속되기도 했다. 1988년부터 언론노보에서 7년간 기자로 일했다. 김대중 정부 시절 청와대에 들어가려다 '자민투 경력'이 문제가 돼 실패했다. 이후 나산실업, 한보, 신원 등의 기업에서 홍보업무를 담당했다. 2001년에는 임원급으로 재직하던 스카이라이프에서 해고됐다. 2003년 노무현 정부 청와대 비서관 시절 복직 소송에서 이겨 밀린 월급을 받아냈다.

문 대통령과의 인연은 2002년부터 시작됐다. 당시 노무현 대선캠프에 합류한 양 전 비서관은 부산 선대위를 이끌던 문 후보를 알게 됐다. 노무현 정부 청와대에서 5년 내내 근무한 양 전 비서관은 민정수석, 시민사회수석, 비서실장 등을 거친 문 후보와 함께 일했다. 이때까지 두 사람의 관계는 청와대 비서실장과 비서관이라는 공식적 관계를 벗어나지 않았다.

2009년 노무현 전 대통령 서거 이후 노무현재단 사무처장을 맡으면서 이사장인 문 대통령과 급속히 가까워졌다. 문 대통령의 정치참여와 대선 출마를 등 떠민 핵심 참모 중 한 명이다.

양 전 비서관은 문 대통령이 '양비(양 비서관)', '양 교수'라 편하게 부르며 하대(下待)하는 참모 중 하나다. 원래 문 대통령은 가까운 사이가 아니면 나이 차가 있더라도 존칭을 생략하는 경우가 드물다. 문 대통령이 네팔 히말라야 트레킹을 떠날 때 동행하기도 했다.

그럼에도 '문재인의 최측근'이란 수식어에 민감했다. 자신의 역할을 "문 대통령이 국회의원으로 있을 때나 정치에서 물러나 있을 때 소소한 일을 밖에서 돕던 집사"라고 못박았다.

문 대통령 취임에는 "새 정부가 원활하게 출범할 수 있는 틀이 짜일 때까지만 소임을 다하면 제발 면탈시켜 달라는 청을 처음부터 드렸다. 그분과의 눈물 나는 지난 시간을 아름다운 추억으로 간직하고 이제 저는 퇴장한다"고 선언했다.

## 오거돈

### 전 해양수산부 장관

| 출생 | 1948년 부산
| 학력 | 경남고, 서울대 철학과
| 경력 | 행시 14회, 부산시 기획관리실장, 부산시 정무부시
장·행정부시장, 한국해양대 총장, 해양수산부 장관

## 지방 공무원으로 행정력 갖춘 부산 친문의 좌장

1973년 행정고시로 공직에 입문했지만 공무원 생활 대부분을 지방에서 보냈다. 1985년부터 19년간 부산시 공무원으로 일하며 동구청장, 교통관광국장, 내무국장을 지내는 등 부산에서는 대표적인 행정전문가로 알려졌다.

오 전 장관이 중앙무대에 이름을 알린 것은 2003년 10월 부산시장 권한대행을 맡으면서다. 전임 시장이 뇌물 수수 혐의로 물러난 가운데 그는 7개월의 짧은 기간 동안 태풍 매미와 화물연대 파업 대처, 아시아태평양경제협력체(APEC) 회의 부산 유치 등 굵직한 성과를 냈다. 이를 눈여겨본 노무현 전 대통령에게 발탁돼 2004년 대통령 직속 중소기업특별위원회에서 일했으며 2005년 해양수산부 장관에 올랐다.

이후에도 노무현 정부 출신 인사들과 교류하며 부산지역 친노(親盧)·친문(親文) 좌장으로 문재인 대통령의 든든한 후원자 역할을 했다. 대선 기간에 공동선거대책위원장을 맡아 문재인캠프 부산지역 조직을 관리했다. 오 전 장관은 2006년과 2014년 부산시장 선거에 출마했지만 낙선했다. 2014년에는 2만 표 차이로 고배를 들었다. 경남고와 서울대 철학과를 졸업해 김영삼 전 대통령의 고교·대학 후배이며 문 대통령과는 고교 동문이다.

행정가 출신인 만큼 정책 집행 등에서 실용적인 점을 상당히 중요하게 생각한다. 부산시장 출마 당시 지역 진보진영 일각에서 "보수 측 후보와 큰 차이가 없다"는 공격을 받기도 했다.

선천적으로 심한 말더듬증을 단점이 아니라 장점으로 승화시킨 것으로 유명하다. 2005년 '장애인의 날'에 해양수산부 직원 모두에게 보낸 메일에서 자신의 신체적 어려움을 고백하며 "그만큼 더 자신감을 갖고 소통하겠다"고 해 반향을 일으켰다. 해군 장교 훈련병 시절 만난 아내의 마음을 말이 아닌 노래로 얻은 일화도 유명하다.

# 오종식 ── 전 청와대 행정관

| **출생** | 1970년 제주
| **학력** | 고려대 언어학과
| **경력** | 노무현 청와대 정책프로세스개선팀, '혁신과 통합' 사무처장, 민주통합당 대변인

## 이해찬 측근 … 문재인 초기 캠프 '광흥창팀' 멤버

문재인 대통령 측근 그룹 중에선 참여정부 출신으로, 지역적으로는 제주 인맥으로 분류된다. 친노계의 좌장인 이해찬 더불어민주당 의원 (전 국무총리) 측 사람으로 알려져 있다. 이명박·박근혜 정부에서는 제주 출신 인물들이 적었다는 평가가 많았다. 제주 지역에서 그를 주목하는 이유다.

그는 고려대 언어학과(89학번)에 입학해 한국사회연구회 등에서 활동했다. 1991년 고려대 총학생회장에 출마했다가 낙선한 뒤 조국통일위원회 위원장이 됐다. 2002년 노무현 당시 대선 후보 캠프를 시작으로 정치에 입문했다. 노무현 정부 때 청와대 정책프로세스개선팀에서 일했다.

그는 2011년 야권 통합을 추진하는 모임 '혁신과 통합'의 사무처장이 됐다. 혁신과 통합은 각 정당 통합을 추진하는 기구를 만드는 것이

목표였다. 상임대표가 문재인, 이해찬 의원 등이었다. 혁신과 통합은 당시 각 지역에서 조직을 꾸리는 등 활발히 활동했다.

이후 민주당과의 신설 합당을 위해 창당된 시민통합당에서 활약했다. 시민통합당은 진보 성향의 시민단체 인사들과 친노 인사들이 주축이 돼 만들어졌다. 이를 통해 민주당과 합당, 민주통합당을 창당했다.

그는 2011~2012년엔 민주통합당 대변인으로도 활약했다. 대법원이 2011년 말 정봉주 전 민주당 의원에 대한 실형을 확정하자 이를 강도 높게 비판했다. DBK와 관련해 이명박 대통령에 대한 공격에도 앞장섰다.

2012년 초 당시 한나라당의 전당대회 '돈봉투 사건' 과 관련해 파상적인 대여 공세에도 나섰다. 수사를 촉구하는 한편 박희태 국회의장에 대해선 즉각 사퇴를 요구하기도 했다. 이해찬 의원이 2012년 민주당 차기 대표 선거에 나섰을 때는 선거대책위원회 대변인도 맡았다. 당시 상대편이었던 김한길 후보 측을 집요하게 공략했다.

지난해 10월 문재인 당시 후보가 당내 경선과 대선 본선을 위해 서울 지하철 광흥창역 인근에 마련한 초기 캠프 '광흥창팀' 의 멤버였다. 민주당 경선 과정에서 '룰' 을 논의하는 협상 테이블에 당시 문 후보 대리인 측으로 나서기도 했다.

# 위성락 —————

**전 러시아대사**

| **출생** | 1954년 전북 전주
| **학력** | 남성고, 서울대 외교학과
| **경력** | 외무고시 13회, 대통령비서실 외교안보수석실 행정관, 주미국대한민국대사관 참사관, 외교통상부 북미국장, 국가안전보장회의 정책조정실 정책조정관, 외교통상부 한반도평화교섭본부 본부장, 주러시아대한민국대사관 대사

## 최장수 6자회담 수석대표 ··· 북미·북핵·러시아 전문가

정통 외교관으로 대표적인 '북미·북핵통'이자 '러시아통'이다. 노무현 정부 시절인 2003년 북미국장을 지내며 6자회담의 초기 틀을 마련했다. 제2차 북핵위기가 발발한 2003년 북미국장으로서 북핵 업무를 이끌었다. 참여정부 국가안전보장회의(NSC) 정책조정관 등을 거친 자타가 인정하는 북핵 전략가다. 주미국대사관 정무공사를 지내며 한·미 간 대북정책 협의 등 북핵 협상 과정에 깊이 관여했다.

2009년 한반도평화교섭본부장으로 북핵 문제를 지휘했다. 천안함·연평도 사건 이후 공전하던 비핵화 대화가 재개될 때 남북대화, 북미대화, 6자회담이라는 3단계 접근법을 마련했다. 이 접근법에 따라 남북은 2011년 6자회담이 열리지 않는 기간 사상 최초로 비핵화 회담을 개최하기도 했다.

2009년 3월부터 2년6개월간 한반도평화교섭본부장을 맡은 역대 최장수 6자회담 수석대표다. 하지만 재임 기간 6자회담에 단 한 차례도 참석하지 못한 유일한 수석대표이기도 하다. 평소 '회담 만능주의'와 분명한 선을 그었다. "6자회담 그 자체가 목적이 아니다"라는 점을 줄곧 강조했다. 북한의 국면전환용 회담제의에는 신중해야 한다는 입장을 견지했다.

그러면서 북핵 문제 해결 과정에서 한국이 중심에 서야 한다고 주장했다. 북한의 핵무기는 미국을 겨냥한 것이라는 주장에 반박하면서다. 북핵 문제 이외에도 다양한 외교적 사안에 대해 목소리를 뚜렷하게 냈다. 2010년 중국 국무위원이 예고 없이 진작 망한해 이명박 전 대통령과의 면담을 신청했을 때 중심을 잡는 역할을 했다. 한 · 중 관계를 특수성 위주로 보는 시각을 넘어서 국제적 규범과 상식 속에서 봐야 한다는 입장을 항상 강조했다. 미국과도 치열한 논쟁을 마다하지 않았다.

러시아 업무에도 잔뼈가 굵었다. 미국 몬터레이 군사언어연구소에서 러시아어를 연수했다. 한 · 소 수교의 물꼬를 튼 1989년 11월 영사처 설치 협상 과정에서 실무적으로 참여해 협상 진전을 이끌어냈다.

차분하고 섬세한 성품으로 한번 세운 원칙은 밀어붙이는 스타일이다. 조용한 성격이지만 리더십과 협상 추진력이 강하다. 주류에 몸담고 있으면서도 주류와 비주류를 넘나드는 '경계인' 성격이 짙다. 지지기반과 세력이 확고하지 못했던 영향이 있다. 항상 견제를 받았지만 이 덕분에 행동과 언행이 신중하다는 평가도 많다. 북핵 전략가로 꼽혔던 만큼 박근혜 정부는 북핵 문제와 대북제재 상황 등을 고려해 주러시아 대사에 유임시키기도 했다.

# 유홍준

**전 문화재청장**
**(명지대 석좌교수)**

| **출생** | 1949년 서울
| **학력** | 서울 중동고, 서울대 미학과
| **경력** | 한국문화유산답사회 대표, 영남대 조형대학 교수, 명지
대 미술사학과 교수, 문화재청장

## 《나의 문화유산답사기》저자 … 노무현 정부 문화재청장

문재인 대통령이 당선되기 전인 지난 4월 캠프에 영입됐다. 그는
당시 캠프에서 서울역사문화벨트조성 공약기획위원회의 총괄위원장
을 맡았다. 문 대통령 집무실을 광화문으로 옮길 경우 비게 되는 청와
대 공간을 어떻게 활용할 것인가에 대해 구상했다.

1949년 서울 출생으로 중동고, 서울대 미학과를 나왔다. 중앙일보
계간미술 기자를 거쳐 한국민족미술협의회 공동대표, 한국문화유산
답사회 대표 등을 역임했다. 1991년부터 영남대 조형대학 교수로 재
직했다. 1997년엔 영남대 박물관장도 지냈다.

이를 전후로 쓴 《나의 문화유산답사기》가 베스트셀러가 되면서 이
름을 크게 알렸다. 활발한 강연 활동 등을 통해 문화 정책에 대해서도
많은 목소리를 냈다. 2002년엔 영남대를 떠나 명지대 미술사학과로
자리를 옮겼다.

2004년까지 명지대 문화예술대학원 원장을 지냈다. 그는 이런 활동을 발판으로 국립중앙박물관장직에 도전했으나 대외적, 학문적 활동에 대한 비판을 견디지 못하고 낙마했다.

그러나 노무현 정부에서 문화재 정책 전반에 대한 개혁 임무를 받고 차관급으로 격상된 문화재청장에 부임했다. 재임 중 개인 인지도에 비해 낮은 문화재청 인지도를 끌어올리기 위해 노력했다. 조직과 예산도 비약적으로 늘려 놓았다. 노 전 대통령의 절대적인 신임 덕분이었다.

구설도 많았다. 2005년 6·15 공동선언 5주년 통일대축전에 정부 대표단으로 참가했다가 북한 노래를 부르기도 했다. 야당은 그의 사퇴를 촉구했다. 그러다 2008년 2월 숭례문 화재 참사에 대한 책임을 지고 사표를 제출했다. 당시 대통령 비서실장이 문 대통령이었다. 그는 이듬해 노 전 대통령이 서거했을 때는 비석 건립위원회를 맡았다.

그는 문 대통령이 2012년 18대 대선후보로 나왔을 때 선거 운동을 도왔다. 문 대통령이 청와대로 들여온 유기 고양이 '찡찡이'와의 일화도 있다. 찡찡이는 문 대통령이 양산 자택에서 기르던 고양이다. 그는 당시 TV 찬조연설에서 "유기묘였던 찡찡이가 문 후보 마음에 들기 위해 쥐를 잡아놓았다"고 했다.

# 윤대희

**전 청와대 경제수석**

| 출생 | 1949년 인천
| 학력 | 제물포고, 서울대 경영학과
| 경력 | 행정고시(17회), 경제기획원 사무관, 재정경제원 재정
계획과 과장, 열린우리당 수석전문위원, 재정경제부 기
획관리실장, 대통령비서실 경제정책비서관, 대통령비
서실 경제정책수석비서관, 제12대 국무조정실 실장

## '10년의 힘 위원회' 핵심 멤버 ··· 별명은 '유럽 신사'

옛 경제기획원에서 첫발을 내디딘 정통 관료다. 거시경제 정책과 예산은 물론이고 공정거래정책, 물가정책, 통상 등 다양한 분야를 두루 경험해 경제 현안에 대한 이해력이 높다.

재정경제부 시절에도 기획관리실장과 정책홍보관리실장 등 요직을 두루 거쳤다. 부동산, 연금, 서민생활 안정 등 양극화 관련 정책 아이디어가 많다. 재경부 국민생활국장 땐 민생경제대책을 총괄 조정하기도 했다. 정부 혁신의 필요성을 강조했다. 민원시스템 도입 등 혁신적인 시도도 했다. 당시 접수한 모든 민원을 2시간 내 1차 답변하는 시스템을 내놔 호평받았다. 실행력과 실천력이 뛰어나 아이디어 제시에서 실제 도입까지 기간이 짧은 편이다.

이해 관계 조정에서 능력이 탁월하다는 게 관계자들의 공통된 얘기다. 노무현 정부 출범 이후 여당인 민주당과 열린우리당에서 수석전문위원으로 활동하면서 당과 의사소통이 원활했다는 평가를 받는다.

청와대에선 1년 이상 고(故) 노무현 전 대통령을 보좌했다. 당시 정부와 당, 청와대를 연결하는 정책 라인을 조율할 수 있는 최고 적임자로 꼽혔다. 청와대 비서실 근무 기간이 길어 노무현 정부의 정책 기조를 누구보다 잘 이해하고 있다는 게 중론이다. 경제정책수석으로 있으면서 한·미 자유무역협정(FTA) 체결, 비전 2030 수립, 행정도시 추진 등에 주도적으로 관여했다.

업무 추진 능력뿐만 아니라 대내외 평가가 좋아 여러 부처의 장·차관 인선 과정 때마다 주요 후보로 거론됐다. 업무 추진 스타일은 저돌적이고 적극적이지만 대인관계는 원만하다. 경제 부처에서 근무하는 관료들로부터 신망이 두텁다. 장관급 승진 '0순위 후보'란 별칭이 있을 정도다. 경제기획원 시절 야구 동아리에 활발하게 참여할 만큼 야구 마니아다.

경제 전반에 대한 깊은 지식과 풍부한 실전 경험에도 별명은 '유럽 신사'다. 특유의 겸손함 때문이다. 이런 성품으로 적이 별로 없다. 문재인 대통령이 노무현 정부에서 비서실장·민정수석비서관을 맡았을 때 경제정책비서관과 경제정책수석비서관으로 청와대에 있었다.

이런 인연과 경제 관료로 축적해온 전문성·경륜을 바탕으로 '10년의 힘 위원회'에 참여했다. 이 조직은 문 대통령이 대선후보였을 때 정부의 국정 운영을 조언하기 위해 꾸려진 모임이다. 노무현 정부와 국민의 정부 시절 장·차관을 지낸 60여명으로 구성됐다. 이 때문에 문 대통령의 '경제 브레인' 중 한 명으로 꼽힌다.

## 윤덕홍

**전 교육부총리**

| 출생 | 1947년 대구
| 학력 | 경북고, 서울대 사범대 사회교육학과, 일본 도쿄대 사회학 석·박사
| 경력 | 이화여고 교사, 대구대 사회교육과 교수, 전국민주화교수협의회 공동의장, 대구대 총장, 부총리 겸 교육인적자원부 장관, 한국학중앙연구원장

## 사학비리에 맞선 강단 있는 '땅콩선생님'

윤 전 부총리와 문 대통령의 인연은 다른 많은 문 대통령의 사람들처럼 노무현 전 대통령과 관련이 깊다. 윤 전 부총리는 노 전 대통령이 1996년 서울 종로에서 낙선하고 운영하던 음식점 하로동선에서 노 전 대통령을 처음 만났다. 이후 노 전 대통령이 대구에 내려올 때마다 소주잔을 기울이며 교육정책을 논했다.

대구대 총장을 맡고 있던 2003년 2월 노무현 정부의 첫 부총리 겸 교육인적자원부 장관에 선임됐다. 노 전 대통령이 "임기를 함께할 사람"이라고까지 평가했지만 교육정보 통합관리를 위한 교육행정정보시스템(NEIS) 도입 과정에서 전국교직원노동조합(전교조)과 갈등을 빚은 끝에 2003년 말 물러났다.

1947년 대구에서 태어났고 경북고와 서울대 사범대 사회교육학과를 졸업했다. 1969년부터 1977년까지 이화여고에서 사회 과목을 가르쳤다. 당시 학생들은 그를 '땅콩선생님'이라고 불렀다고 한다. 이름을 소리나는 대로 읽으면 '더콩'인 데다 체구도 작았고, 교장·교감 등 윗사람들에겐 강단 있게 맞서면서 학생들에겐 친근하게 대했기 때문에 붙은 별명이다.

이후 일본 도쿄대에서 사회학 석·박사학위를 받고 대구대 사회교육과 교수에 선임됐다. 대구대 교수 시절 그는 학내 민주화를 주도했다. 1990년대 초반부터 당시 재단인 애광학원 측을 상대로 비리 시정과 총장 직선제를 끊임없이 요구했다.

1995년 5월에는 교수 지선제로 총장에 선출됐다. 그러나 애광학원 측이 1994년부터 1년여간 기획처장으로 재직한 윤 전 부총리에 대해 교육부에 감사를 요청했고, 교육부는 '학교 부지 매입과 관련한 절차상의 잘못이 나타났다'며 경징계를 요구했다. 애광학원은 이를 빌미로 1996년 1월 징계 강도를 높여 '해직' 결정을 내렸다.

당사자인 윤 전 부총리를 비롯한 학내 교수들이 크게 반발했고, 4개월여 뒤 교육부의 재심 결과 복직했다. 1998년에는 검찰 수사를 통해 애광학원과 교육부 관료의 유착 사실이 드러나 10여명이 사법처리됨으로써 윤 전 부총리는 명예를 회복했다. 그는 2000년 대구대 총장 선거에 입후보해 다시 총장에 당선됐다.

부총리에서 물러난 뒤에는 한국학중앙연구원에 2007년까지 재직했다. 이후 2008~2010년 민주당에서 최고위원을 지냈다. 2014년 6·4 지방선거에서 서울시교육감에 도전했다가 진보후보 단일화에 맞춰 조희연 현 교육감에게 양보하고 사퇴했다.

## 윤태영 ———

**전 청와대 대변인**

| 출생 | 1961년 경남 진해
| 학력 | 대신고, 연세대 경제학과
| 경력 | 노무현 대통령 후보 홍보팀장, 대통령비서실 홍보수석
실 연설담당비서관, 대통령비서실 연설기획비서관, 대
통령비서실 대변인

## 노무현 전 대통령의 필사에서 문 대통령 '입'으로

노무현 전 대통령의 필사(스피치라이터)였다. 의원 보좌관으로 일하
기 시작한 1988년 13대 국회의원으로 정계에 진출한 노 전 대통령을
만났다. 노 전 대통령의 초선 의원 시절부터 연설문을 작성하며 그림
자처럼 수행했다. 대통령 당선 이후엔 노 전 대통령의 대통령비서실
연설담당비서관, 연설기획비서관 등을 맡으며 '대통령의 입'으로 활
동했다.

윤 전 대변인이 노무현 정부에서 받아 적은 노 전 대통령의 말은 업
무노트 100여권, 포켓 수첩 500여권, 한글 파일 1400여개 분량에 이
른다. 그의 저서《대통령의 말하기》《기록》《바보, 산을 옮기다》《오래
된 생각》 등은 모두 노 전 대통령 이야기를 담고 있다.

그는 전형적인 '386세대(1960년대 태어나 1980년대 대학에 다니면서 학생
운동과 민주화 투쟁에 앞장선 세대)'다. 1961년 경남 진해에서 태어났다.

연세대 경제학과 79학번으로, 학생 운동권 출신이다. 1981년 교내 시위에서 집회 및 시위에 관한 법률(집시법) 위반으로 8개월간 옥살이를 했다. 대학 입학 후 17년 만인 1996년 학사 학위를 땄다.

연세대 부총학생회장 출신인 김만수 부천시장, 천호선 전 정의당 대표와 연세대 선후배 사이다. 서로 눈빛만 봐도 마음을 알 수 있을 정도로 막역한 사이로 알려졌다.

윤 전 대변인은 더불어민주당 경선 과정에선 안희정 후보(충남지사) 캠프에서 일했다. 경선 이후 문재인 대통령이 삼고초려로 영입했다. 그는 노 전 대통령에 이어 '문 대통령의 필사'로 다시금 중용될 것이라는 평가를 받는다. 윤 전 대변인은 지난 대선에서 '기회는 평등할 것입니다. 과정은 공정할 것입니다. 결과는 정의로울 것입니다'라는 당시 문재인 후보의 대선후보 수락 연설문을 썼다.

문 대통령이 취임 선서 후 발표한 '국민께 드리는 말씀' 작성도 윤 전 대변인이 초안을 맡았다. 이 글은 전직 대통령들의 취임사보다 짧은 분량이었지만 힘 있는 문장과 간결한 표현으로 호평받았다. '낮은 사람, 겸손한 권력이 돼 가장 강력한 나라를 만들겠습니다'라는 글귀는 소셜네트워크서비스(SNS)에서 화제가 됐다.

## 이수혁
**전 북핵 6자회담 수석대표**

| **출생** | 1949년 전북 정읍
| **학력** | 서울고, 서울대 외교학과, 연세대 대학원 국제관계학 석사
| **경력** | 외무고시 9회, 외교통상부 차관보, 국가정보원 제1차장, 더불어민주당 한반도경제통일위원장

## 이라크 비전투병 파병 설계 … 사드 배치에 부정적

문재인 대통령이 당 대표이던 지난해 1월 영입한 외교 전문가다. 표창원 전 경찰대 교수, 김병관 웹젠 이사회 의장에 이어 '영입 인재 3호'로 화제를 모았다. 문 대통령이 지난해 4·13 총선과 올해 대선을 겨냥해 그동안 약점으로 꼽히던 외교안보 분야를 강화하기 위한 포석이었다. 문 대통령은 당시 이 전 수석대표의 입당 기자회견에서 "외교 분야 최고 전문가를 영입했다. 외교 분야는 상대적으로 우리 당의 인재풀이 빈약했는데 이제 손색없는 역량을 갖추게 됐다"고 그를 치켜세웠다.

이 전 수석대표는 영입 이후 민주당 한반도경제통일위원회 위원장을 맡아 통일외교안보 분야 총선·대선 정책 개발을 주도했다. 문재인 정부 출범 후 외교부 장관 1순위 후보로 꼽힌다.

1975년 외무고시 9회로 공직에 입문했다. 1997년 주미대사관 참사관으로 근무하며 남북한 비공식 외교 통로인 '뉴욕 채널'을 최초로 개설했다. 같은 해 제네바 4자회담 성사에 기여했다. 1999년 김대중 정부에서 외교통상비서관을 지냈고 2003년 외교통상부 차관보로 북핵 6자회담 수석대표를 맡았다.

'이라크 비전투병 파병의 설계자'로도 유명하다. 2003년 미국이 한국 정부에 대규모 이라크 전투병 파병을 요구하자 전투병이 아니라 특정 지역의 재건 사업과 치안을 담당하는 비전투평 파병 아이디어를 내 '아르빌 파병'이 이뤄지도록 했다. 2005년 독일 대사로 근무하며 독일 정당 간 대여정을 전망하는 '독일 총선 선후 정치분석' 보고서를 작성했고 독일 통일 과정을 깊이 있게 연구해 독일을 대표하는 인물들과의 대담을 모은 《통일독일과의 대화》라는 책을 펴내기도 했다. 2006년에는 국가정보원 제1차장을 지냈다.

사드(고고도 미사일방어체계) 배치에 대해선 부정적인 의견을 피력하기도 했다. 지난해 7월 한 언론과의 인터뷰에서 "사드 배치가 외교적으로 여러 가지 흠결이나 결핍, 부족한 점이 있었던 것으로 판단된다"며 "'사드 배치가 득보다 실이 많다'는 주장에 매우 논리적인 측면이 있다"고 주장했다. 한·일 위안부 협정에도 비판적인 목소리를 냈다. 지난해 입당 인사말에서 "대한민국 헌법과 비엔나조약법 협약에서 요구하는 조약의 형식을 취하지 않았다"며 "이번 합의는 최종적이고 불가역적이고 법적 구속력이 있는 강제규범이 아니다"고 지적했다.

# 이영탁
전 국무조정실장

| **출생** | 1947년 경북 영주
| **학력** | 대구상고, 서울대 상대, 윌리엄스대 대학원 석사, 성균관대 대학원 박사
| **경력** | 행정고시 7회, 재무부 증권국장, 재정경제원 예산실장, 국무총리 국무조정실장, 세계미래포럼 이사장

## '10년의 힘 위원회' 공동 위원장 … 관료 · 민간 섭렵한 '경제통'

김대중 · 노무현 정부 때 관료 출신으로 구성된 '10년의 힘 위원회' 멤버. 김대중 정부에서 통일부 장관을 지낸 정세현 전 원광대 총장과 공동 위원장을 맡고 있다. 변양균 전 청와대 정책실장, 정세균 전 통일부 장관, 강철규 전 공정거래위원장, 추병직 전 건설교통부 장관, 윤덕흠 전 교육부총리 등 60여 명이 참여하고 있다. 10년의 힘 위원회는 문재인 대통령의 정책자문 그룹 명칭으로 김대중 정부와 노무현 정부의 10년을 잇는다는 의미로 지난 2월14일 출범했다.

이 전 실장은 경북 영주 출생으로 대구상고를 나와 서울대 상대에 입학한 후 행정고시(7회)에 합격했다. 재무부 증권국장, 경제기획원을 두루 거쳐 재정경제원 예산실장을 지낸 뒤 교육부 차관도 맡는 등 화려한 경력의 관료 출신이다. 1997년부터 2년간 국무총리실 행정조정실장을 맡아 부처 간 이견을 합리적이고 원만하게 처리해 좋은 평가를 받았다. 노무현 정부 때 국무조정실장을 끝으로 공직에서 은퇴했다.

평소 말이 적고 무뚝뚝하지만 속마음은 따뜻해 '속이 꽉 찬 사람'이라는 게 주변의 평이다. 몇 년 전까지 여러 신문에 경제칼럼을 꾸준히 기고했으며 《시민을 위한 경제이야기》《지식경제를 위한 교육혁명》 등의 교양서를 출간하기도 했다. 수준급 테니스 실력에 술 실력도 알아주는 편이다.

# 이정환 — 전 한국거래소 이사장

| 출생 | 1954년 경남 합천
| 학력 | 동아고, 성균관대 정치외교학과, 미국 위스콘신대 공공
정책학 석사
| 경력 | 행정고시 17회, 재정경제부 국고국장·공보관, 국무조
정실 심사평가조정관, 국무총리 정책상황실장, 한국거
래소 경영지원본부장, 한국거래소 이사장

## 경제분야 조언하는 '부산 친구'

행정고시 17회로 공직에 입문했다. 김대중 정부에서 재정경제부 국고국장과 공보관, 노무현 정부에서 국무총리 정책상황실장 등을 거쳐 2005년 한국거래소 경영지원본부장을 맡았다. 공공과 민간 부문 양쪽을 모두 경험한 데다 업무 연속성을 기대할 수 있다는 점을 높게 평가받아 2008년 3월 한국거래소 이사장으로 취임했다. 하지만 그해 이명박 정부가 출범하면서 1년7개월 만인 2009년 10월 자진 사퇴했다. 임기 3년 중 절반 가까이를 남기고 중도 퇴임한 것이다.

당시 이 전 이사장은 임직원들에게 보낸 고별 이메일을 통해 "금융정책 당국의 집요한 협박과 주변의 압박을 받았다"며 "주체성이나 원칙, 정도 같은 철학과 영혼 없이 그저 교주의 지령에 따라 움직이는 것은 살아 있다고 할 수 없다"고 사퇴 압력을 받은 사실을 폭로했다. 한국거래소는 2009년 예산, 인사 등에 있어 정부의 통제를 받아야 하는 공공기관으로 지정됐다가 2015년 해제됐다.

이 전 이사장은 부산 동아고 출신이다. 경남고를 나온 문재인 대통령과 학교 동문은 아니지만 고등학교 때부터 알고 지낸 친구 사이로 알려졌다. 그는 언론 인터뷰를 통해 "(문 대통령의) 친구의 친구"라고 말하기도 했다.

거래소 이사장에서 물러난 뒤 비영리사단법인인 세계미래포럼 대표를 하다가 2012년 당시 민주통합당의 제의로 19대 총선에 출마했다. 부산 남구갑에서 김정훈 새누리당 의원과 맞붙었다. 남구갑은 금융 허브를 내세운 부산의 문현금융단지가 있는 곳이다. 문현금융단지에는 한국거래소와 캠코(한국자산관리공사), 주택도시보증공사(HUG), 한국주택금융공사 등이 입주했다. 그는 금융 전문가라는 점을 내세웠지만 선거에서 패배했다. 20대 총선에서 다시 더불어민주당 후보로 도전했지만 접전 끝에 낙선했다. 문 대통령은 당시 이 전 이사장의 유세 현장에 직접 나서며 적극적으로 지원 사격을 했다.

이 전 이사장은 19대 대통령 선거를 앞두고 문재인 캠프의 경제분야 공약에 대해 조언하면서 문 대통령의 금융권 인맥으로 주목받았다. 김대중·노무현 정부 시절 경제부처 수장을 지낸 인물이 대거 포진한 외곽 자문그룹 '10년의 힘 위원회'에 이름을 올렸다. 이 위원회에는 이 전 이사장 외에 노무현 정부에서 청와대 정책실장을 지낸 변양균 스마일게이트인베스트먼트 회장, 강철규 전 공정거래위원장, 청와대 경제정책수석 출신인 김대유 원익투자파트너스 부회장, 김용덕 전 금융감독위원장, 이승우 전 금감위 부위원장도 소속돼 있다.

# 이종석 ——

### 전 통일부 장관

| **출생** | 1958년 경기 남양주
| **학력** | 서울 용산고, 성균관대 행정학과, 동대학원 정치외교학
석 · 박사
| **경력** | 세종연구소 남북관계연구실 연구위원, 세종연구소 북
한연구센터장, 제16대 대통령직인수위원회 외교 · 통
일 · 안보분과 위원, 국가안전보장회의(NSC) 사무차
장, 통일부 장관 · NSC 상임위원장 겸임, 세종연구소
수석연구위원

## 참여정부 '대북 포용정책' 의 상징적 인물

노무현 정부 내 '대북 포용정책' 의 상징적인 인물로 꼽힌다. 노무
현 정부 출범 이후 노 전 대통령을 가까이서 보좌해온 핵심 참모로 외
교 · 안보 분야를 조율했다.

경기 남양주시에서 태어난 그는 서울 용산고와 성균관대 행정학과
를 졸업했다. 1980년 '서울의 봄' 당시 총학생회의 모든 문건을 만들
고 기획하는 역할을 하며 학생운동에 뛰어들었다.

대학 졸업 후 직장생활을 하다 1984년 성균관대 대학원 정치외교
학 석사과정에 입학했다. 동북아시아 정치학을 공부하기 위해 대학원
에 진학했지만 북한 정권의 수립사를 공부하다 북한학에 발을 들였
다. '비판적 내재적 접근법' 이라는 새로운 방법론으로 북한 사회를 연
구해 진보진영의 주목을 받았다.

비(非)유학파 출신이지만 일찍이 그를 알아본 임동원 전 국정원장

(당시 객원교수)의 보증을 받아 1994년 세종연구소 남북관계연구실 연구위원을 맡았다.

이때부터 이 전 장관은 '대북 포용정책'을 본격적으로 주창했다. 1995년 통일부의 정책자문위원을 맡았고, 김대중 정부에서는 '햇볕정책'을 강력히 지지했다. 2000년 남북정상회담에서는 대통령 특별수행원 자격으로 김대중 전 대통령을 수행해 평양을 방문했다.

노 전 대통령과 인연을 맺은 것은 2002년 1월, 대선을 1년여 앞둔 때다. 고(故) 서동만 상지대 교수, 윤영관 서울대 명예교수 등과 함께 노 전 대통령 후보 시절 자문위원을 맡은 게 인연이 됐다.

진보적인 소장학자 중 한 명에 불과하던 이 전 장관은 2003년 노무현 정부가 들어서며 외교·안보 분야의 핵심 인물로 급부상했다. 대통령직인수위원회에서 외교통일안보 분과 인수위원에 포함됐고, 2003년부터 2005년까지 청와대 국가안전보장회의(NSC) 사무차장으로 임명됐다. 직책상으로는 NSC의 2인자였지만 실제로는 노 전 대통령의 외교·안보 정책 수립 및 집행을 실질적으로 설계하고 주도했다. '동북아 균형자론'도 그에게서 나온 이론이다.

윤 명예교수, 반기문 전 유엔 사무총장 등 정통 외교부 관료들이 '동맹파'로 분류됐다면, 이 전 장관은 '자주파'의 간판 주자로 분류됐다. 대북 포용정책, 수평적 한·미관계에 입각한 대미 자주외교 등 노무현 정부의 외교·안보 정책에서 늘 논란의 중심에 섰다. 보수진영을 중심으로 '친북·반미 인사'라는 꼬리표가 따라다녔다.

안팎의 공격에도 불구하고 2006년 통일부 장관에 발탁돼 대북정책을 총괄했다. 그만큼 노 전 대통령의 신임이 두터웠다는 의미다.

# 이헌재

**전 경제부총리**

| 출생 | 1944년 중국 상하이
| 학력 | 경기고, 서울대 법대
| 경력 | 재무부 금융정책과장, 금융감독위원회 위원장, 재정경
제부 장관, 부총리 겸 재정경제부 장관, 국무총리 직무
대행, 여시재 이사장, 언스트앤영 비상임고문(현)

## 기업 구조조정, 카드사태 해결 '소방수'

정통 재무 관료 출신으로 스스로를 '기술자'라고 생각한 사람이다. 회고록 《위기를 쏘다》에서 "DJ(김대중 전 대통령)는 나를 동지가 아니라 기술자로 발탁했고 끝까지 기술자로 대했다"고 썼다. 이 전 부총리는 노무현 정부 들어서도 기술자 역할을 했다. 그의 '기술'은 대부분 대기업 개혁과 구조조정, 빅딜, 은행 퇴출 등 굵직한 일들에 쓰였다.

'경기고 3대 천재'로 불렸다. 서울대 법대를 수석 합격한 그는 1968년 행정고시에 붙은 뒤 6년 만에 재무부 금융정책과장이 될 정도로 승승장구했다. 경제 기술자를 자처한 그는 김대중·노무현 정부에서 내내 '소방수' 역할을 했다. 외환위기 당시엔 비상경제대책위원회 실무단장으로 기업 구조조정 5원칙을 제정했다. 1998년부터 2년간 금융감독위원장으로 기업과 은행의 구조조정도 성공적으로 이끌었다.

1999년 자신이 한때 몸담았던 대우그룹을 눈물을 머금고 해체했다. 제일은행 등 금융회사 매각도 주도했다. 이 과정에서 '기업 구조 조정의 전도사', '관치금융의 화신', '기업의 저승사자' 등 수많은 별명과 수식어가 뒤따랐다. 그에 대한 평가는 엇갈리지만, 기업 구조조정의 기틀을 마련하고 당시 부실 덩어리였던 대기업들을 속전속결로 정리해 외환위기를 빨리 극복할 수 있는 길을 열었다는 데는 큰 이견이 없다.

2000년엔 재정경제부 장관을 맡아 국내 경제정책을 총괄했다. 그는 시장주의자에 가깝지만 시장의 실패와 한계에 대해서는 정부의 적극적 개입 또는 보완을 강조해왔다. 나만 정부가 무조건 시장에 개입하기보다는 적절한 시기에 개입하는 방법을 선택했다. 그는 2000년 8월 재정경제부 장관을 그만두면서 "구조조정은 구색 갖추기나 시늉만으로 달성되는 것은 아니며, 연습도 용납되지 않는 냉엄한 진검승부"라며 "비록 욕을 먹어도 정부로서는 필요할 때 적절한 행동을 해야지 적절할 때 행동하지 못하면 또다시 위기에 봉착하게 될 것"이라고 말했다.

이 전 부총리는 2004년 카드대란 때 부총리 겸 재정경제부 장관으로 복귀했다. 다시 '소방수' 역할을 맡은 셈이다. 당시 금융회사의 자율 프로그램과 배드뱅크 설립을 골자로 하는 신용불량자 대책 등을 주도했다. 다만 야당의 관치금융 비판에 버티지 못하고 8개월 만에 물러나야 했다.

이 전 부총리는 민간 싱크탱크인 여시재(與時齋) 이사장을 맡고 있다. 여시재 이사장으로 활동하면서 노무현 정부 때 인사들과 꾸준히 교류해온 것으로 전해졌다.

이호철 ──────

**전 청와대 민정수석**

| 출생 | 1958년 부산
| 학력 | 경남고, 부산대 법학과
| 경력 | 노무현 대통령 비서실 민정비서관, 제도개선비서관, 국
　　　정상황실장, 민정수석

## '노무현의 복심'에서 '문재인의 남자'로

고(故) 노무현 전 대통령의 '복심' 중 한 명이었다. 노무현 전 대통령 서거 이후 '문재인의 남자'가 됐다. 전해철 더불어민주당 국회의원, 양정철 전 청와대 홍보기획비서관과 함께 문재인 대통령의 핵심 측근으로 꼽는다. 영화 '변호인'에서 배우 임시완 씨가 맡았던 운동권 학생의 실제 모델로 알려져 있다.

1958년 부산에서 태어난 이호철 전 수석은 경남고를 졸업하고 부산대 법대에 진학했다. 이 전 수석은 1981년 부림사건 피해자일 때 노 전 대통령과 인연을 맺은 것으로 알려졌다. 부림사건은 1981년 전두환 정부가 부산지역 대학생, 교사 등 22명을 '불온서적 소지 및 이적 활동' 혐의로 구속한 사건이다. 노 전 대통령은 이 사건을 변호했다. 1982년 3월 '부산 미국문화원 방화사건' 때도 인연이 이어졌다. 이 사건은 부산 지역 대학생들이 미국이 광주민주화운동 학살을 용인했다며 미국 문화원에 불을 지른 사건이다. 평범한 변호사였던 노 전 대통령은 당시 구치소에서 피투성이가 돼 있던 이 전 수석을 접견하며 현실에 눈을 떴던 것으로 전해졌다.

1985년 부산에서 결성된 부산민주시민협의회(부민협)에서도 인연은 이어졌다. 부민협에 당시 노무현, 문재인 변호사는 운영위원으로, 이 전 수석은 실무간사로 함께 일했다. 1988년 국회의원에 당선된 노 전 대통령은 이 전 수석에게 정치 입문을 권유했지만, 이 전 수석은 "내 길이 아니다"며 한사코 거절했다. 생업인 여행업에 종사하던 이 전 수석은 노 전 대통령이 청와대 주인이 되고나서부터 비로소 '민정비서관'으로 일하기 시작했다. 이후 민정수석을 지냈고 노 전 대통령 퇴임 이후엔 봉하마을까지 따라갔다.

노 전 대통령 서거 이후 문 대통령의 복심이 된다. 이 전 수석은 문 대통령이 2012년 제19대 총선에서 민주통합당 부산 사상구 후보로 출마했을 때 캠프 참모역할을 했다. 같은 해 치러진 대선에서도 후원회의 운영위원을 맡아 문 후보를 도왔다.

이번 대선에서 전면에 나서지 않았다. '친문 패권주의' 등의 비판 때문이다. 선거캠프에 참여하긴 했지만 공식 직함 없이 선거운동을 도왔다. 문 대통령 취임 이후 이 전 수석은 "제가 존경하는 노변과 문변, 두 분이 대통령이 되었습니다. 살아오면서 이만 한 명예가 어디 있겠습니까"란 글을 남기고 돌연 출국했다. 그는 출국 직전 인천국제공항에서 지인들에게 "정권교체는 이뤄졌고 제가 할 일을 다한 듯합니다. 마침내 저도 자유를 얻었습니다. 저는 권력이나 명예보다 자유롭기를 원해왔고, 저의 자유를 위해 먼 길을 떠납니다"란 메시지를 남겼다.

# 전윤철

**전 감사원장**

| **출생** | 1939년 전남 목포
| **학력** | 서울고, 서울대 법대
| **경력** | 수산청장, 공정거래위원장, 기획예산처 장관, 김대중 전 대통령 비서실장, 경제부총리, 감사원장, 광주비엔날레 이사장, 김대중노벨평화상기념관 이사장(현)

## 장관급 공직만 일곱 차례 거친 '혈죽(血竹) 선생'

김영삼 김대중 노무현 이명박 전 대통령까지 4대에 걸쳐 정부조직의 수장을 지낸 보기 드문 경력의 소유자다. 장관급 이상 공직을 수행한 것도 일곱 차례다. 1995년 김영삼 정부 시절에 수산청장에 올랐고 김대중 정부가 들어서자 공정거래위원장과 기획예산처 장관, 대통령 비서실장, 재정경제부 장관 겸 경제부총리를 차례로 맡았다. 노무현 정부 출범 후에는 5년간 감사원장을 지냈다. 이 같은 고위직을 12년간 수행하며 한 번도 해임된 적이 없다는 점도 이채롭다. 이명박 정부 초기인 2008년 5월 임기를 3년여 남겨 놓고 "새 정부의 팀워크에 지장을 주지 않겠다"며 스스로 감사원장을 그만뒀다. 2015년 1년간 광주비엔날레 이사장을 맡기도 했으며 2013년 5월부터는 김대중노벨평화상기념관 이사장을 지내고 있다.

전남 목포 출신인 그는 '호남 관료'의 대표주자다. 이 때문에 노무현 정부는 물론, 이명박 박근혜 정부 시절 '탕평 인사'가 요구될 때마다 총리 후보로 하마평에 오르내렸다. 문재인 정부 들어서도 유력한 총리 후보 중 하나로 거론됐으며 상황에 따라 언제든 '등판'할 수 있는 인물로 꼽힌다. 공직을 수행하며 줄곧 강직한 모습을 보여 '혈죽(血竹) 선생'이라는 별명이 붙었다. 재정경제부 장관 시절 한 대기업이 15억원의 뇌물을 주려다 일언지하에 거절당한 일은 유명한 일화다. 김대중 전 대통령 비서실장으로 지명됐을 당시에는 본인이 고사하자 청와대 비서관들이 전부 나서 비서실장으로 일해줄 것을 요청하는 등 아랫사람들로부터 신망도 높다. 반면 윗사람에게는 자신의 소신을 굽히지 않는 것으로 유명해 '전봇대'라고도 불린다. 김대중 전 대통령이 주관한 국무회의에서도 김 전 대통령이 질릴 정도로 강경한 자세를 여러 차례 보였다는 얘기도 전해오고 있다.

그만큼 호남에서 정치적 영향력이 크다. 호남을 기반으로 한 정치 세력들이 선거를 앞두고 매번 그에게 러브콜을 보낸 이유다. 2016년 4월 20대 총선을 앞두고 국민의당에서 공천자격심사위원장을 맡았으며, 2017년 2월에는 대선을 3개월 남겨두고 문재인 대통령의 선거캠프에 합류했다. 국민의당에서는 그의 이탈을 뼈아파했다는 후문이다. 2006년 10월 치러진 전남 해남·진도 국회의원 보궐선거에서는 민주당과 당시 여당이던 열린우리당이 감사원장을 맡고 있던 그를 영입하기 위해 신경전을 치르기도 했다.

전 전 원장은 골프광으로 2012년 한국프로골프협회 회장을 맡기도 했다. 겨울에는 스키를 즐기며 70대에도 튼튼한 체력을 과시한다. 안철수 전 대표의 전화로 국민의당 공천심사위원장을 맡기로 한 것도 일본의 한 스키장에서였다.

# 정동채

**전 문화관광부 장관**

| 출생 | 1950년 광주광역시
| 학력 | 살레시오고, 경희대 국문과
| 경력 | 한겨레신문 기자, 제15~17대 국회의원, 민주당 대표
비서실장, 문화관광부 장관, 대통합민주신당 사무총장,
광주비엔날레 대표이사

## 국민·참여정부 요직 거친 문재인 '복심'

문재인 대통령의 '경희대 인맥' 중에서도 핵심으로 꼽힌다. 정 전 장관은 19대 대통령 선거에서 문 후보 측 선거 캠프의 직능조직인 '더불어포럼'의 공동대표를 맡았다. 정치권에서는 문 대통령이 2012년 18대 대선에서 낙선한 뒤에도 가장 가까이에서 그를 보좌해온 몇 안 되는 인물로 정 전 장관을 꼽고 있다.

김대중 전 대통령의 비서실장 출신인 정 전 장관은 '문 후보의 호남 홀대론'에 맞서 호남 민심을 달래는 역할을 도맡았다. 김대중 정부부터 노무현 정부에 이르기까지 두루 요직에서 활동한 덕분에 당내 계파 갈등에서 비교적 자유롭다는 평가를 받고 있다.

정 전 장관은 1976년 합동통신사에 입사해 언론계에 발을 내디뎠다. 1980년 신(新)군부에 맞서 제작 거부 투쟁을 벌이다 강제 해직을 당한 뒤 미국으로 건너갔다. 당시 망명 중이던 김대중 한국인권문제연구소 이사장의 공보비서로 일했다. 한국으로 돌아온 뒤엔 1988년 한겨레신문 창간 멤버로 활동했다. 이후 한겨레신문 정치부 차장, 여론매체부장, 논설위원 등을 역임했다.

1993년 김대중 아시아태평양평화재단 이사장의 비서실장으로 발탁됐다. 1996년 광주 서구에서 국회의원으로 당선된 뒤 제 15·16·17대 국회의원을 지냈다. 1996년 김대중 새정치국민회의 총재 비서실장에 임명됐다.

15대, 16대 국회에서 문화관광위원회 위원으로 활동하며 관광진흥법, 국민체육진흥법 능 관련 법률을 10여 차례 발의했다. 2004~2006년 문화관광부(현 문화체육관광부) 장관을 지냈다. 2006년 당시 사회를 떠들썩하게 했던 사행성 게임 '바다이야기' 사태의 책임을 지고 사퇴했다. 그는 2004년 12월 바다이야기가 게임물 규제를 맡은 영상물등급위원회의 심의를 통과했던 당시 문화관광부 장관이었다. 2008년 제18대 국회의원 선거를 앞두고 통합민주당 공천에서 탈락했다.

2010년 5월 민주당 광주광역시장 후보 당내 경선에서 4억여 원의 정치 자금을 받은 혐의로 불구속 기소됐다. 2015년 정치자금법 위반 혐의로 유죄 판결을 확정받자 동아시아문화도시 추진위원장, 아시아문화중심도시조성지원포럼 회장, 광주에이스페어 추진위원장, 광주국제영화제 집행위원장, 충장축제추진위원장 등에서 사임했다.

1980년 강제 해직 조치에 따른 민주화운동유공자로 인정받았다. 저서로 《봉정암에서 바티칸까지》《동고동락동행》《열린가슴끼리 정다운 만남》 등이 있다.

## 정만호

### 전 청와대 의전비서관

| 출생 | 1958년 강원 양구
| 학력 | 한영고, 고려대 경제학과
| 경력 | 한국경제신문 경제부장, 대통령 정책상황비서관, 대통령 의전비서관, KTF엠하우스 사장, KT 미디어본부장, 18대 대선 문재인 후보 메시지팀장, 세계미래포럼 대표, 더불어민주당 광화문대통령공약기획위원회 부위원장

## 청와대 광화문 청사 이전 공약 설계

　문재인 대통령은 선거 기간 동안 대통령 집무실을 청와대에서 광화문 정부청사로 옮기겠다고 공약했다. 국민들과의 소통이 부족하다고 지적받았던 박근혜 전 대통령이 '비선 실세' 논란까지 일으킨 점을 감안한 것이다. 문 대통령은 "퇴근길에 남대문시장에 들러 시민들과 소주 한 잔 나눌 수 있는 대통령, 친구 같고 이웃 같은 서민 대통령이 되겠다"며 "청와대는 시민들의 휴식 공간으로 돌려드릴 것"이라고 말했다.

　문 대통령의 청와대 이전 공약을 설계한 것이 정만호 전 청와대 의전비서관이다. 정 전 비서관은 문 대통령 당선 직후 광화문대통령공약기획위원회 부위원장을 맡았다.

　정 전 비서관은 기자 출신으로 노무현 정부에서 대통령 의전비서관을 지냈다. 1958년 강원 양구에서 태어난 정 전 비서관은 고려대 경제학과를 나와 1981년 대우중공업에서 사회 생활을 시작했다. 3년 뒤 한국경제신문에 입사해 사회부 경제부 등을 거쳤다. 이후 경제부장 국제부장 사회부장 등을 지낸 뒤 2002년 새천년민주당(현 더불어민주당) 수석전문위원으로 들어가 그해 대선에서 선거대책본부 정책기획실장을 맡으며 노무현 전 대통령의 선거 승리에 일조했다.

노 전 대통령의 대통령직인수위원회에서 행정실장으로 참여했고, 노무현 정부가 출범하자 대통령 정책상황비서관으로 청와대에 입성했다. 정 전 비서관이 문 대통령과의 인연을 쌓은 것도 청와대에서 근무할 때다. 문 대통령이 2004년 정부수석 자리에서 물러날 때 정 전 비서관도 같이 청와대를 떠났다. 당시 직책은 대통령 의전비서관이었다. 정 전 비서관은 민간으로 돌아가 KTF엠하우스 사장, KT 미디어본부장 등을 거쳤다.

정 전 비서관은 2010년 7 · 28 국회의원 재 · 보궐 선거에서 고향인 강원 철원 · 화천 · 양구 · 인제에 민주당 후보로 출마했으나 낙선했다. 2012년 18대 대선에서 문재인 후보 캠프에 합류해 메시지팀장으로 활동하며 본격적으로 문 대통령을 도왔다. 당시 정 전 비서관은 문 후보의 연설문, TV토론 자료, 언론 인터뷰 자료 등을 작성하는 역할을 했다. 정 전 비서관은 18대 대선에서 문 후보가 패배한 뒤 세계미래포럼 대표로 활동했다. 올해 대선에서 다시 문 대통령의 부름을 받고 광화문대통령공약기획위에서 주영훈 청와대 경호실장 등과 함께 청와대 이전 공약을 만들었다.

# 정세현 ———

### 전 통일부 장관

| 출생 | 1945년 만주
| 학력 | 서울 경기고, 서울대 외교학 학사, 서울대 대학원 정치
학 석 · 박사
| 경력 | 대통령비서실 통일비서관, 제3 · 4대 민족통일연구원
장, 통일부 차관, 국가정보원장 통일분야 특별보좌관,
제29 · 30대 통일부 장관, 경남대 석좌교수, 김대중평
화센터 부이사장, 원광대 총장, 한반도평화포럼 상임공
동대표

## 통일부 수장에 오른 첫 통일부맨 … 개성공단 '산파역'

이론과 실무를 겸비한 한반도 문제 전문가다. 1977년 국토통일원
(현 통일부) 공산권연구관실 연구관으로 특별 채용된 뒤 30여 년간 통
일부 관료로 일하며 현장을 누볐다. 통일부 수장까지 오른 첫 '통일부
맨'이자 두 정부에 걸쳐 연이어 장관에 임명된 첫 사례다.

1945년 만주에서 태어나 전북 임실에서 자랐다. 서울 경기고, 서울
대 외교학과를 졸업했다. 1977년 이용희 당시 국토통일원 장관이 서
울대 정치 · 외교학과 출신 제자를 대거 영입했을 때 공산권 연구관으
로 통일원에 들어간 것이 통일 관련 업무를 시작한 계기가 됐다.

정권마다 요직을 두루 거쳤다. 전두환 정부 때는 일해연구소(현 세종
연구소)에서 수석연구위원, 기획조정실장 등을 맡았고 노태우 정부 때
는 민족통일연구원 부원장 등을 지냈다. 김영삼 정부에서는 청와대
대통령비서실 통일비서관, 민족통일연구원 원장을, 김대중 정부 때는

국가정보원장 통일특별보좌관으로 일했다.

청와대 통일비서관 시절 '베이징 쌀회담'에 깊숙이 관여했고, 1998년 통일부 차관 시절에는 비료와 이산가족문제를 연계한 차관급회담 수석대표로 활약한 점을 인정받아 2002년 김대중 정부에서 통일부 장관으로 발탁됐다. 노무현 정부가 출범하고서도 유임돼 2004년 6월까지 통일부 장관을 지냈다. 정 전 장관은 개성공단 '산파역'으로 통한다. 2002~2004년 김대중 정부와 노무현 정부에서 연달아 통일부 장관을 맡아 개성공단을 가동하는 데 핵심 역할을 했다. 이 기간 남북 대화만 95차례 이뤄졌다. 13개의 남북 합의서가 그의 손을 거쳤다.

2000년 남북 정상회담 이후 철도 연결 사업이 시작됐지만 별다른 진전이 없었다. 당시 그가 주도적으로 나서 문제를 해결하며 개성공단의 첫삽을 떴다. 정 전 장관 주도 하에 2002년 9월 경의선 및 동해선 철도·도로 연결 재착공식이 열렸고, 2009년 10월 경의선과 동해선이 개통됐다. 정 전 장관은 재임기간 중 가장 기억에 남는 일이 남북 철도 연결 사업이라고 밝힌 바 있다. 이후 이화여대 석좌교수, 경남대 석좌교수, 민족화해협력범국민협의회 대표상임의장, 김대중평화센터 부이사장, 원광대 총장, 한반도평화포럼 상임공동대표 등을 지냈다. 오랜 실무 경험을 바탕으로 공직에서 물러난 뒤에도 기고, 자문 형식으로 언론에 자주 등장해 목소리를 냈다.

2017년 초 김대중·노무현 정부 장·차관 출신 자문그룹인 '10년의 힘 위원회' 위원장을 맡으며 문재인 캠프에 합류했다. 같은 해 2월 김정남 암살 사건을 두고 "경쟁자를 제거하려는 것은 정치의 속성"이라며 "1973년 박정희가 (일본에 있던) DJ(김대중 전 대통령)를 납치해 죽이려 한 사건도 같은 맥락"이라고 언급해 논란이 됐다.

정승조

전 합참의장

| 출생 | 1953년 전북 정읍
| 학력 | 백산고, 육군사관학교
| 경력 | 육군 1사단장, 자이툰부대장, 육군사관학교장, 제1야
전군사령관, 한미 연합사 기획참모부 차장

## 육사 수석 졸업 … 이라크 파병 자이툰부대장

육군사관학교 32기로 작전 및 정책 분야의 전문가로 꼽힌다. 국제 업무에도 정통하다는 평가를 듣고 있다.

정 전 의장의 이력에 항상 따라 붙는 말은 '수석 졸업'이다. 정 전 의장은 1976년 졸업 당시 한 언론과의 인터뷰에서 "강재구 소령의 전기를 읽고 육사에 들어가는 것이 가장 옳고 멋있게 사는 법을 배우는 길이라 생각했다"며 "백두산에 태극기를 날리는 영광은 보병에게 주어질 것 같아서 보병병과를 택했다"고 말했다.

정 전 의장 주변에선 사관학교 수석 졸업자로서는 드물게 군내 서열 1위인 합참의장 자리에 오른 데 대해 높은 평가가 나온다. 사관학교 수석 졸업자는 탄탄한 훗날을 보장받을 것이라는 게 일반인의 생각이지만, 실상은 그렇지 않다는 게 군 관계자들의 전언이다. 군 관계자는 "본인의 능력이 뛰어나고 자부심이 큰데 주변 질시의 시선도 일부 있다 보니 별을 달지 못하고 중도 탈락하는 경우가 적지 않다"고 말했다. 실제 육사 수석 졸업자로 군 최고 지휘부에 오른 인물은 김동진 전 국방장관(육사 17기) 등 손에 꼽힐 정도다.

정 전 의장은 군 생활 동안 다양한 보직을 맡으며 작전 전문가 입지를 굳혔다. 야전뿐만 아니라 합동참모본부 합동작전과장, 국방부 정책기획관 등을 역임하며 기획 역량도 키웠다. 합리적 성격으로 소통을 중시하며 업무를 할 때는 시스템을 중시하고 엄정하다는 평가를 받았다. 노무현 정부 때 이라크 파병부대인 자이툰부대장 임무를 맡았다.

2011년엔 합참의장에 기용됐다. 인사청문회 때 불거진 부동산 다운계약과 위장전입 의혹에 대해선 "잘못했다고 생각한다"고 인정하고 정면 돌파했다. 합참의장 취임 일성으로 '싸워 이기는 군대'를 강조했다.

2014년에는 미국 안보 분야 싱크탱크인 전략국제문제연구소(CSIS)에서 연구 활동을 해 미국 안보 정책에도 정통하다는 평가다. 영어와 국제 업무에도 능통해 전시작전권 전환 등 현안이 산적한 한·미 군사동맹 관계를 풀어갈 적임자로 꼽힌다. 가족은 부인 박정경 씨와 2남이 있다.

## 정의용

**전 주제네바대표부 대사**

| 출생 | 1946년 서울
| 학력 | 서울고, 서울대 외교학과, 미국 하버드대 행정대학원 석사
| 경력 | 외무고시 5회, 외무부 통상국 국장, 미국 대사관 공사, 주이스라엘대사관 대사, 국제노동기구(ILO) 이사회 의장, 17대 국회의원, 주제네바대표부 대사, 외교자문그룹 국민아그레망 단장

## 한·칠레 FTA 이끌어 … 문재인 정부 외교·안보정책 기틀 마련

문재인 대통령이 신뢰하는 대표적인 '외교·안보 전략가'다. 대선 당시 문재인 후보의 외교안보정책 기틀을 마련한 인물로도 알려져 있다. 문 대통령이 도널드 트럼프 미국 대통령, 시진핑 중국 국가주석, 아베 신조 일본 총리, 블라디미르 푸틴 러시아 대통령 등 4개국 정상과 취임 후 첫 통화를 할 당시에도 배석했다.

1971년 외무고시에 합격한 정 전 대사는 통상분야 요직을 거친 외교통으로 꼽힌다. 미국대사관 공사, 주이스라엘 대사, 통상교섭조정관, 주제네바 대사, 군축회의조정관, 국제노동기구(ILO) 이사회 의장 등을 거친 전문 외교관이다. 특히 그는 한·칠레 자유무역협정(FTA) 협상을 성공적으로 이끌었다는 평가를 받는다. 그는 1999년 12월부터 2005년 5월까지 열린 1~3차 협상에서 수석대표를 맡아 협상을 주도했다.

문재인 캠프에서는 외교자문단 '국민아그레망' 단장을 맡았다. 전직 외교관 20여명이 참여한 자문단을 이끌며 이번 정부의 외교안보정책 방향을 잡았다.

정 전 대사는 대북포용정책을 옹호해왔다. 2006년 국회의원 재직 당시 국회 통일외교통상위원회의 국정감사에서 "(대북포용정책은) 단기적 성과를 노린 것이 아니라 평화통일을 위한 기반 조성이라는 장기적 목적을 갖고 추진하고 있는 정책"이라며 "그 과정에 위기가 있다 해서 수정될 수는 없다"고 밝힌 바 있다.

다만 최근 월스트리트저널에 기고한 '미국은 한국을 걱정할 필요가 없다'라는 글에서 "북한의 핵·미사일 포기를 위한 대북 압박은 문 대통령의 최우선 과제 가운데 하나"라며 강경한 대북 자세를 드러냈다.

# 정찬용

### 전 청와대 인사수석비서관

| 출생 | 1951년 전남 영암
| 학력 | 광주제일고, 서울대 언어학과
| 경력 | 거창고 강사, 거창 YMCA 총무, 광주 YMCA 사무총장,
시민사회단체연대회의 상임공동대표, 청와대 인사수
석비서관, 외교통상부 대외직명대사, 현대자동차그룹
인재개발원장, 인재육성아카데미 이사장(현), 서정대
겸임교수(현), 사랑의 빛 이사장(현)

## '광주시민단체협의회' 결성 주도 … 호남홀대론 적극 해명

노무현 정부 때 문재인 대통령과 함께 청와대에서 근무했다. 문 대통령은 당시 민정수석비서관이었다. 문 대통령이 이번 대선 기간에 '호남홀대론'에 시달리자 정 전 수석은 이에 대해 발벗고 해명에 나서기도 했다. 호남홀대론의 주요 내용 가운데 하나는 "노무현 정부 때 정 인사수석이 호남 출신 인사를 등용하려 하면 문 민정수석이 비토를 놓았다"는 것이었다. 정 전 수석 등 노무현 정부 출신 인사들은 지난 4월 광주시의회에서 기자회견을 열고 "노무현 정부는 전라도, 경상도, 충청도 등 지역에 관계없이 두루 균형인사정책을 폈다"며 "호남 인사 홀대는 가짜뉴스다"고 주장했다.

정 전 수석은 1951년 전남 영암에서 태어났다. 광주제일고, 서울대 언어학과를 졸업했다. 서울대 재학 시절인 1974년 긴급조치를 비판하는 유인물을 배포하는 등 민청학련 활동을 하다 징역 12년을 선고받았다. 11개월간의 옥살이 끝에 형집행정지처분으로 풀려났다. 대학 졸업 후 교사 자격증도 없는 상태에서 1975년부터 5년 동안 거창고 교사로 근무했다. 교사 자격증이 문제가 되자 학교를 떠나 거창 YMCA에서 활동했다. 이 당시 노무현 전 대통령과 인연을 맺었다. 1984년 부산의 노동자들이 거창에 캠프를 차리고 그에게 농촌 현실에 대한 특강을 요청했는데, 당시 캠프 지도자가 바로 노 전 대통령이었다. 정 전 수석은 1992년 광주로 활동지를 옮겨 '광주시민단체협의회' 결성을 주도했다.

광주 YMCA 사무총장 시절인 2003년 2월 청와대 인사수석으로 발탁됐다. 2005년 1월까지 인사수석을 지내다 같은 해 2월 외교통상부 NGO 담당대사로 발령받아 2007년까지 근무했다. 이후 여수엑스포 유치위원회 상임부위원장을 지내다 위원회 명예위원장으로 있던 정몽구 회장과 인연을 맺어 2008년 현대자동차그룹 인재개발원장으로 영입되기도 했다. 정 전 수석은 서정대 겸임교수로 재직 중이며 자동차산업밸리추진위원회 공동위원장도 맡고 있다. 시민단체인 '새 시대를 여는 벗들 위원회' 위원장으로도 활동 중이다. 이 단체는 전국 17개 광역시·도에 지부를 두고 '좋은 대통령'을 국민의 일꾼으로 뽑자는 시민운동을 전개하고 있다. 일각에서는 문 대통령의 사조직이 아니냐는 얘기도 있다.

## 정태호 ————

**전 청와대 정무비서관**

| 출생 | 1963년 서울
| 학력 | 인창고, 서울대 사회복지학과
| 경력 | 이해찬 의원 보좌관, 노무현 대통령 비서실 정무비서관
겸 정무팀장, 19대 대선 문재인 후보 중앙선거대책위
원회 정책본부 정책상황실장, 더불어민주당 서울 관악
을 지역위원장

## 운동권 출신 정책통 … 선대위서 전문가 영입에 기여

19대 대통령 선거에서 문재인 후보 중앙선거대책위원회 정책본부 정책상황실장을 맡았다. 선대위에서 각계 전문가를 영입하는 데 큰 역할을 했다는 평가다.

특히 선거 과정에서 문재인 대통령의 싱크탱크 역할을 한 '정책공간 국민성장'과 선대위의 연결고리 역할을 한 것으로 알려졌다. 싱크탱크에서 나온 아이디어가 캠프에 전달돼 정책으로 만들어질 수 있도록 했다.

정 전 비서관은 서울대 사회복지학과에 재학 중이던 1985년 서울대 삼민투 사건으로 구속된 전력이 있는 운동권 출신이다. 그는 "대학에 입학한 1982년 김대중 전 대통령이 전두환 정권에 의해 미국으로 망명길에 오른 것을 보고 학생운동에 뛰어들었다"고 말했다.

1991년 김 전 대통령이 창당한 평화민주당에 입당한 정 전 비서관은 이해찬 의원실 보좌관으로 일하며 정치권에 발을 들였다. 1992년 14대 대선과 1997년 15대 대선에서 서울 관악을 지구당 선대위 사무장을 하며 김 전 대통령 선거를 도왔다. 1998년 김 전 대통령이 당선되자 대통령직인수위원회에서 행정관을 지냈다.

16대 대선 직후에는 노무현 전 대통령 인수위에서 기획조정분과위원회 전문위원을 맡아 150대 핵심공약 작성에 참여했다. 인수위에서 능력을 인정받아 청와대에 입성했다. 2003년부터 청와대 정무팀 행정관, 정무기획비서관, 정책조정비서관, 기획조정비서관을 거쳐 대변인까지 시냈다. 이후 정무비서관 겸 정무팀장을 지내는 등 2007년까지 청와대에 근무했다.

청와대 생활을 끝낸 뒤에는 국회의원 선거에 두 번 나갔으나 모두 낙선했다. 2015년 4·29 재·보궐 선거에 서울 관악을에서 출마했지만 오신환 바른정당 의원에게 졌다. 2016년 20대 총선에도 같은 지역구에 도전했으나 역시 오 의원에게 800여 표 차이로 무릎을 꿇었다.

운동권 출신으로는 보기 드물게 정책통으로 알려져 있다. 2002년에는 당 정책위원회 기획예산전문위원으로 일했고, 2012년에는 당 정책위 부의장으로 활동했다.

문 대통령은 노 전 대통령 비서실장 등으로 청와대에서 일할 때 정 전 비서관을 눈여겨봤다는 후문이다. 이 때문에 대통령 취임 후 주요 인사를 등용하면서 정 전 비서관의 의견을 많이 참고한 것으로 전해졌다. 정치권에서는 정 전 비서관이 현 정부에서 요직을 맡다가 2021년 치러지는 21대 총선에 다시 한 번 도전할 것이란 예상이 많다.

# 조병제

**전 주말레이시아 대사**

| 출생 | 1956년
| 학력 | 서울대 외교학 학사, 미국 서섹스대 대학원 국제정치학 석사
| 경력 | 외무고시 15회, 외교통상부 북미2과장, 외교통상부 북미국장, 한미방위비분담협상 정부대표, 주미얀마 대사, 외교통상부 한미안보협력담당 대사, 주말레이시아 대사

## 외교부 북미통 출신 … 한미 방위비 분담협상 이끌기도

외교부 내 대표적인 북미통이다. 서울대 외교학과를 졸업하고 1981년 제15회 외무고시로 외교부에 들어갔다. 북미2과장, 주샌프란시스코 부총영사, 북미국장, 한미 방위비분담협상 정부대표, 한미 안보협력담당 대사를 맡았다. 2010~2011년 주미얀마 대사, 2013~2016년 주말레이시아 대사를 지냈다.

2011~2012년 외교부 대변인을 맡았다. 2012년 7월 한·일 군사정보 보호협정이 국무회의에서 비공개로 통과된 것에 대해 "청와대의 의중이었다"는 취지로 발언해 논란이 일자 자리에서 물러났다.

문재인 대통령은 지난 대선 당시 23명의 전직 외교관으로 구성된 '국민 아그레망'이라는 외교자문그룹에서 정책 조언을 들었다. 정의용 전 주제네바대표부 대사가 단장을, 조 전 대사가 간사를 맡았다. 아그레망은 외교사절을 파견할 때 상대국의 사전 동의를 받는 일을 뜻하는 외교 용어다.

조 전 대사는 19대 대통령 선거 직전 한반도 사드(고고도 미사일방어체계) 배치 논란과 관련해 "사드 배치의 절차적 측면에서 국민의 동의를 구하지 못한 것은 상당한 문제"라며 "동유럽 국가에도 이런 무기체계가 배치될 때 국회 비준을 거쳤다. 사드 배치처럼 국익과 관련된 중대한 사안을 결정할 때는 더 많은 설명이 필요하다는 것이 문 후보의 입장"이라고 말한 바 있다. 2008년 한미 방위비분담협상 정부대표를 맡은 적이 있다. 미국 트럼프 행정부의 방위비 분담 요구와 관련해 상당한 역할을 할 것으로 관측된다.

## 지은희 ───── 전 여성부 장관

| **출생** | 1947년 서울
| **학력** | 이화여고, 이화여대 사회학
| **경력** | 여성부 장관, 덕성여대 총장, 희망제작소 이사, 한국여
성단체연합 공동대표, 한국정신대문제대책협의회 공
동대표, 정의기억재단이사장(현)

## 사회운동으로 인연 맺은 1세대 여성운동가

1983년 여성 운동단체인 여성 평우회 공동대표를 시작으로 20여 년간 한우물을 판 1세대 여성운동가다. 여성운동 이외에 각종 사회운동 조직과도 인연을 맺으며 노무현 전 대통령, 문재인 대통령 등이 정치계에 입문하기 전부터 서로 알고 있었던 것으로 전해진다.

1999년 김대중 전 대통령이 창당을 주도한 새정치국민회의의 발기인에 이름을 올리며 현실 정치에 발을 들였다. 노무현 정부에서는 2003년부터 2005년까지 여성부 장관을 맡았다. 여성부 장관 시절에는 유림계 등의 반대를 무릅쓰고 호주제 폐지를 관철시키는 등 여성 권익 향상에 힘썼다.

장관 퇴임 이후에는 교육자로 변신해 2006년부터 2013년까지 덕성여대 총장을 지냈다. 2016년 6월부터는 한국과 일본 사이에 맺어진 '일본군 위안부 합의' 폐기를 목표로 하는 정의기억재단 이사장을 맡고 재협상 운동을 주도하고 있다.

　여권 인사 중에서는 같은 사회운동가 출신인 박원순 서울시장과 가깝다. 박 시장이 설립을 주도한 희망제작소의 이사를 맡고 있으며, 지난 대선 기간에는 박 시장의 싱크탱크 '희망새물결'에도 참여했다.

# 추병직

**전 건설교통부 장관**

| 출생 | 1949년 경북 구미
| 학력 | 오상고, 경북대 사회교육학과
| 경력 | 행정고시 14회, 건설부 공보과장, 건설교통부 공보관 · 주택도시국장, 건교부 차관, 건교부 장관, 목포해양대 총장, 대한건설진흥회장, 주택산업연구원 이사장

## 정통 건설 관료 출신 … 노무현 정부 시절 집값잡기 실패 책임져

2005년 4월부터 2006년 11월까지 건설교통부 장관을 지내며 노무현 정부와 인연을 맺었다. 당시 청와대 민정수석이었던 문재인 대통령과는 자연스럽게 교분을 맺은 것으로 알려졌다. 대구 · 경북(TK) 출신으로 경북대를 나와 1973년 행시 14회로 공직에 입문했다. 신도시건설기획단 과장과 주택도시국장을 거쳐 장 · 차관까지 건설 분야에서만 30년 넘게 근무한 '건설통'이다. 건교부 재직 당시 분당과 일산 등 수도권 신도시 건설과 인천국제공항 개항, 제주국제자유도시 등 굵직한 사업을 도맡아 능력을 인정받았다. 적극적인 성격으로 친화력이 뛰어나 고시 출신 중 처음으로 건설부 공보과장과 건교부 공보관 등 대언론 창구 역할을 맡았다. 국회 등 정치인들과의 스킨십도 좋은 편이어서 1999년 6월부터 2001년 4월까지 기획관리실장으로 일할 땐 국회 건설교통위원회 소속 의원들로부터 '명(名)기획관리실장'이란 평을 듣기도 했다.

2003년 2월 건교부 차관을 끝으로 공직을 떠나 그해 4월 치러진 17대 총선에서 여당인 열린우리당 후보로 고향인 경북 구미을 지역구 국회의원 선거에 나섰다. 적극적인 성격과 리더십 덕분에 열린우리당 '동진정책'(영남권 공략)의 일환으로 총선에 차출됐지만 지역적 한계를 극복하지 못하고 낙선했다. 낙선의 고배를 마셨을 뿐만 아니라 선거 과정에서 지역주민에게 2600만원 상당의 향응을 제공해 벌금 80만원을 선고받기도 했다. 총선 출마는 장관으로 화려하게 복귀하게 만든 원동력이 되기도 했다.

화려했던 국·실장 때와 달리 장관 시절은 순탄치 않았다. 서울 강남 3구(강남·서초·송파구) 재건축 아파트에서 시작된 집값 급등세가 전국으로 번지며 애를 먹었다. "투기세력을 잡겠다"며 부동산 대책을 잇따라 내놨지만 집값을 잡는 데는 실패했다. 그의 재임기간 전국 아파트값은 11.7% 상승했다. 서울은 20%나 껑충 뛰었다. 1기 신도시 개발 경험을 살려 '신도시 추가 건설계획'을 발표했지만 경기도 등 수도권 집값만 오르는 부작용을 야기했다. 결국 그는 "책임을 지겠다"며 장관 자리에서 물러났다.

노무현 정부 인사임에도 2012년 대한건설진흥회장에 취임했고, 지난 3월에는 주택산업연구원 이사장에 선출되는 등 여전히 건설업계에 작지 않은 영향력을 미치고 있다. 19대 대선에서는 오중기 더불어민주당 경북도당위원장과 김부겸 의원, 김현권 의원(비례) 등과 함께 더불어민주당 경북선거대책위원회 상임 공동선대위원장을 맡아 문 대통령의 TK 공략에 기여했다는 평가를 받는다. 민간 주택정책 싱크탱크인 주택산업연구원 이사장으로 재직하고 있는 만큼 문재인 정부의 주택·부동산정책에 일정한 목소리를 낼 가능성이 크다는 전망이 나온다.

제6장

정책자문
전문가

# 김광두

**서강대 석좌교수**

| 출생 | 1947년 전남 나주
| 학력 | 광주제일고, 서강대 경제학 학사, 하와이대 대학원 박사
| 경력 | 서강대 경제학과 교수, 서강대 경제학부 석좌교수, 한국은행 금융통화위원회 위원, 한국국제경제학회 회장, 국가미래연구원장

## 서강학파의 좌장 … 문재인 대통령의 'J 노믹스' 설계

시장주의를 강조하는 '서강학파'의 좌장이다. 국내 최초로 기술경제학에 대한 체계적인 교육과 연구를 시행한 선두주자다. 1980~1990년대 국내 산업정책 및 통상정책 수립에 큰 영향을 미쳤다. 전남 나주 출신으로 서강대 경제학과를 졸업하고 미국 하와이대 대학원에서 경제학 박사학위를 받았다. 한국개발연구원, 한국은행 금융통화위원회 위원, 한국국제경제학회 회장 등을 역임했으며 서강대 석좌교수로 재직 중이다. 저서로는 2013년 경제전문 논객 김영욱 중앙일보 논설위원과의 대담집《한국형 창조경제의 길》이 있다.

김 교수는 2007년 한나라당 대선 경선 때부터 정치권에 이름을 올렸다. 일명 '박근혜 공부모임' 멤버 중 한 명이었던 것으로 전해졌다. 2012년 대선에서는 박근혜 새누리당(현 자유한국당) 후보의 경제공약 '줄푸세(세금 줄이고 규제 풀고 법질서 세우고)'를 설계했다.

다만 김 교수는 박근혜 정부에선 공직을 맡지 않았다. 김 원장은 박근혜 정부 출범 이후 경제수장 하마평이 나올 때마다 1순위로 언급됐다. 그러나 정부 출범 초기부터 정부 기조와 달리 '증세 없는 복지는 허구'라는 쓴소리를 하면서 박근혜 정부 핵심부와는 멀어졌다. '최순실 게이트' 이후에는 정경유착 구조를 비판하며 전경련 해체를 주장했다.

대신 2010년 보수진영의 싱크탱크인 국가미래연구원을 설립해 원장을 맡았다. 이번 대선에서 문재인 대통령 캠프에 전격 합류하면서 원장직을 내려놨다. 김 교수는 선대위에서 새로운대한민국위원회 위원장으로 영입됐다. 문 대통령은 김 교수 영입을 위해 세 차례나 만나 설득한 것으로 알려졌다.

선대위에서 김 교수는 문 대통령의 경제 비전 '제이(J)노믹스'를 설계했다. 문 대통령의 지론인 일자리 마련을 통한 소득주도성장론, 국민성장론을 발전시킨 '사람경제 2017' 구상에 큰 비중을 차지했다. 국가 재정지출 증가율을 현행 3.5%에서 7%로 확대하며 적극적인 '일자리 부양책'을 구사하는 게 핵심이다. 문 대통령의 공약도 분배에 초점을 뒀던 과거와 달리 사람에 대한 투자를 통한 성장과 분배의 병행으로 바뀌었다. 가계부채가 영세 서민의 생계에 큰 위협이 되는 만큼 단순히 돈을 나눠주는 것보다 일자리를 창출해 사람이 일할 수 있도록 하자는 생각이다.

# 김기정

**연세대 행정대학원장**

| **출생** | 1956년 경남 통영
| **학력** | 경남고, 연세대 정치외교학, 코네티컷대 정치학 석사 및 박사
| **경력** | 코네티컷대 강사, 한국정치학회 및 한국 국제정치학회 이사, 연세대 정치외교학과 교수, 외교통상부 정책자문위원, 대통령자문 정책기획 위원회 위원, 문재인 대통령 대선캠프 싱크탱크 '정책공간 국민성장' 연구위원장

## 동북아에서 한국 주도론 강조 … 문재인의 외교 안보 브레인

연세대 행정대학원장으로 '문재인 대통령의 외교·안보 브레인'으로 손꼽히는 인물이다. 한·미 관계를 포함해 동북아 외교 현안을 한국이 주도적으로 풀어야 한다는 신념을 갖고 있다. 지난해 출범한 문재인 대통령 대선캠프 싱크탱크인 '정책공간 국민성장'의 연구위원장을 맡았다.

정치외교 전문가다. 연세대 정치외교학과를 나와 미국 코네티컷대에서 정치학 석사와 박사를 마쳤다. 한국정치학회와 한국국제정치학회 이사를 지냈다. 노무현 정부에서는 2006년 통일부 통일정책평가위원, 통일부 자체평가위원을 맡았다. 같은 해 대통령 비서실 정책자문위원과 외교통상부 정책자문위원, 대통령자문 정책기획위원회 위원을 맡는 등 노무현 정부의 외교 및 통일 정책에 큰 영향을 미쳤다. 당시 문재인 비서실장과 인연을 맺어 문 대통령의 외교 자문 역할을 맡게 됐다.

　김 교수는 한국의 주도적 역할을 강조한다. 그는 "과거 한·미 동맹을 규정하는 정체성은 후견인과 피후견인의 관계였지만 지금은 새로운 정체성이 필요한 때"라며 "장기적으로 한·미 관계는 한반도와 동북아에서 서로 해야 할 역할에 중점을 두고 발전시켜야 한다"고 말했다. '자주외교'를 강조하는 문재인 대통령의 외교관과 맞닿아 있다. 김 교수는 남북관계는 북한의 변화를 이끌어내는 방향으로 가야 한다고 본다. 한반도 평화를 위해 북한을 대화의 장으로 끌어내야 하고, 이는 미국의 목표와도 일치한다고 주장한다. 북핵문제는 3단계 해결책을 제시했다. 먼저 북핵을 동결하고, 2단계로 미래 핵을 폐기하고, 3단계로 과거 핵을 폐기하는 게 그가 제시한 수순이다. 미래 핵을 폐기한다는 것은 핵무기 개발 기술이 더 이상 진전되지 않도록 한다는 의미다.

　김 교수는 지난 2월 미국 워싱턴DC 존스홉킨스대 국제대학원(SAIS)에서 열린 '한국 외교 정책의 방향' 토론회에 참석해 문 대통령의 외교·안보관을 발표했다. 이 자리에서 문 대통령을 '약자와 공감하고 실용적·합리적이며 겸손하고 온건한 사람'이라고 소개했다. 또 군사 능력 강화를 통한 대북 억지 등 안보 노선을 설명하며 문 대통령의 안보관이 투철하다고 대변하기도 했다. 사드(고고도 미사일방어체계) 배치와 관련해선 "정부와 정부 사이의 합의는 존중하지만 실제 배치는 다음 정부에 넘겨줬으면 좋겠다는 게 문 대통령의 생각"이라며 "국민적 합의 등을 위한 검토의 시간이 필요하다"고 밝혔다. 김 교수는 지난 4월 출간된 《그래요 문재인》의 공동 저자이기도 하다.

# 김상곤

### 전 경기교육감

| 출생 | 1949년 광주광역시
| 학력 | 광주제일고, 서울대 경영학과, 서울대 대학원 경영학 박사
| 경력 | 서울대 총학생회장, 한신대 경영학과 교수, 민주화를 위한 전국 교수협의회 공동의장, 민선 1·2기 경기교육감, 제19대 대통령선거 더불어민주당 중앙선거대책위원회 공동선대위원장

## 문재인 정부 교육정책 설계자

노동 복지 사회경제 등을 연구한 정책 전문가다. 민주화운동과 시민운동에 적극적으로 참여해온 대표적인 진보 인사기도 하다.

1949년 광주광역시에서 태어났다. 광주제일고를 졸업해 1969년 서울대 상과대학에 입학했다. 대학에 들어간 뒤 '후진국 사회 연구회' 라는 사회과학 동아리에 참여했다. 후진국 사회 연구회는 김문수 전 경기지사, 심재권 더불어민주당 의원 등도 가입했던 운동권 토론 동아리다. 1970년 전태일 열사 분신을 계기로 민주화 운동에 본격적으로 뛰어들었다. 1971년 서울대 총학생회장을 맡았고 교련 반대운동을 주도하다 제적돼 강제 징집됐다.

제대 후 복학해 경영학 박사학위를 받고 1983년부터 한신대에서 경영학과 교수로 일했다. 교수로 재직하면서도 민주화 운동에 적극 참여했다. 1986년 6월 항쟁 당시 '교수선언' 을 주도했고 1987년에는

'민주화를 위한 전국교수협의회' 창립을 이끌었다.

2004년 노무현 전 대통령의 탄핵소추안이 가결됐을 때는 전국교수노조 위원장으로 탄핵 무효 부패 정치청산 범국민행동을 이끌었다.

2009년 교육감 선거에 범민주 단일후보로 출마하면서 대중적인 인지도를 얻었다. 당시 무상급식, 학생 인권 조례 등 진보적인 정책을 시행했다. 입시 위주의 주입식 교육 대신 창의적 자기주도적 학습능력을 강조하는 혁신학교 역시 그의 대표적 정책이다.

김 전 교육감에 대한 평가는 엇갈린다. 개혁과 변화에 적합한 인물이라는 평가와 지나치게 진보적이라는 평가가 공손한나. 교육감 재직당시 시국 선언에 참여한 전국교직원노동조합(전교조) 교사 징계 문제를 놓고 당시 교육과학기술부와 대립했다. 시국 선언에 참여한 전교조 교사를 중징계하라는 요구를 김 전 교육감이 거부해서다. 교과부는 2009년 11월 김 전 교육감에게 직무이행 명령을 내리고 직무유기 혐의로 형사 고발했다. 교육부 장관이 현직 교육감을 형사 고발한 것은 이때가 처음이다.

2015년 문재인 당시 새정치민주연합 대표는 재보선 패배 이후 당 혁신을 위해 김 전 교육감을 혁신위원장으로 영입했다. 2016년 초에는 문재인 당시 인재영입위원장 후임을 맡고 그해 열린 더불어민주당 당대표 경선에도 출마했다. 이때 조국 청와대 민정수석 등 대학교수 65명이 김 전 교육감을 지지하는 성명을 발표하기도 했다.

김 전 교육감은 이번 대선 선거대책위원회에서 공동선대위원장으로 교육 공약 등을 총괄했다. 고교 무상교육, 입시제도 단순화 등 문 대통령의 교육 공약 전반에 영향을 미친 것으로 알려졌다.

김현철 ————
**서울대 국제대학원 교수**

| 출생 | 1962년 대구
| 학력 | 서울대 경영학과 · 경영대학원, 일본 게이오대 경영학
박사
| 경력 | 일본 나고야대 교수, 쓰쿠바대 교수, 한국자동차산업학
회장, 중소기업학회 부회장, 유통학회부회장, 서울대
일본연구소 소장

## 문 대통령의 '국민성장론' 기틀 마련한 학자

문재인 대통령의 경제 정책 '국민성장론'의 기틀을 마련한 학자다. 국가 경제 성장에 따른 과실이 국민에게 고루 돌아가야 경제가 제대로 성장할 수 있다는 게 국민성장론의 핵심이다. 문재인 대통령은 김 교수의 저서《어떻게 돌파할 것인가: 저상장 시대, 기적의 생존 전략》을 인상 깊게 읽었다고 수차례 밝히기도 했다. 그는 이 책에서 저성장기의 일본 경제와 기업들의 대응 방식을 조명하고 한국이 어떻게 나아가야 할지 방향을 제시했다.

김 교수는 서울대 경영학과와 경영대학원을 나온 뒤 청암재단(포스코) 장학금으로 일본 게이오대에서 경영학 박사학위를 받았다. 일본 나고야대, 쓰쿠바대 등에서 교수로 재직하다가 2007년 귀국했다.

그는 일본에 있을 때 '잃어버린 20년'을 지켜보면서 '인구절벽' 문제의 심각성을 체감했다고 한다. 한국도 일본처럼 인구가 감소하기 시작하면서 중산층 붕괴, 정부의 재정 적자 확대, 소비 감소 등 심각한 사회 문제가 발생하고 있다고 경고했다. 이를 해결하기 위해선 "국민의 주머니를 손쉽게 털 게 아니라 필요하면 법인세를 올려야 한다"는 게 그의 주장이다. 법인세 실효 세율이 한국은 너무 낮다는 이유를 들고 있다. 이로 인해 가계는 빚을 잔뜩 지고 기업은 곳간이 두둑해지는 불균형 현상이 일어나고 있다고 본다. 새로운 돌파구로 '통일'을 제시하기도 했다. 개성공단 재개 등 남북관계 개선에 정부가 나서야 한다고 조언했다.

그는 기업을 상대로 강연을 하면서 '돌직구'를 날리는 것으로도 유명하다. 2012년 삼성그룹 사장단 강연에선 "삼성은 도요타를 벤치마킹해 세계 1등으로 컸지만 애플과는 달리 복잡한 모델을 취하고 있어 위기를 맞을 수 있다"고 지적했다. 삼성그룹 '베스트 30' 강연자로 선정되기도 했다. 삼성전자를 비롯해 삼성전기 삼성카드 현대자동차 SK텔레콤 포스코 제일모직 아모레퍼시픽 등의 자문을 맡았다. 일본에 있을 땐 신일본제철 도요타자동차 닛산자동차 후지제록스 NEC 아사히맥주 일본농협 등의 자문과 교육을 담당했다.

저술 활동도 활발하게 했다. 일본어 저서로는 《고객 창조》, 《영업의 본질》, 《비즈니스 시스템 혁신》, 《편의점 업태의 혁신》 등이 있다. 한국어로 《일본 기업 일본 마케팅》, 《사례로 배우는 일본 유통》, 《CEO 영업의 길을 묻다》, 《도요타 DNA》 등을 썼다.

# 김호기 ──────

**연세대 교수**

| 출생 | 1960년 경기 양주
| 학력 | 연세대 사회학과, 연세대 대학원 사회학 석사, 빌레펠트대 사회학 박사
| 경력 | 연세대 사회학과 교수, 참여연대 정책위원장, 안철수 캠프 정치혁신포럼 대표, 문재인 캠프 새로운대한민국 위원회 사회분과 부위원장

## 참여연대 정책위원장 지낸 현실참여형 교수

사회갈등 해소를 위한 협치와 대타협 등 사회통합을 주장해온 대표적 사회학자다. 중도 진보 성향이란 평가를 받고 있다.

1960년 경기 양주 출생으로 연세대 사회학과와 대학원을 졸업하고 독일 빌레펠트대에서 사회학 박사학위를 받았다. 1992년 이래 연세대 사회학과 교수로 재직하면서 정치사회학, 시민사회론, 현대사회론, 진보와 보수 등을 가르치고 있다.

김 교수는 소위 '현실참여형 교수'다. 2002년 참여연대 협동사무처장을 지냈다. 2003년 노무현 대통령 취임연설 기초위원으로 활동했고, 2012년 대선 때는 안철수 당시 무소속 후보의 싱크탱크였던 '소통과 참여를 위한 정치혁신포럼(정치혁신포럼)' 대표를 맡았다. 안철수 후보가 들고나온 '새 정치'의 콘텐츠를 채우는 핵심 브레인이었다. 안 후보의 사퇴 이후 문재인 민주당 후보 지지를 선언했다.

문재인 캠프에선 김광두 서강대 석좌교수와 함께 '새로운 대한민국 위원회' 부위원장(사회분과)을 맡아 사회학 전공자답게 저성장·불평등·인구절벽 등 새 정부의 핵심과제를 다듬었다. 문재인 대통령은 김 교수에 대해 "사회통합을 주장해온 대표적 사회학자로 김광두와 김상조 두 분이 캠프에 함께하는 데 중요한 역할을 했다"며 "중도적 지식인이 보수와 진보를 포용할 수 있다는 것을 보여줬다"고 말했다. 김 교수는 "중단 없는 개혁과 원칙 있는 통합의 길을 찾겠다"며 "개혁적 보수와 합리적 진보의 협력이 그 어느 때보다 중요하다"고 밝혔다.

김 교수의 행보를 두고 일각에선 '폴리페서'라는 비판도 나온다. 하지만 김 교수는 "지식인의 역할이 전공에 따라 다른 것 같다"며 "어떤 전공은 진리 탐구에 주력하는 것이 주요 역할일 수 있고, 어떤 전공은 정책 대안을 마련하는 것이 주요 역할일 수 있어 한 가지 잣대로 평가하기는 어렵다"는 소신을 밝힌 바 있다.

그는 이번 19대 대선 후 '저성장 불평등'과 '4차 산업혁명에 대한 도전'이 새로운 과제가 될 것으로 내다봤다. 김 교수는 경향신문과의 인터뷰에서 "경제민주화와 복지국가가 화두였던 2012년과 달리 이번 대선에선 '앙시앵레짐', 즉 낡은 체제를 어떻게 극복할 것인가가 시대정신으로 부상했다"며 "4차 산업혁명의 도전에 어떻게 대응할 것인가와 북핵 실험으로 인한 안보상황도 심각한 문제"라고 말했다.

# 문정인 ─────
### 연세대 명예특임교수

| 출생 | 1951년 제주 출생
| 학력 | 오현고, 연세대 철학과, 미국 메릴랜드대 정치학 박사
| 경력 | 미국 듀크대 · 윌리엄스대 · 켄터키대 · UC샌디에이고
교수, 연세대 정치외교학과 교수, 통일연구원장, 대통
령자문 동북아시대위원회 위원장, 외교통상부 국제안
보대사, 중국개혁개방포럼 국제고문

## 김대중 · 노무현 정부 외교안보 정책 설계

김대중 · 노무현 정부의 대북 · 대미정책의 산파 역할을 한 대표적 통일 외교안보통으로 손꼽힌다. 노무현 정부에서 장관급이던 동북아시대 위원장과 외교통상부 국제안보대사를 지냈다. 한때 국정원장 후보로 내정됐지만 기용되지는 못했다. '문재인의 외교 브레인'으로 불리는 김기정 연세대 행정대학원장을 비롯해 같은 싱크탱크에서 '한반도안보신성장 추진단장'으로 공약 수립에 관여한 최종건 연세대 교수 등 문재인 대통령과 가까운 연세대 정외과 그룹의 좌장이기도 하다.

제주 출신으로 오현고와 연세대 철학과를 졸업했다. 미국 메릴랜드대에서 정치학 석 · 박사학위를 받고 국제 정치를 주로 연구했다. 한국에서 영어를 가장 잘 구사하는 국제정치학자 중 한 사람으로 꼽힌다. 한반도와 동북아 문제를 연구하는 해외 학자들에게는 '한국으로 통하는 관문'으로 불린다.

남북관계에서 햇볕정책을 지지하는 대표 연구자로 꼽는다. 김대 중·노무현 정부의 햇볕정책과 동북아번영정책 설계에 관여하면서 이름을 알리기 시작했다. 2000년 6월 열린 1차 남북 정상회담과 2007 년 10월 2차 회담에 민간인으로는 유일하게 특별수행원으로 참여한 '햇볕정책의 국제 담당 대변인'으로 불렸다. 문 대통령이 2012년 대 선후보이던 시절에도 캠프에서 활약했으며 이번 대선에서도 외교· 안보분야 핵심 브레인으로 캠프에 조언한 것으로 알려졌다.

그는 평소 '중국과 더불어 사는 한국'을 강조하며 통일에서 중국의 역할을 강조해왔다. 남북관계를 개선하려면 무엇보다 한반도를 둘러 싼 미·중 간 갈등을 줄여야 한다고 강조한다. 베이징대 초빙교수로 중국에 머물면서 옌쉐퉁 칭화대 국제문제연구소 소장, 왕지쓰 베이징 대 국제관계학원장 등 중국 석학 20여 명과 대담한 내용을 간추린 저 서 《중국의 내일을 묻다》는 중국출판협회 우수 수입 도서(사회과학 분 야)로 선정됐다. 한반도 사드 배치가 한·중 간 갈등으로 떠올랐을 때 는 야당 의원들의 '사드 방중'을 '매국행위'라고 비판한 당시 정부와 여당에 일침을 놨다.

그는 학계의 마당발로 통하지만 고급 사교로 인식되는 골프를 치지 않고 조찬에 나가지 않는 소탈한 성품으로도 유명하다. 대신 밤 10~11시부터 새벽 2~3시까지 책을 읽거나 글을 쓰며 공부를 한다. 사회과학논문 인용색인(SSCI)급 논문이 40편, 영어 논문 200편, 한글 논문 100편을 쓰는 등 인문사회학자로서 최고 수준의 업적을 냈지만 이를 기준으로 학자를 평가하는 관행은 바뀌어야 한다고 강조한다. 해외에서 유행하는 이론을 기준으로 복잡한 한국사와 한국 정치를 연 구하는 학자를 평가해서는 안 된다는 입장을 갖고 있다.

박승 ─────────

전 한국은행 총재

| 출생 | 1936년 전북 김제
| 학력 | 이리공고, 서울대 상대, 뉴욕주립대(올버니) 경제학
　　　　박사
| 경력 | 중앙대 경제학과 교수, 대통령 경제수석비서관, 건설부
　　　　장관, 한국경제학회장, 대한주택공사 이사장, 한국은행
　　　　총재, 중앙대 경제학부 명예교수, 문재인 대통령 대선
　　　　캠프 싱크탱크 '정책공간 국민성장' 자문위원장

## 보수 · 진보 정부 두루 거친 중도성향 경제학자

　대통령 경제수석비서관, 건설부 장관, 한국은행 총재 등을 지낸 중도 실용 성향의 경제관료이자 경제학자. 노태우 정부 때부터 노무현 정부 때까지 보수와 진보 정부 양쪽에서 두루 요직을 맡았다. 지난 제19대 대통령 선거 때는 문재인 후보 캠프 싱크탱크인 '정책공간 국민성장' 자문위원장을 맡아 문재인 대통령의 경제정책 틀을 잡았다. 지난해 4 · 13 총선을 앞두고 당시 더불어민주당 대표이던 문재인 대통령으로부터 당 선거대책위원장직을 제안받았지만 고사했다. 대신 김종인 전 의원이 영입됐다. 2012년 제18대 대선 때도 문재인 당시 민주통합당 대선후보의 경제정책을 자문했다.

　전북 김제 출신으로 서울대 상대를 나와 1961년 한은에서 사회생활을 시작했다. 미국 뉴욕주립대에서 경제학 석 · 박사 학위를 받은 뒤 1976년 중앙대 경제학과 교수가 됐다.

1988년 노태우 정부가 들어서면서 초대 경제수석과 건설부 장관을 맡아 대통령 공약이던 '주택 200만호 건설'을 주도했다. 분당 일산 산본 평촌 중동 5대 신도시 건설이 그때 시작됐다. 집값이 뛰던 상황에서 분양가 자율화 검토 발언이 파문을 일으키자 7개월 만에 장관직에서 물러나 강단으로 돌아갔다.

2002년 김대중 정부 말기부터 2006년 노무현 정부 중반까지 한은 총재를 지냈다. 2003년 한은 부총재를 금융통화위원회 당연직으로 임명하고, 한은이 금융결제제도의 총괄감시권을 갖는 등의 내용을 담은 한은법 개정안을 이끌어내 한은의 독립성을 강화했다는 평가를 받는다. 또 시장과의 소통을 중시해 시장과 본격적인 대화를 한 첫 총재로 불린다. 재임 당시 특유의 직설적인 화법으로 시장에 혼란을 줬다는 지적을 받기도 했다. 부동산값이 급등하는 상황에서도 카드사태 이후 경기를 우려해 기준 금리를 네 차례 인하, 물가 안정보다 경제 성장을 중시하는 모습을 보였다.

박 전 총재는 한국 경제가 당면한 최대 문제로 '양극화로 인한 민생위기'를 꼽는다. 이를 해결하기 위해 수출주도 성장정책에서 소비주도 성장정책으로 바꿔야 한다고 주장한다. 임금 인상, 배당금 확대, 법인세 증세를 통한 세출 증가가 필요하다고 본다. 그동안의 대기업 소득 보호 정책을 가계 소득 보호 정책으로 바꾸고, 선(先)성장·후(後)복지 정책을 성장·복지 병행 정책으로 바꿔야 한다는 것이다. 그는 문재인 정부가 친기업정책을 펼 것이라며, 과거처럼 대기업에 특혜를 주는 방식이 아니라 고통이 있더라도 잘못된 관행은 고쳐주고 기업들이 시장원리에 따라 정부의 간섭 없이 사업하도록 해주는 것이 진정한 친기업정책이라고 말한다.

# 이무원

연세대 교수

| **출생** | 1968년 부산
| **학력** | 부산 동인고, 연세대 경영학과 학사·석사, 스탠퍼드대 경영학 박사
| **경력** | 연세대 경영학과 교수·현대자동차/YSB 석좌교수, 하와이대 석좌교수

**문 대통령 싱크탱크서 산업경쟁력강화추진단장 맡아 …**

**스타트업 육성 등 신성장동력 발굴 조언**

연세대 경영학과에서 학사와 석사 과정을 마쳤다. 진보진영의 대표적 원로학자인 오세철 연세대 명예교수가 그의 석사과정 지도교수다. 미국 스탠퍼드대에서 박사학위를 받은 뒤 방문학자로 재직하던 중 미국 경영학회 최고 논문상을 수상하며 화제를 모았다. 2004년부터 하와이대 교수로 있다가 2013년부터 모교인 연세대 강단에 섰다.

문재인 대통령의 싱크탱크 '정책공간 국민성장' 멤버로 산업경쟁력강화추진단장을 맡아 4차 산업혁명에 대비한 신성장동력 발굴과 스타트업(신생 벤처기업) 육성 구상 등에 대해 적극적으로 목소리를 내왔다.

그는 언론 인터뷰에서 "효율성을 너무 강조하다 보면 신성장을 위한 혁신은 요원해질 수 있다"며 "컨트롤 타워가 아니라 균형 있고 공정한 산업 생태계 조성을 위한 '지원 타워' 구축에 초점을 둬야 한다"
고 제안했다.

학문적으로는 조직이론 분야의 국내 권위자 중 한 사람으로 꼽힌
다. 조직학습에서 일어나는 여러 실수나 편견으로 인해 발생하는 의
사결정상의 여러 오류 연구, 조직의 큰 자산으로 여겨져온 높은 명성
이 조직에 해로 돌아올 수 있는 메커니즘 연구, 동양사상에 기반한 조
직이론 구축 등에 대해 관심을 갖고 있다. 현재 작업 중인 논문 중 하
나도 주자학의 여러 사상과 세종대왕의 발명 과정을 연결지으면서 서
양의 조직학습이론과 다른 이론을 제시하는 것이다.

이진석

**사회수석실 사회정책비서관**
**(서울대 의대 교수)**

| **출생** | 1971년
| **학력** | 고려대 의대, 서울대 의대 대학원
| **경력** | 서울대 의대 교수, 대한의사협회 의료정책연구소 연구
　　　　조정실장

## 문재인 대통령의 보건의료분야 공약 설계

　　문재인 대통령의 보건의료분야 브레인. 공공의료 서비스와 품질 향
상에 관심을 두고 꾸준히 목소리를 내온 의료정책 전문가다.

　　문재인 대통령의 싱크탱크 '정책공간 국민성장'에서 7개 분과로
구성된 연구위원회의 총괄간사를 맡았다. 지난해 10월 문 대통령의
당내 경선과 대선 본선을 준비하기 위해 꾸려진 친문 측근 그룹 '광흥
창팀' 멤버 13인 중 한 명이기도 하다. 서울대 의대 교수를 지낸 김용
익 전 더불어민주당 민주연구원장의 수제자로 알려져 있다. 이번 대
선 준비 과정에서 이 교수는 김 전 원장과 함께 보건의료분야 공약을
설계했다. 2012년 18대 대선 당시에도 문재인 캠프 복지국가위원회
보건의료분야 전문위원이자 보건의료특위 위원으로 활동하며 보건분
야 공약 마련에 관여했다. 정책공간 국민성장에서 정책분야 총괄간사
를 맡고 광흥창팀에서도 정책분야를 맡았던 만큼 보건의료분야뿐 아

**346**

니라 문재인 정부의 정책기조 전반을 꿰뚫고 있다는 평가를 받는다.

이 교수는 진보신당이나 건강보험 하나로 시민회의, 복지국가소사이어티 등 진보적 색채가 강한 단체에서 활동하며 건강보험의 보장성 강화와 보험재정 확충, 의료공공성 강화, 적정 의료수가 확립 등을 꾸준히 주장해왔다. 건강보험공단 재정운영위원회에 참여연대 측 대표로 참여하기도 했다. 언론 기고를 통해 공공의료 등 복지분야 전반에 대한 목소리를 내는 데도 적극적이다. 2009년에는 시사주간지 '시사저널'이 의료분야의 가장 영향력있는 차세대 인물로 선정하기도 했다. 의료계 전문가 50명을 내상으로 조사한 결과로, 공공의료 서비스의 범위와 품질 향상에 노력한 공로를 인정받았다.

이 교수는 진보단체에서 활동한 경력으로 한때 곤욕을 치르기도 했다. 2015년 대한의사협회 의료정책연구소 연구조정실장에 임명되자 의료계 일각에서 '좌편향 인사'라며 강하게 반발한 것이다. 이 교수는 당시 자신의 인사에 반대하는 측에 대해 "의사의 권익과 국민의 이익이 일치하는 제도를 의협 안에서 마련해보겠다"는 포부를 밝히며 정면돌파했다. 이 교수는 이듬해 1년2개월 만에 일신상의 사유로 실장직에서 사임했다. 이 교수가 의협 의료정책연구소 연구조정실장을 거치면서 더욱 유연해졌다는 평가가 나온다.

# 정해구

**성공회대 교수**

| 출생 | 1955년 충남 서천
| 학력 | 연세대 행정학과, 고려대 정치학 박사
| 경력 | 성공회대 사회과학부 정치학과 교수, 생활정치연구소
　　　소장

## 문재인 대통령 시민사회 분야 정책브레인

조대엽 고려대 사회학과 교수와 함께 문재인 대통령의 시민사회 분야 철학을 가장 잘 이해하는 인사 중 하나로 꼽힌다. 연세대 행정학과를 졸업하고 고려대에서 정치학 석·박사를 취득했다. 조희연 서울교육감과 함께 성공회대 사회과학부의 대표적 학자다.

김병준 전 청와대 정책실장 등과 함께 노무현 정부 정책자문교수단에 참여했다. 노무현 전 대통령 탄핵 당시엔 이를 '의회 쿠데타'로 규정하면서 "헌법재판소가 대통령 탄핵을 결정한다면 걷잡을 수 없는 사태로 이어질 것"이라며 공개적으로 노 전 대통령을 옹호했다.

정 교수는 문 대통령의 정책브레인 그룹 '심천회'의 핵심 멤버다. 참여 교수가 1000명을 넘는 문 대통령의 싱크탱크 '정책공간 국민성장'의 모태가 심천회다. 심천회는 2013년 결성 후 매달 한 번 문 대통령과 만나며 일찌감치 문 대통령의 대선 재도전을 준비했다. 심천은

조선왕조 개국공신인 삼봉 정도전의 어록 중 심문천답(마음이 묻고 하늘이 답한다)에서 따왔다. 정 교수가 이곳 정책네트워크 위원장으로 활동했다.

일각에서는 그를 대한민국 정통성을 부정하는 종북 사관주의자로 규정하기도 한다. 최장집 고려대 교수와 함께 펴낸《해방 전후사의 인식4》에 수록된 논문 해방 8년사의 총체적 인식 등을 근거로 해서다. 이 논문에서 그는 "일제 지배하에서 잠재적으로 야기된 계급적 민족적 분열, 인구의 이동, 강력한 관료기구의 유산, 민족해방투쟁세력의 분산과 고립, 수많은 운동가의 지방 활동 등 요소들이 해방 후 정치적 갈등에 영향을 미쳤다. 혁명에 긍정적으로 영향을 미친 측면에서 본다면 일제하 모순 심화로 인해 노동자, 농민을 중심으로 한 민중이 반봉건 과제를 수행하기 위해 광범위하게 동원됐다. 자본주의가 충분히 발달하지 않은 상태에서도 친일파, 민족반역자 처벌을 비롯한 식민 잔재의 척결을 요구하는 애국적 역량과 토지개혁을 비롯한 봉건 잔재의 척결을 요구하는 계급적 역량이 동원되면서 인민민주주의 혁명이 가능하게 됐다"고 기술했다.

세월호 사건에 대해선 "망각에 대항해 어떻게 싸우느냐의 문제가 중요하다. 많은 문제가 진상 규명이 안 됐다"고 밝힌 바 있다.

저서로는 개항 이후 1987년 민주화 원년까지 근현대사를 서술한 《해방 이후 한국사》 등이 있다. 이 책은 이승만과 제1공화국, 박정희와 개발독재시대, 전두환과 80년대 민주화운동 등 세 권으로 이뤄져 있다.

# 조대엽 ── 고려대 노동대학원장

| 출생 | 1960년 경북 안동
| 학력 | 안동고, 고려대 사회학, 고려대 사회학 석·박사
| 경력 | 고려대 일반대학원 부원장, 한국사회학회 총무이사, 한국NGO학회 부회장, 한국정치사회학회 부회장, 한국비교사회학회 회장, 한국사회학회 부회장

## 성장과 복지의 선순환 모델 주장하는 심천회 핵심멤버

한국의 대표적 정치사회학자로 노동복지 분야 전문가다. 성장과 복지가 선순환하는 경제모델을 추구한다. 그는 "'맹목적 성장주의'라는 유령에서 벗어나 기업이 아니라 국민이 성장해야 한다"고 주장해왔다. 국민이 성장하기 위해서는 보편적 복지와 경제민주화를 통해 공적 질서를 다시 확립해야 한다고 했다. 이런 맥락에서 무상급식, 성적장학금 폐지 등의 정책을 지지했다. 신자유주의에 대해서는 반대했다. 2009년 이명박 정부 당시에는 고려대 교수 130명과 함께 시국선언문을 냈다. "정부가 특정 계층에 편중된 정책과 일방적 국정 운영을 지속함으로써 실업과 빈곤이 증가하는 등 정치적·경제적 민주주의가 모두 후퇴하고 있다"는 내용이었다.

조 원장은 문재인 대통령의 최측근인 '심천회(心天會)' 초기 멤버로 참여했다. 박근혜 전 대통령이 당선된 2013년 문 대통령의 재기를 돕기 위해 발족한 모임이다. 심천회라는 이름도 그가 제안한 것으로 알려졌다. 조선 개국공신인 정도전이 저술한 책《심문천답》(心問天答: 마음이 묻고 하늘이 답한다)에서 따왔다. 지식인들이 국민의 뜻을 간절히 모으면 하늘의 뜻이 미래 소명으로 나타난다는 의미다. 심천회를 모태로 문재인 캠프의 싱크탱크인 '정책공간 국민성장'이 작년 10월 출범하면서 조 원장은 국민성장 연구부소장을 맡았다. 이곳에서 문재인 정부의 공공부문 일자리 확대 등 경제공약을 짰다. 작년 말부터는 매주 새로운 공약이 나와 문 대통령의 정책적 지지대가 됐다. 올 2월에는 1000여 페이지 분량 경제정책 제안서가 완성됐다.

선거대책위원회 구성 후에는 문 대통령의 정책자문기구인 '민주정책통합포럼' 상임위원장을 맡았다. 민주정책통합포럼은 민주당 경선 후보였던 안희정 충남지사와 이재명 성남시장 등의 싱크탱크를 통합한 기구다. 출범식에서 조 원장은 "안 지사의 '연정론', 이 시장의 '공정사회론', 박원순 서울시장의 '생활민주주의론', 최성 고양시장의 '분권론', 김부겸 의원의 '공존경제론'의 정신을 하나로 모아 새로운 대한민국의 튼튼한 정책 기반으로 삼고자 한다"고 설명했다.

조 원장은 경북 안동고를 졸업한 뒤 고려대 사회학과에서 학·석·박사 과정을 마쳤다. 이후 동 대학에서 사회학과 교수로 재직하다 일반대학원 부원장, 한국비교사회학회 회장을 거쳐 2015년 노동대학원장에 취임했다.

# 조흥식

**서울대 교수**

| **출생** | 1953년 부산
| **학력** | 부산고, 서울대 사회복지학과
| **경력** | 청주대 사회복지학과 부교수, 서울대 사회복지학과 교수, 사회복지공동모금회 이사, 한국사회정책학회장, 참여사회연구소 소장, 서울대 교수협의회장

## 문 대통령의 '복지 브레인' … 생애맞춤형 소득지원 추진

문재인 대통령의 복지 공약을 구체화했다. 대선 당시 문 대통령 캠프의 싱크탱크인 '정책공간 국민성장'에 참여해 사회문화(복지·교육·문화) 분과장을 맡았다. 문 대통령의 공약인 '생애맞춤형 소득지원제도' 등을 다듬는 역할을 했다. 생애맞춤형 소득지원제도는 국민이 아동기부터 노년기까지 '최저선' 이상의 생활을 영위할 수 있도록 국가가 보장한다는 내용을 골자로 하고 있다. 문 대통령은 0~5세 아동에게 월 10만원씩 지급하는 '아동수당'을 새롭게 도입하고, 취업하지 못한 청년에게 '구직촉진수당'도 지급한다는 공약을 내세웠다.

노인 복지 정책에도 관심이 높다. 현재 만 65세 이상 국민 가운데 소득 하위 70%를 대상으로 지급하는 기초연금을 월 20만원에서 30만원으로 인상하는 정책을 추진하고 있다.

서울대 사회복지학과 교수로 전국국공립대학교수회연합회 공동회장을 맡고 있다. 미국 시카고 로욜라대 대학원 교환교수, 영국 헐대와 버밍엄대 객원교수 등을 지냈다. 2015년 3월 서울대 교수협의회장에 취임했다. 국제장애인재활협회(RI) 한국 의장, 농어촌복지포럼 공동대표, 관악사회복지이사장 등을 맡고 있다.

## 최정표

건국대 교수

| 출생 | 1953년 경남 하동
| 학력 | 양보중, 진주고, 성균관대 경제학 학사, 미국 뉴욕주립
대 경제학 석·박사
| 경력 | 미국 워싱턴제퍼슨대 경제학과 조교수, 세종대 경제학
과 조교수, 공정거래위원회 비상임위원, 경제정의실천
시민연합 공동대표

## 30년간 재벌 개혁 연구 ··· 경제민주화 주장 1세대

오랜 기간 '재벌 개혁'을 연구해왔다. 경제정의실천시민연합(경실련) 창립 초기부터 참여한 그는 재벌에 몰두했다. 최 교수가 1991년에 쓴 저서《재벌, 성장의 주역인가 탐욕의 화신인가》는 재벌 문제를 체계적으로 다룬 국내 첫 저작물이다. 이후 재벌에 관한 논의가 본격적으로 이뤄졌다. 그가 쓴 책 30여 권 가운데 재벌에 관한 것만 10권 가까이 된다.

경남 하동 출신으로 성균관대 경제학과를 졸업한 뒤 뉴욕주립대에서 경제학 석·박사학위를 받았다. 워싱턴제퍼슨대 경제학과 조교수, 세종대 경제학과 조교수, 뉴욕주립대 객원교수 등을 거쳐 건국대 경제학과에서 30년째 미시경제학과 산업조직론을 가르치고 있다. 2012년부터 작년까지 경실련 공동대표를 맡았다. 경제민주화를 이끌어온 1세대로 불린다. 최 교수는 한국아트밸류(Art Value)연구소장이기도 하다. 그림에도 조예가 깊어 매년 그림시장 총결산 보고서를 낸다. 《재벌들의 특별한 외도》라는 저서를 통해 미국의 유명 미술관과 재벌이 어떻게 연결돼 있는지를 설명하기도 했다.

최 교수는 지난해 10월 문재인의 대선 싱크탱크인 '정책공간 국민성장'에 참여하면서 문 대통령과 인연을 맺었다. 경제분과위원장을 맡아 재벌 개혁 공약의 밑그림을 그렸다. 싱크탱크 내에서 가장 진보적인 학자로 분류되기도 한다.

그는 언론 인터뷰와 저서를 통해 재벌 개혁 의지를 강력하게 밝혔다. "왕정에서 공화정으로 넘어가듯 오너 경영에서 전문인 경영으로 넘어가는 것은 자연스러운 과정"이라고 주장한다. 소유와 경영을 분리해야 하고, 전문경영인이 실질적 경영권을 행사해야 한다고 말한다. 이를 통해 경쟁력을 키우고 글로벌 스탠더드에 맞는 기업 체제로 넘어가야 한다고 여긴다. "재벌 개혁이 곧 한국 경제 복원의 시작점"이란 게 소신이다. 세습 경영과 황제 경영 유지를 위해선 정치 권력의 지원이 필요하기 때문에 필연적으로 정경유착 사태가 일어난다고 주장한다.

그는 2017년 1월 재벌 개혁안에서 이명박 정부 시절 폐지된 출자총액제한제를 부활시키는 방안을 제시했다. 10대 재벌은 순자산의 30%까지만 출자를 허용하는 방식이다. 집중투표제 도입이 필요하다고 강조했다.

## 최종건 ──────

**연세대 교수**

| 출생 | 1964년
| 학력 | 미국 로체스터대 정치학과, 연세대 정치학 석사, 미국
오하이오주립대 정치학 박사
| 경력 | 국회 외무통상통일위원회 자문위원, 한국학세계대회
조직위원회 사무차장, 공군 정책자문위원, 연세대 국제
화자문위원회 위원, 연세대 행정대학원 부원장

## 대화로 북핵문제 풀어야 한다는 외교안보 참모

문재인 대통령 후보 시절 외교안보 참모 역할을 했다. 2016년부터
더불어민주당 외교안보통일 자문위원을 맡고 있으며 문 대통령이 후
보 시절 싱크탱크로 운영한 '정책공간 국민성장'의 한반도안보신성장
추진단장을 맡아 문 대통령의 외교안보 분야 비전을 전하는 역할을 했
다. 문 대통령의 당선 과정에서 여러 매체와의 인터뷰를 통해 문 대통
령의 안보관을 적극적으로 피력하는 등 역할이 컸다는 평가를 받는다.

그는 동북아안보와 국제관계이론 등 외교안보분야 전문가로 평가
받는다. 지난해부터 외교안보분야에서 큰 논란이 됐던 사드(고고도 미
사일방어체계) 배치 문제에 대한 그의 생각은 부정적이다. 미국과 중국
의 관계가 불투명하고 동북아 정세가 악화되는 상황에서 사드 배치가
완료되면, 한국의 의도나 국익과 상관없이 한반도가 강대국 국제정치
의 변화에 의해 좌지우지될 수 있다는 게 그의 생각이다.

북한에 대해서는 유연성이 필요하다고 강조한다. 도발은 엄벌하겠다는 결연한 자세를 가지지만, 대화의 끈은 놓지 말아야 한다는 것이다. 그는 최근 10년 동안 더불어민주당조차도 북한과 별다른 접촉을 하지 않아 우선적으로 탐색적인 대화가 필요하다고 말한다. 탐색적 대화란 대화를 통해서 김정은의 북한이 어떤 의도와 한반도 비핵화 문제 등에 대해 어떤 로드맵을 가지고 있는지 알아보는 것을 말한다. 선결과제라는 얘기다. 그는 새 정부도 '한반도 비핵화'를 전제로 대화를 요구하기보다는, 대화를 통해 어떻게 평화적으로 한반도를 비핵화하고 남북관계를 개선할 수 있을지 방법을 모색할 것이라고 내다봤다.

'친북좌파 프레임' 등 색깔론에 대한 입장도 재정립해야 한다는 게 그의 소신이다. 색깔론은 친북, 반미, 빨갱이, 종북으로 변형돼 진보진영의 안보관을 왜곡하는 데 유용한 도구로 사용될 뿐이라는 것이다. 그는 한 칼럼을 통해 "색깔론은 보수진영의 무능력과 부정부패를 덮을 수 있는 아주 편리한 방어망이었으며 그 결과 지난 9년간 대한민국의 민주주의는 퇴보했다"는 의견을 밝히기도 했다.

한·미 관계와 관련해서는 한·미 동맹을 상호 호혜적으로 조정하려는 의지와 대한민국의 안보는 대한민국이 책임진다는 책임감이 필요하다는 점을 강조하고 있다. 사드를 포함한 주요 안보이슈에 대해 대한민국 정부가 주인의식과 책임의식을 갖고 검토한 후 미국에 물어보는 게 건강한 안보정책이라는 게 그의 소신이다.

# 한완상

**전 한성대 총장**

| 출생 | 1936년 충남 당진
| 학력 | 경북고, 서울대 사회학과 학사, 미국에모리대 대학원
　　　　정치사회학 석 · 박사
| 경력 | 서울대 명예교수, 김영삼 정부 통일부총리, 김대중 정
　　　　부 교육부총리, 한성대 총장, 대한적십자사 총재

## 민중사회학 주창 학자 … 진보 진영의 원로

진보 진영을 대표하는 사회학자다. 민주화와 한반도 평화를 위해 살아온 비판적 지식인이자, 굴곡진 한국 정치사와 함께해온 인물이다.

충남 당진 출신인 그는 중학생 때 6 · 25전쟁을 겪었다. 이승만 전 대통령이 창설한 국민방위군 10만 명이 추위와 배고픔을 못 이겨 길거리에서 죽어가는 모습을 보고 병든 사회를 치료하겠다는 꿈을 품었다. 서울대 사회학과에 진학한 후 대학원생 시절 떠난 미국 유학에서 마틴 루서 킹 목사의 비폭력 흑인 인권운동을 보며 큰 영향을 받았다.

1970년 한국으로 돌아온 한 전 총장은 서울대 사회학과 부교수로 임용된 뒤 반유신체제 선언에 가담하는 등 민주화운동에 헌신했다. 전두환 신군부에 의해 '김대중 내란음모 연루자'라는 누명을 쓰고 3년형을 선고받았다. 6개월 복역 후 형 집행정지가 돼 교수직에서 해직당한 것을 포함해 두 번의 해임과 세 번의 부교수 임용 등을 겪었다.

미국 망명 생활을 한 뒤 1984년 서울대 교수로 복직했다. 그는 김영삼 정부 때 통일부총리, 김대중 정부 때 교육부총리, 노무현 정부 때 대한적십자사 총재 등을 역임했다. 문재인 대통령의 지난 대선 싱크탱크였던 '담쟁이 포럼' 대표를 맡았고, 이번 대선에서는 싱크탱크 '정책공간 국민성장' 상임고문으로 일했다.

한 전 총장은 미국 유학 시절 신학을 공부한 뒤 한국에 돌아와 새길교회를 세운 목회자이기도 하다. 그는 비판적 정신과 평화에 대한 희망을 지금까지 유지할 수 있었던 힘은 신앙심이라고 말한다. 그는 "성시에 나오는 이야기처럼 최강의 갑인 사사가 사기 남복과 권력을 내려놓고 을의 벗이 되어 함께 먹고 일하고 공동체를 세워 가야 참된 평화와 따뜻한 정의가 이뤄진다"고 말한다.

여든을 넘긴 나이에도 매섭고 비판적인 시각을 갖고 있는 냉철한 조언자이기도 하다. 지난 3월10일 헌법재판소의 박근혜 대통령 탄핵 심판 선고 30분 전 문재인 당시 후보에게 전화를 해 "1990년 3당 합당과 같은 값싼 통합의 유혹에 빠지지 말기를 바란다"고 했다. 김영삼은 3당 합당으로 민자당 수구 냉전 세력에 휘둘려 국정 개혁을 못했고, 김대중도 김종필과 연합해 집권한 결과 2년여는 남북관계를 진전시키지 못했다고 지적했다.

남북 문제에 대해 그는 "그동안 남북 문제가 꽉 막힌 것은 역대 미국 대통령이 무관심한 정책을 폈기 때문인데, 도널드 트럼프 대통령이 북한 문제를 외교 문제의 첫 과제로 꼽고 있기 때문에 문 대통령에게 기회가 될 것"이라는 의견을 내놨다. 저서로는 1980년대 대학가의 필독서이자 금서였던 《민중과 지식인》《사자가 소처럼 여물을 먹고》 등이 있다.

제7장

# 외부영입 및
# 개인친분 인사

## 강경량

### 전 경기지방경찰청장

| 출생 | 1963년 전남 장흥
| 학력 | 경찰대 법학과, 한양대 대학원
| 경력 | 인천지방경찰청 수사과장, 평택경찰서장, 전북지방경찰청장, 경기지방경찰청장, 경찰대학장, 남부대학교 경찰행정학과 초빙교수, 문재인 캠프 새로운대한민국위원회

---

### 경찰대 출신 첫 경찰대학장 ··· 수사권 독립 등 경찰 변화 주도할 인물

경찰 수사권 독립 등 경찰의 조직 변화를 주도할 인물로 꼽는다. 전남 장흥 출신으로 1985년 경찰대 1기(법학과)로 졸업한 뒤 경찰 주요 보직을 거쳤다.

2000년과 2001년 인천지방경찰청 및 경기지방경찰청 수사과장을 잇따라 맡으며 수사 분야에서 경험을 쌓았다. 평택경찰서장과 김포경찰서장, 서울 강북경찰서장 등을 역임했다.

국민의 정부 시절 대통령비서실 치안비서관(2002년)으로 일했다. 참여정부 시절에는 경찰청 혁신기획단 업무혁신팀장(2004)과 경찰대 경찰학과장(2005)을 맡아 경찰조직과 행정을 혁신하는 업무를 주도했다.

2010년 전북지방경찰청장으로 부임하며 치안감으로 승진했다. 재임 시절 '현장 중심 도민 만족'을 목표로 치안정책을 추진했다. 주민

만족도 및 체감 안전도 평가에서 전국 2위를 달성해 주목받았다. 2011년 경찰대 출신 첫 경찰대학장으로 발탁됐다.

2012년 경기 수원에서 발생한 부녀자 살인사건 일명 '오원춘 사건'이 터진 이후 경기지방경찰청장으로 부임했다. 112 신고 대응체계 개선 등 현장 대응력을 강화하며 흔들리는 조직을 다잡았다. 현장을 강조한 그는 경찰의 대응 능력을 강화하는 방향으로 인력, 장비, 예산을 집중했고, 고객만족센터를 확대 발전시켜 맞춤형 지역치안을 확립했다. 현직에서 물러난 뒤 경찰공제회 이사장으로서 기금 자산을 관리 운영하는 업무도 수행했다.

지난 4월 문재인 캠프의 새로운대한민국위원회에 영입되며 정치권에 발을 내디뎠다. 당시 강 전 청장은 "경찰의 정치적 중립을 강화하고 이명박·박근혜 정부가 무너뜨린 국민 신뢰를 되찾아 국민 안전을 지키는 유능한 경찰로 다시 설 수 있도록 최선을 다해 도울 것"이라고 말했다.

검찰 개혁 과정에서 경찰의 수사권 독립을 위한 역할에 나설 것으로 예상된다. 문재인 대통령은 후보 시절 "국민이 힘들 때 늘 도움을 청할 수 있는 경찰"을 강조하면서 수사권 독립과 자치경찰제로 민생 치안을 챙겨나가겠다고 약속했다.

# 고영구

전 국가정보원장
(전 민변 회장)

| 출생 | 1937년 강원 정선
| 학력 | 체신고, 건국대 법학과
| 경력 | 사법시험 12회, 서울민사지방법원 부장판사, 제11대
국회의원, 민주당 부총재, 제1대 민주사회를 위한 변호
사모임 회장, 제26대 국가정보원 원장, 사람사는세상
노무현재단 고문, 법무법인 시민종합 변호사

## 변호사 350명과 '문재인 공동지지' … 민변 설립 주도한 1대 회장

'민주사회를 위한 변호사모임'(민변) 1대 회장을 지낸 전 국회의원 및 국가정보원장. 2012년 18대 대선을 앞두고 변호사 350명과 함께 공개적으로 문재인 대통령 지지선언을 했다.

1937년 강원 정선군에서 태어나 체신고와 건국대 법학과를 졸업했다. 1960년 사법고시 12회에 합격한 뒤 서울 민사·형사지법 판사와 서울고법 판사, 서울민사지법 부장판사 등을 지냈다.

이후 11대 국회의원 선거 때 민한당 공천을 받아 강원 영월·평창·정선 지역에서 당선됐다. 1988년에는 서울 영등포을 보궐선거에 범민주연합의 추천을 받아 무소속 후보로 출마했으나 나웅배 당시 민정당 후보에게 고배를 마셨다. 이후 한겨레민주당을 창당하기도 했다.

민주헌법쟁취국민운동본부 공동대표, 민추협 공동대표, 민주당 부총재 등을 역임하면서 지속적으로 외부활동을 이어나가다 1993년부터 법무법인시민종합 대표 변호사를 맡았다. 1994년에는 민변 창설에 주도적 역할을 하며 초대 회장을 지냈다.

노무현 정부 때였던 2003년부터 2005년까지는 국가정보원장을 지냈다. 현재는 다시 법무법인 시민종합 변호사로 일하면서 사람사는세상 노무현재단 고문을 동시에 맡고 있다.

# 권오중

**전 서울시 정무수석 비서관**

| 출생 | 1968년 서울
| 학력 | 마포고, 연세대 화학과, 서울대 정치학 석사
| 경력 | 대통령비서실 민정수석실 행정관, 서울특별시청 시장실 비서실장, 서울특별시청 정무수석비서관, 새정치민주연합 정책위원회 부의장, 더불어민주당 정책위원회 부의장

## 서울시정 두루 경험한 박원순맨 … 협치와 분권 강조하는 진보인사

박원순 서울시장을 오랜 기간 보좌한 대표적인 '박원순맨' 이다. 연세대 화학과 출신으로 총학생회장을 지냈다. 이후 서울대 대학원에서 정치학 석사학위를 받았다.

참여정부에서 고(故) 노무현 대통령 비서실 민정수석실 행정관을 지냈으며 서울시 은평구 감사담당관도 역임했다. 2011년 서울시장 재보선 때부터 줄곧 박원순 시장의 곁을 지키며 서울시청 내 주요 보직을 두루 맡았다. 시장실 비서실장과 정무수석비서관을 담당하며 박 시장이 이끄는 서울시 행정 실무를 주도했다.

2014년 6 · 4 지방선거 당시 박 시장 재선에 최측근 인사로서 공을 세웠다는 평가를 받는다. 같은해 7 · 30 국회의원 재보궐선거 땐 새정치민주연합 후보로 물망에 오르기도 했다. 하지만 염두에 뒀던 서대문을 보궐선거가 무산돼 기회를 얻지 못했다. 이후 서울시립대 연구소 초빙교수로 임용됐다가 '보은인사' 논란으로 수개월 만에 물러나기도 했다.

공식적인 국회 입성 시도는 지난해 4·13 총선 때 이뤄졌다. 2015년 서대문구 남가좌동에 '서대문 희망발전소'를 열고 지역 민심을 청취해온 그는 서울 서대문을 지역구에서 출마 의사를 밝혔다. 하지만 총선 공천을 위한 1차 경선에서 3위로 고배를 마셨다. 그는 당시 페이스북에 "현실 정치의 벽을 실감했다"며 "박원순 시장의 '생활정치'가 답이라고 호기 있게 나섰건만 조직도, 연고도 없는 상태에서 90일간의 도전은 결국 실패로 끝이 났다"고 아쉬움을 드러냈다. 또 "정치에의 도전은 여기서 멈추겠지만, 도와주신 은혜는 뼈에 새기겠다"며 앞으로 정치권에 뛰어들지 않겠다는 의향을 내비치기도 했다.

박 시장이 지난 1월 대선 불출마를 선언한 이후 권 전 수석은 안희정 충남지사 경선 캠프에 정무특별보좌관으로 발탁됐다. 그는 안 지사에 대해 "지난 30년간 다양한 정치적 시련과 성과를 경험하며 대통령으로서 충분한 단련 과정을 거쳤다"고 평가했다. 그는 "'87체제' 몰락 이후 거대 양당 체제가 다당 체제로 바뀌면서 '누가 정권을 잡아도 여소야대를 피할 수 없다'는 점에서 협치와 분권은 불가피하다"며 안 지사의 대연정론을 옹호했다. 그는 "진영을 갈라 서로 맹목적으로 비난하는 정치를 뛰어넘어야 한다"며 "국익을 위해서라면 소수 반대파와 손을 잡을 수 있는 정치 문화를 만드는 것이 중요하다"고 호소했다.

안 지사가 경선에서 패배한 뒤로는 문재인 대선 캠프에 합류해 중앙선대본부 총괄부본부장으로 활동했다.

# 권인숙 ─────
### 명지대 교수

| **출생** | 1964년 강원도 원주
| **학력** | 경기고, 서울대 의류학과
| **경력** | 미국 플로리다주립대 여성학과 교수, 명지대 교육학습
   개발원 교수

## 20여 년간 성폭력·군대 문화 연구해온 여성학자

명지대 교수이자 국내 첫 성폭력 전문 연구소인 '울림' 소장이다.
1982년 서울대 의류학과에 입학한 뒤 학생·노동운동 활동에 참여했다.

1986년 사회적으로 큰 파장을 불러일으킨 '부천경찰서 성고문' 사
건 피해자로 알려지면서 세간의 주목을 받았다. 권 교수는 당시 노동
운동을 위해 경기 부천의 한 의류 공장에 위장 취업했다가 주민등록
증을 위조한 혐의로 부천경찰서에 연행됐다.

그는 위장 취업 사실을 시인했지만 당시 수사진은 권 교수와 무관
한 '5·3 인천 사태' 주동자의 행방을 캐물으며 고문했다. 이 사건은
조영래 변호사와 박원순 변호사 등 166명의 대규모 변호인단이 변론
을 맡아 폭압적인 군사 정권의 실체를 폭로하는 계기가 됐다.

1994년 미국으로 건너가 럿거스(Rutgers)대와 클락(Clark)대에서 각
각 여성학 석사와 박사학위를 받았다. 남플로리다주립대에서 여성학

과 교수를 지냈다. 2003년부터 명지대 기초교육대학에서 여성학을 가르치고 있다.

연구소 울림은 한국성폭력상담소가 성폭력 피해자를 지원하며 축적한 자료와 경험을 바탕으로 성폭력 없는 문화와 관련 법·정책을 제안하기 위해 2014년 설립됐다. 권 교수는 성폭력에 대한 과장된 공포는 성폭력을 직시하는 데 방해가 된다고 지적한다. 두려움은 많은 사람들이 유사 상황에서 대처를 못하게 하기 때문에 자신의 몸에 대한 믿음과 당당한 방어 능력을 가져야 한다고 주장한다.

2004년에는 군대 내 성폭력 실태를 조사해 경각심을 일깨웠다. 권 교수는 "성폭력은 남성의 동료 의식, 서열 구조 확인, 남성성을 보여주기 위한 도구로 나타난다"고 분석한다. 한국 남성의 군대 문화에 대해서도 줄곧 비판해왔다. '성 인지적' 관점에서 사회를 비판하고 사회적으로 주목받는 성폭력 사건과 관련해 의견을 개진해왔다.

19대 대통령선거에서 더불어민주당 문재인 후보 측 공동선거대책위원장을 맡았다. 당시 문 후보는 권 교수에 대해 "제가 '페미니스트 대통령'이 되겠다고 했지만 실제로는 부족한 점이 많을 것이다. (권 교수는) 여성 정책의 든든한 동지가 될 것"이라고 했다. 권 교수는 "문 후보와 함께하는 사람은 대부분 50~60대 중장년층 남성이다. 주류 남성은 다양한 여성과 함께하면서 여성과 관련된 다양한 문제를 생각하는 감수성을 키워야 한다"고 말했다. 문재인 정부 출범 이후 남인순 더불어민주당 의원과 함께 초대 여성가족부 장관 하마평에 올랐다.

저서로는 《선택》, 《대한민국은 군대다》, 《어린이 양성평등 이야기》 등이 있다.

# 김응룡

**전 프로야구 감독**

| **출생** | 1941년 평안남도 평원
| **학력** | 부산상고, 우석대(고려대 합병) ※전북 완주 우석대 아님
| **경력** | 한일은행 선수·감독, 국가대표팀 감독, 해태 타이거즈 감독, 삼성 라이온즈 감독, 시드니 올림픽 야구 국가대표팀 감독, 삼성 라이온즈 대표이사 사장, 한화 이글스 감독, 대한야구소프트볼협회장

## 야구계의 살아있는 전설 … 체육인 문재인 지지 선언 이끌어

프로야구 통산 최다 우승(10회)을 일궈낸 감독으로 '야구계의 살아 있는 전설'이다. 맡는 곳마다 우승을 몰고 와 '우승 청부사'란 별명을 얻기도 했다.

1940년 평안남도 평원군에서 태어났다. 초등학교 3학년이었던 1951년 1·4 후퇴 때 월남했다. 부산 개성중학교에서 축구 선수 생활을 하다 야구로 방향을 틀었다. 노무현 전 대통령의 출신고인 부산상고를 졸업하고 우석대를 거치며 국가대표 4번 타자로 활약했다. 1960년대 실업야구단을 보유한 한일은행 선수로 활약했다. 1965년과 1967년에는 실업야구 홈런왕에 올랐다. 1971년 국민훈장 석류장, 1975년 체육훈장 기린장, 1977년 체육훈장 백마장 등 3개 훈장을 받았다.

1972년부터 한일은행에서 감독을 맡으며 지도자의 길로 들어섰다.

1983년 해태 타이거즈 감독을 맡았고, 이후 삼성 라이온즈와 한화 이글스 감독을 거치며 역대 감독 최다승(1567승) 기록을 세웠다. 그가 가지고 있는 최다 우승(10회) 기록은 아직도 깨지지 않았다. 2000년 이승엽, 구대성, 정대현, 정민태 등으로 구성된 야구팀을 이끌고 시드니 올림픽에 출전해 야구 종목 최초로 동메달을 거머쥐기도 했다. 2004년 감독직을 내려놓고 8년가량 삼성 라이온즈 사장으로 일했다.

2013년 장기간의 현장 공백을 딛고 한화 이글스 감독으로 복귀했다. 직전 시즌 최하위권에 머물렀던 한화는 김응룡 감독의 지도력을 통해 상위권 진입을 노렸다. 그러나 김 감독은 한화에서 과거에 크게 못 미치는 성적을 냈다.

지난해에는 초대 대한야구소프트볼협회 회장으로 선출됐다. 대한야구소프트볼협회는 기존 대한야구협회가 고질적인 내부 갈등과 재정 악화 등으로 인해 대한체육회 관리단체로 전락하면서 새로 구성한 단체다. 대한야구협회와 전국야구연합회, 대한소프트볼협회 등 3개 단체를 통합해 만들었다.

김 전 감독이 문재인 대통령과 인연을 맺은 건 올해 1월 문 대통령 지지자 모임인 '더불어포럼'에 합류하면서다. 문 대통령은 당시 더불어포럼에서 "김 전 감독과 특별한 인연이 있는 것도 아닌데 포럼 대표를 맡아줘 감사하다"며 "제 입장에서는 만루홈런을 치는 심정"이라고 표현했다. 대선 기간 중 김 전 감독은 수영선수 박태환 등 1만여 명의 체육인들과 함께 문재인 지지 선언을 하기도 했다.

# 김홍걸

**김대중 전 대통령 3남**

**| 출생 |** 1963년 서울
**| 학력 |** 이화여대부속고, 고려대 불문학, 서던캘리포니아대 국제정치학 석사
**| 경력 |** 미국 포모나대 태평양연구소 객원연구원, 연세대 김대중도서관 객원교수, 더불어민주당 국민통합위원장 (2016년)

## 민주당 '구원투수' … 문재인 대통령과 함께 정치적 재기

　김대중 전 대통령의 3남인 김홍걸 더불어민주당 국민통합위원장은 민주당의 '구원투수' 역할을 했다는 평가를 받는다. 2016년 20대 국회의원 선거에서 당시 민주당은 호남 지역에서 전체 28석 가운데 3석만 득표해 참패했다. 문재인 당시 민주당 대표와 김 위원장은 총선 닷새 뒤인 2016년 4월18일 전남 하의도에 있는 김 전 대통령의 생가를 방문하고, 이튿날 경남 김해 봉하마을에 있는 노무현 전 대통령 묘소도 함께 참배했다. 문 대통령이 김 위원장과 함께 정치적 재기를 했다는 얘기가 나오는 이유다.

　2017년 19대 대통령 선거에서 문 대통령은 부산에서 득표율 1위를 기록해 선전했고, 호남에서도 국민의당 안철수 후보를 큰 격차로 따돌렸다. 대선 전 황기철 전 해군참모총장이 문 대통령 지지에 나선 배경에도 김 위원장이 큰 역할을 한 것으로 알려졌다. 황 전 총장은

2011년 당시 해군작전사령관으로서 소말리아 해적에 피랍된 인질을 구출한 '아덴만의 여명' 작전을 총지휘했던 인물이다.

김 위원장은 과거 '최규선 게이트'에 연루됐던 전력이 있다. 최규선 게이트는 2002년 미래도시환경 대표였던 최규선 씨가 김 위원장 등과 함께 각종 이권에 개입해 금품을 수수한 사건이다. 이 사건으로 김 위원장은 징역 1년6월에 집행유예 2년을 선고받았다. 노무현 정부 때인 2005년 대통령 특별사면을 받았다. 이 같은 전력으로 인해 2016년 1월 김 위원장이 민주당에 입당할 때 일부 비판 여론도 있었다. 하지만 입당 이후 민주당 국민통합위원장을 맡아 영호남 통합행보를 통해 당내 입지를 마련했다는 평가를 받고 있다. 그는 19대 대선 과정에서 김영삼 전 대통령의 차남인 김현철 국민대 특임교수와 함께 문 대통령의 지지를 호소하며 민주세력의 통합을 강조했다.

그는 대선 과정에서 문 대통령 경쟁 인사들을 저격하는 역할도 맡았다. 김 위원장은 2017년 4월 "박지원 국민의당 대표가 '햇볕정책' 포기를 선언했는데 이는 DJ 정신을 계승하지 않는다는 말"이라며 국민의당과 날을 세웠다. 2017년 3월 김종인 전 민주당 비상대책위원회 대표가 탈당을 선언하자 tbs라디오 '김어준의 뉴스공장'과 언론 인터뷰를 통해 "본인(김종인)이 스스로를 과대평가하는 경향이 있고 당시(2016년 4·13 총선) 호남에서 그분이 안 좋은 영향을 끼쳤다"고 말하기도 했다.

# 박시환

전 대법원 대법관
(사법연수원 동기)

| 출생 | 1953년 경남 김해
| 학력 | 경기고, 서울대 법학과, 서울대 법학 석사
| 경력 | 사법시험 21회, 인천지방법원 판사, 서울고등법원 판사, 서울중앙지방법원 판사, 서울지방법원 부장판사, 대법원 대법관, 인하대 법학전문대학원 전임교수

## 문 대통령의 사법연수원 동기 … 우리법연구회 창립 멤버

박원순 서울시장 등과 함께 문재인 대통령의 사법연수원 동기다. 1953년 경남 김해 출신으로 경기고와 서울대 법대를 졸업했다. 1979년 21회 사법시험에 합격해 문 대통령과 함께 사법연수원(12기)을 마쳤다. 법원 내 진보 성향의 법관 연구단체인 우리법연구회 창립 멤버로도 유명하다. 서울고법 판사, 인천지법 부장판사, 서울남부지법 부장판사를 역임한 뒤 2003년 변호사로 개업했다가 2005년 대법관에 올랐다. 퇴임 후에는 인하대 법학전문대학원 석좌교수, 인하대 법학전문대학원장으로 활동했다.

'진보의 아이콘' '법조계의 이단아' '순진한 원칙론자'. 박 전 대법관을 부를 때 늘 따라다니는 수식어다. 대법관 시절 그는 '김밥맨'으로 불리기도 했다. 주말이면 집 근처 김밥집에서 김밥 두 줄을 사다가 끼니를 때우며 일을 해 얻은 별칭이다. 성실함은 교수가 돼서도 바뀌지 않았다. 삼시세끼 가운데 두 끼를 학교식당에서 해결하며 수업을 준비했다.

서울중앙지법 부장판사였던 2003년 박 전 대법관은 사표를 냈다. 법조계 안팎에서 사법개혁 요구가 빗발치던 때다. 당시 대법관 선출 과정에서 개혁의 흔적을 찾지 못한 그는 항의의 의미로 법복을 벗었다. 눈물로 제출한 그의 사표는 이듬해 최초의 여성 헌법재판관과 최초의 여성 대법관 선출을 이끄는 도화선이 됐다. 이는 '4차 사법파동'이라 불린다.

1985년 인천지법 판사로 처음 부임하자마자 반정부 시위로 재판에 넘겨진 학생 11명에게 무죄를 선고했다. 이 판결로 부임 6개월 만에 그는 춘천지법 영월지원으로 좌천됐다. 당시 서태영 서울지법 판사가 이와 관련해 '인사 유감'이라는 글을 언론에 기고했다가 그 역시 울산지원으로 좌천됐다. 이 사건은 사법 사상 초유의 대법원장 탄핵 사건의 빌미가 됐다.

그로부터 8년 뒤 1993년에는 강금실 전 법무부 장관 등 서울민사지법 소장판사 40여 명과 사법개혁을 촉구하며 '사법부 개혁에 관한 건의서'를 제출했다. 이들의 주장에 변호사 단체와 사법연수생들까지 동참하면서 결국 김덕주 대법원장이 자리에서 물러났다. 3차 사법파동이다.

# 박정규

**전 대통령비서실 민정수석**
**(사법연수원 동기)**

| **출생** | 1948년 경남 김해
| **학력** | 부산고, 고려대 법학과
| **경력** | 광주지검 검사, 청주지검 영동지청장, 대검찰청 공보
관, 법무부 보호국 조사과장, 대통령비서실 민정수석비
서관, 김앤장 법률사무소 변호사

## 노무현 전 대통령에게 문재인 대통령 소개

노무현 정부 당시 민정수석비서관을 지냈다. 문재인 대통령의 사법
연수원 동기(12기)다. 1982년 문 대통령이 연수원을 마치면서 시위 전
력으로 판사 임용에서 탈락하자 문 대통령을 부산에서 활동하던 노
전 대통령에게 소개한 인물로 유명하다.

문 대통령은 자신의 자서전인 《운명》에서 박 변호사와의 인연을 소
개했다. 노 전 대통령과 함께 변호사로 일하기로 약속했던 박 변호사
가 뒤늦게 검사로 임용되면서 생긴 빈자리에 문 대통령을 소개해줬다
는 얘기다. 박 변호사는 노 전 대통령과 경남 김해에서 함께 고시 공부
를 한 인연이 있다. '노무현-문재인' 콤비를 만든 주인공인 셈이다.

뒤늦게 검사가 된 박 변호사는 광주지검 검사를 시작으로 춘천지검
속초지청 검사, 청주지검 영동지청장, 대검 공보관 등을 지낸 뒤 2000
년 서울지검 동부지청 형사3부장을 끝으로 공직을 접고 변호사로 개

업했다.

　대검 공보관 시절에는 3개월간 매일 아침 김밥 수십 개를 주문해 이를 직접 당시 한보 사건을 취재 중인 출입기자와 직원들에게 나눠 줘 따뜻한 인상을 남기기도 했다. 하지만 노무현 정부에서는 '박연차 게이트'에 연루돼 복역 생활을 하는 오점을 남겼다. 2004년 6월 인사 청탁 명목으로 박연차 전 태광실업 회장에게서 1억원 상당의 백화점 상품권을 받은 혐의로 2009년 4월 검찰에 구속 기소됐다. 박 변호사의 뇌물수수로 인해 노무현 정부는 큰 타격을 입을 수밖에 없었다. 박 변호사는 2010년 4월 대법원에서 징역 3년6개월 형을 확정받았고 법무부는 2011년 2월28일 그의 가석방을 허가했다.

# 백승헌

## 전 민변 회장

| **출생** | 1963년 서울
| **학력** | 검정고시, 연세대 법학과
| **경력** | 사법시험 25회, 대한변호사협회 인권위원, 민주사회를 위한변호사모임(민변) 사무국장, 대통령소속 의문사진 상규명위원, 한국방송공사(KBS) 이사, 민변 회장, 법무 법인 지향 변호사

## 민변 창립회원 ⋯ 추진력 뛰어난 인권변호사

민주사회를위한변호사모임(민변) 회장을 지냈다. 문재인 대통령의 중요 인맥 중 한 명으로 꼽힌다. 서울에서 태어난 백 변호사는 검정고시 출신이다. 연세대 법학과 3학년이던 1983년 사법시험(25회)에 최연소 합격하면서 이름을 알렸다. 1985년 사업연수원(15기)을 수료하고 이듬해 변호사로 개업했다. 변호사 개업 역시 당시 최연소 기록(23세)을 세웠다.

그는 변호사 초년생 시절부터 인권보호 활동에 관심이 많았던 것으로 알려졌다. 1988년부터 2004년까지 17년간 대한변호사협회 인권위원으로 활동했다. 1988년 인권변호사들이 소속된 진보성향 변호사단체인 민변의 창립회원이기도 하다. 1996년부터 1998년까지 민변 사무국장을 지냈다. 2000년에는 박원순 서울시장이 주도한 총선시민연대 대변인으로 활동한 적이 있다. 박 시장과도 가까운 사이다. 또

2000년부터 3년간은 대통령소속 의문사진상규명위원회 비상임위원으로 활동했다.

민변 회장이 된 것은 2006년이다. 당시 백 변호사의 나이는 42세였다. 민변 역사상 첫 40대 회장이라는 점에서 주목을 받았다. 백 변호사는 민변 회장 취임 포부로 '민변의 내실화'를 강조하기도 했다. 민변이 단순 문제제기에 그치지 않고 대안을 제시하는 역할까지 수행하도록 하기 위해 노력했다. 2008년 민변 회장을 연임하면서 2010년 끼지 4년간 민변을 이끌었다. 리더십과 추진력이 높다는 평가가 뒤따랐다.

문 대통령과는 민변을 통해 인연을 맺었다. 문 대통령은 부산 민변 창립을 이끈 만큼 민변 출신들과 관계가 끈끈한 것으로 알려졌다. 2014년에는 민주당과 새정치연합이 창당·통합을 추진하는 과정에서 나온 새정치비전위원회 위원장으로 활동했다.

2016년 사상 첫 여성 민변 회장으로 선출된 정연순 변호사가 부인이라는 점도 유명하다. 정 변호사는 서울대 법대 출신으로, 백 변호사와 같은 법무법인에서 일하다 결혼했다. 백 변호사와 정 변호사는 '민변 회장 출신 부부 1호'다.

# 송기인

**신부**

| **출생** | 1938년 부산
| **학력** | 부산 원예고, 가톨릭대 신학과
| **경력** | 부산민주항쟁기념사업회 회장, 부산참여자치시민연대
공동대표, 민주화운동정신계승 부산연대 공동대표, 동
아대 석좌교수, 부산교회사연구소 소장

## 문 대통령의 정신적 스승 … 부산경남 재야세력의 핵심

부산경남 지역 민주화운동의 리더로 노무현 전 대통령과 문재인 대
통령의 정신적 지주로 알려져 있다. 1972년 서품을 받은 뒤 천주교 정
의구현사제단 창립 멤버로서 반독재 투쟁을 이끌었다. 이후 평생을
민주화투쟁과 평화통일운동에 헌신했다.

송 신부는 문 대통령의 어머니인 강한옥 여사와 먼저 인연을 맺었
다. 강 여사는 그가 있던 부산 영도구 신선성당의 독실한 신자였다.
이후 문 대통령이 반정부시위 전력으로 판사 임용이 안 되고 변호사
의 길로 들어서자 당시 먼저 개업한 노 전 대통령을 소개했다. '변호
사 노무현 · 문재인 법률사무소' 의 시작이다. 송 신부는 1982년 부산
미문화원 방화사건 때 '변호사 노무현 · 문재인 법률사무소' 의 노무현
변호사에게 변론을 맡겼다. 이후 대학생과 젊은 노동자들이 민주화운
동으로 연행되면 두 사람에게 변론을 부탁하곤 했다.

송 신부는 부산경남 지역 재야세력의 핵심이다. 1976년 3월1일 명동 성당에서 박정희 정권을 향해 유신철폐와 민주회복을 요구했던 3·1 민주구국선언에도 참여했다. 노무현 정부 시절에는 진실과 화해를 위한 과거사정리위원회 초대 위원장을 지냈다. 2005년 12월 사목 일선에서 은퇴한 후 경남 밀양시 삼랑진읍 용전마을에 정착했다.

과거사정리위원회 위원장을 맡을 당시 친일청산의 역사적 당위성을 설파했다. 자주외교와 민족공조론을 주장한 것으로 알려졌다. 지금도 북한 문제에 대해선 소신이 뚜렷하다. 민간 차원에서라도 지원이 필요하다고 주장한다.

불의를 봤을 때 참지 못하는 성격과 직설적인 화법은 노 전 대통령과 많이 닮았다는 평이다. 노 전 대통령에게 쓴소리를 한 것으로도 유명하다. 이번 대선 이후에도 적폐청산에 대해선 반드시 이행해야 한다는 입장이다.

송 신부는 이번 대선에서도 부산경남 지역에서 문 대통령에 대한 지지를 이끌어내는 데 역할을 했다. 문 대통령은 올해 초에도 송 신부를 찾았다. 대통령 당선 후에도 송 신부에게 감사인사를 한 것으로 알려졌다. 최근 문 대통령에 대해 "경청할 줄 아는 사람"이라는 평가를 내리며 힘을 실어줬다.

# 송두환

**전 헌법재판소 재판관**
**(사업연수원 동기)**

| 출생 | 1949년 충북 영동
| 학력 | 경기고, 서울대 법학과
| 경력 | 사법시험 22회, 서울지방법원 판사, 법무법인 한결 대
표변호사, 민주사회를위한변호사모임 회장, 정부혁신
추진위원회 위원, 국가인권위원회 정책자문위원회 자
문위원, 헌법재판소 재판관

## 노무현 정부 시절 대북송금 특별검사 ··· 문 대통령과 사법연수원 동기

문재인 대통령의 사법연수원 동기 중 한 명이다. 고(故) 조영래 변호
사, 박원순 서울시장, 박시환 전 대법관, 이귀남 전 법무부 장관, 박병
대 대법관 등도 연수원 동기생이다. 송 전 재판관은 진보 성향의 변호
사 모임인 '민주사회를 위한 변호사 모임(민변)'에서 문 대통령과 인연
을 맺었고 문 대통령이 민정수석을 맡았던 노무현 정부 시절에는 대
북송금 의혹 관련 특별검사를 맡아 수사를 지휘했다.

송 전 재판관은 충북 영동 출신으로 서울대 법학과를 졸업하고 사
시 22회로 법조계에 입문했다. 서울 지역의 민·형사지법 등에서 8년
동안 판사 생활을 했다. 변호사 개업 후에는 민변에서 통일위원회 위
원장, 회장 등을 역임했다. 2005년 민변 회장 시절에는 당시 부회장이
던 강금실 전 법무부 장관과 함께 인권 옹호 활동에 앞장섰다는 평가
를 받고 있다. 김대중 정부에서는 검찰제도개혁위원회, 정부혁신추진

위원회 위원으로 활동했다.

1997년 노동법 날치기 통과 당시 변호사 554명과 노동법 재개정 촉구성명을 주도했다. 영장실질심사제 도입 때는 "시행상 문제점이 있더라도 심사제도 도입 자체를 철회해서는 안 된다"고 주장하는 등 법조계에서 진보적인 행보에 앞장섰다.

2003년 3월 대북송금 의혹과 관련해 헌정 사상 네 번째로 특별검사로 임명돼 수사를 지휘했다. 당시 박지원 국민의당 의원 등을 구속 기소했다. 2007년에는 노무현 전 대통령의 추천으로 헌법재판관에 임명됐다. 2008년 노 전 대통령이 "개인으로서 가지는 정치적 표현의 자유를 침해받았다"며 중앙선거관리위원회 위원장을 상대로 낸 헌법소원심판 사건의 주심을 맡았다. 이 청구는 기각됐다. 다만 송 재판관은 "대통령의 정치적 표현의 자유를 침해한 것"이라는 소수 의견을 내놓았다. 2013년에는 이강국 헌법재판소장 퇴임으로 두 달 정도 헌법재판소장 권한대행을 맡다가 임기를 마쳤다. 임기 6년 동안 1189개 사건의 주심을 맡아 처리했다. 당시 퇴임사에서 "헌재의 공석 사태가 몇 차례 반복되면서 '더러 있을 수도 있는' 일이라는 잘못된 인식이 생겨나지 않을까 우려된다"며 "헌재 구성에 단 하루도 공백이 생기지 않도록 제도 개선책을 강구해야 한다"고 지적했다. 하지만 이후에도 헌재 공석 사태는 이어졌다. 퇴임 이후에는 법무법인 한결에서 대표변호사를 맡고 있다.

## 승효상 ——

**건축가**
**(전 서울시 총괄건축가)**

| 출생 | 1952년 부산
| 학력 | 경남고, 서울대 건축학과
| 경력 | 공간연구소 대표, 이로재 대표, 영국 런던대 객원교수,
서울건축학교 운영위원, 파주출판도시 코디네이터,
제4회 광주디자인비엔날레 공동감독, 서울시 총괄건
축가

## 문 대통령 '10년 숙원' 광화문 시대 밑그림 구상

한국을 대표하는 건축가로 문재인 대통령과는 경남고 25회 동기동
창 사이다. 북에서 피란 온 실향민의 아들로 태어나 부산 난민촌에서
어린시절을 보냈다. 당시 '문과 1등은 문재인, 이과 1등은 승효상'이
란 얘기가 나올 정도로 학업에서 두각을 나타냈다. 서울대 건축학과
와 같은 대학 대학원을 나왔다. 건축계 거장인 김수근 선생 밑에서 15
년 문하생으로 지냈다. 1986년 김수근 선생의 유언을 받들어 공간연
구소 대표를 맡았다. 1989년 건축사무소 이로재를 열어 '빈자의 미
학'을 건축철학으로 삼으며 현재까지 작업 중이다. 유홍준의 자택인
'수졸당', 광고회사 사옥 '웰컴시티' 등으로 다수의 건축상을 수상했
다. 파주출판도시 코디네이터이자 광주디자인비엔날레 총감독으로도
알려져 있다. 2014년 민간인 신분으로 서울시 1호 총괄건축가로 임명
돼 현재 서울역 고가 공원 조성사업을 실무적으로 주도하고 있다.

고교시절에는 문 대통령과 교류가 많지 않았지만 사회에 나와 친분이 더 두터워졌다. 2012년 대선 때 문재인 후보의 '멘토단'에 합류한 것은 물론 친노(친노무현) 인사들과도 인연이 있다. 2009년 유홍준 전 문화재청장의 요청으로 김해 봉하마을의 노무현 전 대통령 묘역 설계를 맡았다.

'50년지기'인 문 대통령이 공약으로 내건 '광화문 대통령 시대' 추진에 힘쓰고 있다. 대통령 집무실 이전은 문 대통령의 10년 이상 묵은 숙원에 가깝다. 2012년 대선후보 시절에도 '대통령 집무실의 정부청사 이전'을 공약으로 내걸었다. 지난달 출범한 '서울역사문화벨트조성 공약 기획위원회'에 참여, 청와대 이전을 위한 구체적인 밑그림을 그리는 작업을 돕고 있다.

## 안도현 ──────

### 시인
### (우석대 교수)

| **출생** | 1961년 경북 예천
| **학력** | 원광대 국어국문학과, 단국대 대학원 문예창작과 석 · 박사
| **경력** | 이리중학교 국어교사, 우석대 문예창작학과 교수, 사람사는세상 노무현재단 전북지역위원회 상임공동대표, 2012년 대선 문재인 캠프 공동선대본부장, 2017년 대선 문재인 캠프 전북지역 총괄선대본부장

## 문화 · 예술 文 인맥의 중심 '연탄재 시인'

'연탄재 함부로 발로 차지 마라/너는/누구에게 한 번이라도 뜨거운 사람이었느냐' −시 '너에게 묻는다'

희생과 헌신의 가치를 노래한 그의 대표작으로 꼽히는 이 시는 국내에서 가장 유명한 현대시 중 하나이기도 하다. 2012년 대통령 선거 당시 문재인 선거 캠프 공동선대본부장으로 활동하며 '대통령 만들기'에 앞장선 대표적인 문화 · 예술계 인사다. 이번 대선에서도 전북지역 총괄선대본부장 겸 지지모임인 '더불어 포럼' 공동대표로 활동했다.

1961년 경북 예천 태생인 안 시인은 원광대를 거쳐 단국대 대학원을 졸업했다. 1981년 대구매일신문 신춘문예에 시 '낙동강'이, 1984년 동아일보 신춘문예에 시 '서울로 가는 전봉준'이 각각 당선됐다. 1985년 전북 익산에 있는 이리중학교 국어교사로 활동했으나 전국교직원노동조합 조합원이었다는 사실이 알려지면서 1989년 해임됐다. 5년 만에 복직해 전북 장수 산서고등학교에서 학생들을 가르치다 1997년 그만두고 전업 시인으로 활동하기 시작했다.

1996년 '시와 시학 젊은 시인상', 1998년 '소월 시 문학상', 2000 년 '원광문학상', 2002년 '노작문학상'을 수상했다. 현재는 우석대 문예창작과 교수로 학생을 가르치면서 작가 활동을 병행하고 있다.

노무현재단 전북지역위원회에서 활동하다 2012년 민주당 대선캠 프에 합류했다. 당시 "고통을 당해 본 사람만이 상처를 보듬어 줄 수 있습니다. 사람들이 편안하게 생각할 수 있는 세상을 꼭 만들어줄 것 이라 믿습니다"며 문 후보 지지를 호소했다. 박근혜 전 대통령 당선 이후엔 트위터에 '박근혜 새누리당 후보가 안중근 의사 유묵을 훔쳐 소장하고 있거나 유묵 도난에 관여돼 있다'는 글을 게시해 공직선거 법 위반 혐의로 재판을 받기도 했다.

문 대통령은 2013년 당시 안 시인의 재판을 참관한 후 기자들과 만 나 "권력에 대해선 한없이 관용을 보이고, 비판적인 사람에겐 재갈을 물리는 것은 옹졸한 처사다. '죽은 시인의 사회'가 되지 않았으면 한 다"며 검찰을 비판했다. 지난해 말 대법원 무죄 판결 이후엔 안씨에게 "다시 시를 쓰라"는 격려의 메시지를 보내기도 했다.

문인들 사이에선 '막걸리 전도사', '헤비 트위터리안'으로도 통한 다. 지난해 문화계 '블랙리스트' 사건 때 "내 이름이 없으면 어떡하나 하는 조마조마한 마음으로 살펴봤다. 다행이다"라는 비꼬는 글을 트 위터에 올리기도 했다. 지난 2월엔 함민복 김민정 시인 및 백가흠 황 현진 소설가와 함께 《문재인 스토리》라는 책을 발간했다. 문 대통령과 이런 저런 인연을 맺은 이들의 사연을 담은 56개 일화가 들어있다.

# 염홍철 ─────

### 전 대전시장

| 출생 | 1944년 충남 논산
| 학력 | 대전공고, 경희대 정치외교학과, 연세대 행정대학원 정치학 석사, 중앙대 대학원 정치학 박사, 컬럼비아대 대학원 정치경제학 수료, 충남대 명예법학박사
| 경력 | 경남대 정치외교학과 교수, 청와대 정무비서관, 4대 대전광역시 시장, 한밭대 총장, 8대 대전광역시 시장, 10대 대전광역시 시장, 19대 대선 더불어민주당 중앙공동선대위원장

## '정치철새' 비판에도 문재인 대통령의 '삼고초려'에 지원

지난 4월 더불어민주당 중앙선대위원회 공동선대위원장을 맡았다. 당시 여론은 그다지 좋지 않았다. 최순실 국정농단 사건이 불거지기 전까지 그가 자유한국당의 전신인 새누리당의 대전시당 위즈덤특별위원회 의장을 맡고 있었기 때문이었다.

그는 한나라당, 열린우리당, 통합민주당, 자유선진당 등 진보와 보수를 오가며 자주 당적을 바꿨다. '정치철새'라는 평가마저 나왔다. 자유한국당 대전선거대책위원회는 "염 전 시장의 변신은 어제오늘의 일이 아니다"며 "'변신이 이제 그의 습관이 돼버렸나' 하는 의구심이 들 정도로 안타깝다"고 꼬집기도 했다.

그럼에도 불구하고 염 교수 영입은 문재인 대통령이 충청권에서 승리할 수 있었던 요인 중 하나로 꼽는다. 그만큼 충청권에서 염 교수의 영향력이 크다는 얘기다. 문 대통령은 이번 대선에서 충청권 4개 시·

도에서 모두 1위에 올랐다.

1944년 충남 논산 출생이다. 논산군청 공무원인 아버지와 독실한 기독교 신자인 어머니 사이에서 장남으로 태어났다. 대전공고, 경희대 정치외교학과(1964년 입학)를 졸업했다. 경희대 법학과 72학번인 문재인 대통령과 대학 동문이다.

문 대통령과 직접적으로 만난 것은 10년 전쯤으로 알려졌다. 2006년 지방선거에서 낙선한 염 교수는 중소기업특별위원장에 임명돼 당시 노무현 대통령 비서실장인 문 대통령을 청아대에서 자주 만났던 것으로 전해졌다.

대전시장을 지낼 때도 문 대통령과 빈번하게 통화를 주고받을 정도로 친분이 있었다. 결국 새누리당을 나온 그는 이번 대선에서 문 대통령의 '삼고초려'에 공동선대위원장을 맡기로 결심했다. 공동선대위원장에 임명됐을 때 언론을 통해 "문 후보로부터 수차례 도움 요청을 받았다"며 "국정경험 등을 볼 때 문 후보가 나라를 가장 잘 이끌 것이라고 판단해 도움을 드리기로 했다"고 말했다.

학자로서는 선진국과 후진국의 정치 경제발전 이론인 '종속이론'의 대가로 알려져 있다. 1980년대 초 대학생들이 가장 많이 읽은 책 중 하나인 《제3세계와 종속이론》이라는 책을 저술했다. 노태우 전 대통령 재임 시절 대통령 정무비서관으로 발탁됐고, 1993년 관선 대전시장으로 임명됐다. 대전시장 시절 '대전엑스포' 등 굵직한 행사들을 성사시켰다. 덕분에 2002년, 2010년에도 민선 대전시장으로 당선됐다.

# 예종석

**전 아름다운재단 이사장**

| 출생 | 1953년 부산
| 학력 | 서울 중앙고, 캘리포니아주립대 경제학과, 인디애나대 경제학 석사, 경영학 석 · 박사
| 경력 | 한양대 경영대 교수, 한양대 경영대학장, 아름다운재단 이사장, 국가인권위원회 정책자문위원, 나눔국민운동 본부 공동대표, 한국소비자학회장, 한국마케팅협회 부회장

## 문재인 대통령이 '삼고초려' 한 따뜻한 자본주의 꿈꾸는 경영학자

대선을 코앞에 둔 지난 2월 문재인 대통령 캠프에 홍보본부장으로 합류했다. 문 대통령이 홍보 전문가인 손혜원 더불어민주당 의원의 추천을 받아 영입에 각별히 공을 들인 것으로 알려졌다. 예 교수는 1986년부터 30여년간 한양대에서 경영학을 가르치며 한국소비자학 회장과 한국마케팅협회 부회장 등을 지냈다. 마케팅 전문가로서 역량을 발휘, '안정감 있는' 문 대통령의 이미지를 만드는 데 기여했다.

학계에선 기업의 사회적 책임과 '노블레스 오블리주' (사회지도층의 도덕적 의무)를 강조하는 교수로 꼽힌다. 1998년 제일모직(현 삼성물산 패션부문)을 시작으로 두산과 롯데쇼핑 등 주요 대기업의 사외이사를 맡아 사회공헌활동을 자문했다. 현재 LF 사외이사와 롯데그룹의 기업문화 개선위원회 외부위원으로 재직 중이다.

2000년 비영리 공익재단인 아름다운재단을 설립할 당시부터 활동하는 등 기부문화에 깊은 관심을 보였다. 2012년부터 문 대통령 캠프에 합류하기 직전인 올 2월까지 이사장으로 일했다. 아름다운재단 설립 멤버인 박원순 서울시장과의 인연 때문에 문 대통령 캠프가 예 교수를 영입할 당시 일각에서는 "박 시장의 지지 세력을 끌어안는 것"으로 해석하기도 했다. 현재 나눔국민운동본부 공동대표와 국가인권위원회 정책자문으로도 활동하고 있다.

아버지는 3선(6·7·10대) 국회의원을 지낸 재야 원로 예춘호 씨다. 예 전 의원은 박정희 정부 내 공화당 사무총장을 지냈지만 박 전 대통령의 3선 개헌 추진에 반대하며 민주화 운동에 뛰어들었다. 1980년 5·18 민주화운동 당시엔 신군부가 내란음모 혐의로 체포하면서 수감 생활을 했다. 당시 김대중 전 대통령, 문익환 목사, 고은 시인, 김동길 연세대 명예교수도 같은 혐의로 체포됐었다.

아버지가 반체제 인사로 낙인 찍힌 탓에 고등학교 졸업 후 대학 진학 대신 해병대 입대를 택했다. 제대 후엔 미국 유학길에 올라 캘리포니아주립대에서 늦깎이 대학생활을 시작했다. 학사학위 취득 직후 아버지가 신군부에 체포됐다는 소식을 듣고 귀국을 고민했지만 "돌아오지 말고 공부를 계속하라"는 아버지의 전갈을 받고 인디애나대에서 학업을 이어갔다. 경제학 석사와 경영학 석·박사 학위도 이곳에서 받았다.

국내 1호 음식문화평론가로도 알려져 있다. 한겨레신문에 장기간 식생활·문화 칼럼을 연재했다. 2014년엔 식문화 전문 케이블방송 채널인 푸드TV의 자문위원장을 맡았고, 2015년부터 방영된 tvN 예능프로그램 '수요미식회'의 자문위원으로도 활동했다.

## 위철환 ─────
### 전 대한변호사협회장

| 출생 | 1958년 전남 장흥
| 학력 | 중동고, 서울교대, 성균관대 법학과
| 경력 | 수원FC 이사장, 제18대 수원지방변호사회 회장, 제19
대 경기중앙지방변호사회 회장, 사회복지공동모금회
부회장, 언론중재위원회 감사, 대한변호사협회 회장

## 교사에서 변호사로 변신 … 변협 회장 꿰찬 법조계 이단아

전형적인 '흙수저' 출신이다. 1958년 전남 장흥에서 태어나 중학교를 졸업한 뒤 무작정 상경했다. 낮에는 일하고 서울 중동고에서 야간 수업을 들었다. 신문 판매지국에서 숙식을 해결하며 가까스로 고등학교를 졸업했다. 이후 서울교육대를 나와 초등학교 교사로 사회에 첫 발을 내디뎠다.

6년여간 교사로 근무하는 동안 성균관대 법대 야간에 편입, 주경야독 끝에 1986년 28회 사법시험에 합격했다. 사업연수원을 수료한 뒤 1989년 경기 수원시에 변호사 사무실을 열고 법조인으로서 활동을 시작했다.

소위 '변호사 업계의 주류'와는 거리가 먼 이력이지만 2013년 1월 대한변호사협회 회장에 당선됐다. 그동안 변협 회장은 서울대 법대와 전관(前官) 출신이 도맡았다. 최대 변호사단체인 서울지방변호사회 소속이 아닌 변호사가 회장이 된 것도 그가 처음이었다. 전체 변협 회원의 70%가 넘는 9000여 명이 서울지방변호사회 회원인 점을 감안하면 이변인 셈이었다. 전국 변호사를 대상으로 한 첫 직선제 선거였기에 가능한 일이었다. 투표 결과를 두고 '지방의 반란'이란 평가가 나오기도 했다.

변협 회장 시절 법률서비스의 질을 높이는 데 이바지했다는 평가를 받고 있다. 2013년 변호사가 없는 지역 주민들도 무료 법률상담을 받을 수 있도록 '마을변호사 제도'를 도입한 게 대표적이다. 법무부, 행정자치부와 함께 변호사가 없는 소규모 행정단위 지역 주민들도 전화나 인터넷으로 손쉽게 무료 법률상담을 받을 수 있도록 했다. 이 공로로 '법의 날' 기념식에서 국민훈장 무궁화장을 수상했다. "가난하고 힘 없는 약자들도 양질의 법률서비스를 받을 수 있어야 한다"는 그의 평소 신념을 반영한 제도였다. 지방 변호사회 출신 회장으로서 중앙과 지방이 공존·공영하는 대한변협 운영의 기틀을 세웠다는 평가도 나온다.

변협 회장으로서 '세월호 진상조사위원회에 수사권을 부여하라'고 공식 성명을 내 역대 변협 회장들의 항의 방문을 받기도 했다. 당시 변협은 공식적으로 유가족 대리인으로 나서는 등 세월호 참사가 불거진 후 대책 마련에 적극 관여했다. 정치적 측면에서 '민주사회를 위한 변호사 모임'(민변)이 하던 역할을 한 셈이었다.

그가 본격적으로 정치에 발을 들인 것은 지난 3월 문재인 당시 후보 캠프(선거대책위원회)의 법률지원단장으로 위촉되면서다. 참여정부 및 민변 출신 법조인들과 함께 문재인 대통령의 법조인맥을 구성하는 한 축으로 인정받고 있다.

## 유웅환

**전 인텔 수석매니저**

| 출생 | 1971년 인천
| 학력 | 대일외고, 광운대 컴퓨터공학과, 한국과학기술원
(KAIST) 전기전자공학과 석사·박사
| 경력 | 인텔 수석매니저, 보스턴컨설팅 기술자문, 삼성전자 반
도체사업부 상무, 현대자동차 연구소 이사, 제19대 대
통령선거 문재인후보캠프 일자리위원회 공동위원장

## 글로벌 기업 두루 거친 4차 산업 전문가

미국 인텔과 삼성전자, 현대자동차 등 국내외 굴지의 대기업을 거
친 반도체 전문가다. 광운대 컴퓨터공학과를 졸업한 뒤 한국과학기술
원에서 전기전자공학 석사와 박사학위를 받았다. 박사학위 취득 후
싱가포르 국영 연구소에서 1년간 객원연구원으로 재직하다 글로벌 기
업 취업에 도전, 인텔 필립스 컴팩 IBM왓슨 마이크론테크놀로지 옵
트로닉스 등 글로벌 기업 7곳에 동시 합격했다. 인텔을 선택한 그는
만 35세에 수석매니저 자리에 올랐다. 이후 10년 동안 인텔에서 근무
했다. 그는 이 기간에 맥킨지 보스턴컨설팅을 비롯한 글로벌 컨설팅
업체에 기술자문도 해줬다.

2011년 한국으로 돌아와 삼성전자에 합류했다. 수석연구원으로 일
하며 모바일용 반도체시스템 개발에 참여했다. 입사 2년 만인 2013년
에 상무로 승진했다. 당시 삼성전자 반도체사업부 최연소 임원으로

화제를 모았다.

2015년 현대자동차 연구소 이사로 자리를 옮겨 올해 2월까지 전장 시스템과 미래 자동차 개발 분야에서 근무했다. 세계적 권위의 '디자인콘'에서 두 차례나 최우수 논문상을 받기도 했다. 그가 정보통신기술(ICT) 혁신이 이끄는 4차 산업혁명 전문가로 인정받는 이유다.

올 초 실리콘밸리에서 벤처 창업을 고민하던 중 문재인 대통령의 대선 캠프에 참여했다. 캠프에 합류하기 위해 미국 국적을 포기하고 대한민국 국적을 회복했다.

문 대통령은 올 2월 그를 영입하면서 "실리콘밸리 혁신 현장과 국내 대기업의 현실을 모두 경험한 유 박사를 영입한 것은 (집권하면) 4차 산업혁명을 선도하고 새로운 일자리를 만들겠다는 의지를 담은 것"이라고 설명했다. 문 대통령의 영입에 그는 "광화문 촛불집회에 참석해 많은 것을 배운 뒤 캠프 참여를 결심했다"며 "새로운 대한민국은 가장 유망한 스타트업인 만큼 대한민국이라는 '벤처'의 성공을 위해 헌신하겠다"고 화답했다.

그는 4차 산업혁명에 대해 "권위주의와 '기울어진 운동장'이 지배하는 나라에선 4차 산업혁명이 위기가 될 수 있지만, 공정과 창의가 꿈틀대는 나라에선 절호의 기회가 될 것"이라고 말했다.

문재인 캠프에 합류하면서 그는 당내에서 4차 산업혁명 관련 공약 및 일자리 창출 관련 업무를 맡았다. 이 때문에 신설된 청와대 일자리 수석 하마평에 오르기도 했다. 유 전 매니저는 대선 이전 한 언론과의 인터뷰에서 "문 후보가 집권한 뒤 매년 벤처기업이 20%씩 증가하면 5년 동안 일자리 115만 개가 만들어질 것"이라고 말했다.

## 유정아 ———

### 전 KBS 아나운서

| **출생** | 1967년 서울
| **학력** | 세화여고, 서울대 사회학과, 연세대 신문방송학과 석사, 서울대 행정대학원 행정학 박사 과정 수료
| **경력** | KBS 아나운서, 프리랜서 아나운서, 18대 대선 문재인 후보 시민캠프 대변인, 노무현 시민학교 6대 교장, 19대 대선 문재인 후보 국민참여본부 수석부본부장

## '열린음악회' 아나운서 ··· '더불어 포럼' 상임위원장 지내

지난 18대 대통령선거(2012년) 때부터 문재인 대통령과 인연을 맺은 '친(親)노, 친문재인계' 방송인이다. 서울대 사회학과를 졸업하고 1989년 KBS 아나운서로 입사했다. 'KBS뉴스 9', '열린음악회', '6시 내고향' 등을 진행하며 1990년대 초중반 KBS 대표 아나운서 중 한 명으로 활약했다.

입사 8년 만인 1997년 일찌감치 프리랜서를 선언했다. 프리랜서라는 개념조차 희박하던 때였지만 홀로 걷는 길을 택했다. 프리랜서로 변신한 뒤 토론 및 문화예술 프로그램 전문 사회자로 활발하게 활동했다.

학생운동이 한창이던 1980년대 사회학을 전공했지만, 그는 '돌 한 번 던져본 적 없는' 학생이었다. 그가 정치에 관심을 가진 것은 2002년 4·11총선에서 야당이 패배하는 것을 보면서부터였다. "야당인 민주당의 역할이 중요하다고 생각했다"고 그는 회고했다.

실제 정치와의 인연은 2012년 대선 때 문재인 후보의 시민캠프 대변인으로 활동하면서 맺게 됐다. "경선캠프에 참여해달라"는 당시 문후보의 거듭된 요청을 받고 참여를 결정했다. 그는 당시 고교 3학년 아들의 대학 입학시험이 끝나고 문 후보가 야당의 대선 후보로 선출된 뒤에야 캠프에 들어갔다.

2014년 노무현재단의 시민운동 단체인 '노무현 시민학교' 6대 교장으로 활동했고 같은 해 노 전 대통령 서거 5주기 추도식 진행을 맡았다. 이후 대표적인 '친노계 방송인'으로 이미지가 굳어졌다. 그는 당시 "'친노'는 더 좋은 세상을 만들기 위해 애쓰는 사람들이라고 규정짓고 싶다"며 일각의 비판을 받아쳤다.

이번 19대 대선에서는 문 대통령 지지 모임인 '더불어 포럼'의 상임위원장과 국민참여본부 수석부본부장을 맡았다. 유씨는 "문재인이라는 사람에 대한 믿음이 있다. 이 사람이라면 나라를 바꿀 것 같다. 그가 나를 알아봐 준 것에 대한 감사함 같은 것도 있다"고 말했다. 유씨는 자연스레 문 대통령 당선 이후 청와대 대변인 후보 물망에도 올랐다.

유씨는 방송인으로서뿐만 아니라 연극과 영화에도 출연하는 등 여러 분야로 활동폭을 넓혔다. 연극 수현재씨어터 '그와 그녀의 목요일' (2014년)에서 종군기자 '연옥' 역할을 맡았고, 영화 '시간이탈자'(2016년)에서는 뉴스진행자로 나왔다. 1999년 결혼 6년 만에 이혼했지만 4년 뒤인 2003년 전 남편과 재결합했다.

# 이귀남

**전 법무부 장관**
**(사법연수원 동기)**

| **출생** | 1951년 전남 장흥군
| **학력** | 서울 인창고, 고려대 법학과
| **경력** | 사법시험 22회, 서울중앙지검 특수3부 부장검사, 대통령비서실 민정비서관실 사정비서관, 대검찰청 중앙수사부장, 대구고검장, 법무부 차관, 정부공직자윤리위원회 위원, 법무부 장관

## 문 대통령 사법연수원 동기 ⋯ 김대중 정부 시절 '저승사자'

문재인 대통령의 사법연수원 12기 동기다. 연수원 당시부터 문 대통령과 친밀한 관계를 유지한 것으로 알려진 이 전 장관은 서울중앙지검 동부지청 검사로 첫 공직 생활을 시작했다. 그 후 1985년 광주지검 해남지청 검사, 1986년 광주지검 검사를 거쳐, 1988년 서울지검 검사가 됐다. 1991년에는 대검찰청 검찰연구관을 지냈다. 1994년 광주지검 강력부장으로 승진했다. 1997년 8월에는 대검찰청 범죄정보관리과장에 오르며 승승장구했다.

김대중 정부가 출범한 직후인 1998년 3월 대검찰청 중수부 제3과장이 됐다. 당시 별명은 '저승사자'였다. 보수 성향 정치인에게 공포의 대상이었다. 호남 출신으로는 드물게 검찰 요직을 거쳤다는 이유에서다. 1996년 6월에는 서울지검 특수3부장으로 자리를 옮겼다. 2000년 1월 청와대 민정수석실 사정비서관으로 들어가 김대중 정부에 기여했다.

　노무현 정부 때도 잘나가는 검사로 이름을 날렸다. 대검찰청 범죄정보기획관을 거쳐 2006년 2월 대검찰청 공안부장이 됐다. 2007년 3월 중앙수사부장으로 승진했다.

　이명박 정부 때도 관운은 계속됐다. 2008년 3월 대구고검장으로 잠시 물러나 있던 그는 2009년 1월 법무부 차관으로 화려하게 컴백했다. 그러다 2009년 9월 제61대 법무부 장관으로 임명됐다. 소탈한 성격 덕에 정치적 성향과 상관없이 적을 많이 두지 않는다는 평가를 받는다. 2011년 8월 무난하게 장관직을 마무리한 뒤 현재 LKN법학연구소 대표변호사로 일하고 있다.

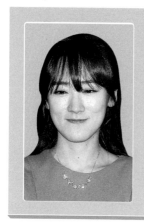

# 이다혜

**바둑기사**

| 출생 | 1985년 서울
| 학력 | 한국외국어대 일본학부
| 경력 | 2006 제8기 여류명인전 준우승

## 여성 최초 프로바둑기사 … 문재인 캠프 공동선대위원장

'여성 최초의 프로바둑기사'라는 타이틀을 보유하고 있다. 프로 4
단인 이 기사는 9세 때 바둑을 좋아하는 아버지의 권유로 바둑을 배웠
다. 중학생 때 정식 입단한 그는 고등학교를 선택할 때 고민 끝에 바둑
특기생으로 진학했다. 한국에서 열리는 바둑 대회에 참석한 일본 기
사들과의 만남을 계기로 의사 소통을 위해 일본어 공부를 시작했고,
이것이 이어져 대학 진학 시 일본학부를 택했다.

이 4단은 그간 바둑계에서 활발한 활동을 펼쳐왔다. 현재 한국여자
바둑리그에서 경기 호반건설팀 감독을 맡고 있는데, 팀은 정규리그 3
위의 좋은 성적을 거두고 있다. 또한 코딩과 바둑을 결합한 교육 아카
데미 '코드 스톤', 바둑 아카데미 '꽃보다 바둑' 등을 운영하며 바둑
보급에 앞장서고 있다.

인기 케이블TV 프로그램 '더 지니어스' 시즌2에 출연하며 대중에

도 얼굴을 알렸다. 바둑기사로서 활동한 경험을 살려 다수의 연설 및 강연에도 나서고 있다. 이세돌 9단과 그의 부인과도 오랫동안 알고 지낸 절친으로 알려져 있다. 이 9단이 구글 인공지능 바둑 프로그램인 알파고에 패하고 호텔방에서 밤새 복기를 할 때 함께한 동료로도 잘 알려져 있다. 이 9단과 알파고 간 마지막 대결에서 심판을 맡기도 했다.

이 4단은 지난 4월 더불어민주당이 발표한 문재인 대선 후보의 11명 공동선대위원장 중 한 명이다. 이 4단은 선대위원장을 맡은 계기에 대해 "지난 대선 때부터 문 후보를 지지해왔다"며 "2월 말에 처음 문 후보를 보고 오래 알고 지낸 사람처럼 느낌이 편안했다. 이야기를 나누면서 인간적인 신뢰감을 갖게 됐고 지지를 결정했다"고 밝혔다. 문 후보에 대한 신촌 유세 지지연설을 하던 중 '세월호' 얘기를 하다 눈물을 터뜨려 화제가 됐다.

# 이석행

**전 민주노총 위원장**

| 출생 | 1958년 충남 청양
| 학력 | 전북기계공업고등학교, 인천대 체육학과
| 경력 | 대동중공업 노조위원장, 진주 민주노동조합연합 의장,
자동차산업노동조합연맹 부위원장, 금속산업노동조합
연맹 부위원장, 전국민주노동조합총연맹 위원장

## 기능공 출신의 민주노총 위원장 … 대화 중시하는 온건파

현장 선반 기능공 출신으로 전국민주노동조합총연맹(민주노총) 위원
장을 지냈다. 충남 청양에서 태어나 전북기계공업고등학교를 졸업했
다. 2010년 늦깎이로 인천대 체육학과에 입학해 2014년 졸업했다.

1980년 방위산업체인 대동중공업에서 노동조합 설립을 주도하며
노동운동에 첫발을 담갔다. 이후 김금수 천영세 문성현 등 노동운동
가들을 만나 다양한 노동이론과 이념을 접했다.

민주노총 위원장에 오른 지 1년인 2008년 미국산 소고기 수입 반대
를 명분으로 총파업과 촛불시위 등을 주도한 혐의로 구속됐다. 설상
가상으로 도주하던 시기에 최측근이 '성폭행 미수' 사건에 연루되자
2009년 민주노총 위원장 자리에서도 물러났다.

더불어민주당과 처음 인연을 맺은 것도 이 무렵이었다. 2010년 11
월에 인천시장으로 있던 송영길 더불어민주당 의원의 노동 특별보좌

관을 맡았다. 노동특보 시절 인천지하철 해고자 복직과 청소노동자 정규직 전환 등을 주도했다.

송 의원과 홍영표 더불어민주당 의원 등과의 친분을 바탕으로 2012 년에는 1000여 명의 민주노총 조합원과 함께 민주통합당(현 더불어민주당)에 입당하며 본격적인 정치행보에 나섰다. 당시 진보 진영에서는 '변절자', 보수 진영에서는 '정치 노조'라는 비난을 받았다. 2012년 19대 총선에서 비례대표로 내정됐다는 소문이 돌았으나, 비례 대표 순번을 두고 당내 내분이 생기자 국회의원 출마를 포기했다.

문재인 대통령과의 인연은 1983년으로 거슬러 올라간다. 대동중공업에서 해고돼 재판을 받을 때 문 대통령이 변호를 맡았다. 1990년에 또다시 해고됐을 때도 문 대통령이 변호했다. 2012년에는 당시 문재인 대통령 후보 대선 캠프의 대외협력위원장을 맡으며 인연을 이어갔다.

이번 대선에서는 더불어민주당 선거대책위원회의 노동위원회 상임 공동위원장을 맡아 전국을 다니며 지역노동위원회를 꾸리고 예비경선 선거인단을 모집했다. 노동운동가 출신답게 현장 중심으로 활동했다. 이 밖에 81만 개 공공 일자리 창출, 비정규직 문제 해결 등 노동관련 공약을 마련하는 데 일조했다.

민주노총을 이끌 때는 투쟁보다는 대화를 중시하는 온건 실리주의 파로 분류됐다. 투쟁지향적인 좌파학자나 강성 노조 간부들과는 일정한 거리를 유지한 것으로 알려졌다. 대신 현장 조합원들의 현안에 관심을 갖고 현안 해결에 조직의 역량을 쏟았다는 평가를 받고 있다. 한국노총 위원장 출신인 이용득 더불어민주당 의원과도 돈독한 관계로 알려졌다.

# 정철

**정철카피 대표**

| **출생** | 1960년 전남 여수
| **학력** | 고려대 경제학과
| **경력** | MBC애드컴 카피라이터, 단국대 언론영상학부 겸임교
　　　　 수, 서울카피라이터즈클럽 부회장, 문재인 대통령 홍보
　　　　 문구 전담

## '나라를 나라답게, 든든한 대통령' … 펜으로 '지원사격'

1985년 광고대행사 MBC애드컴에 입사한 이후 30년 넘게 국내 대표 카피라이터로 활약하고 있다. 하이트맥주, 기아자동차, 삼양라면, 프렌치카페 등 국내 주요 브랜드 광고 카피로 이름을 알렸다. '식스센스', '뮬란', '아마겟돈' 등 그가 만든 영화 홍보문구도 헤아리기 힘들 정도로 많다. 그동안 쓴 카피만 수천 개에 달한다. 카피라이터로서 쌓은 독특한 발상과 글쓰기 경험을 살려《불법사전》《머리를 9하라》《내 머리사용법》《카피책》등 베스트셀러를 저술한 작가이기도 하다.

18대 및 19대 대통령 선거에서 문재인 대통령의 선거벽보 슬로건 문구 작성에 참여했다. 2012년 대선 때 '사람이 먼저다'라는 슬로건으로 주목받은 데 이어 이번에도 '나라를 나라답게, 든든한 대통령'이란 문구로 문 대통령이 전하고자 하는 메시지를 성공적으로 표현했다는 평가를 받았다.

문 대통령과의 인연을 만들어준 고리는 다름 아닌 노무현 전 대통령이다. 정 대표는 2002년 민주당 대통령 후보 경선에서 전문가들의 예상을 뒤엎고 노 전 대통령이 광주에서 압도적인 1위를 차지하는 순간을 지켜보며 노무현 지지자가 됐다. 2009년 노 전 대통령 서거 후 노무현재단의 카피라이터로 활동했다. 그가 2010년 노 대통령 서거 1주기 때 쓴 '5월은 노무현입니다' 라는 문구는 매년 5월마다 곳곳에 내걸린다.

문 대통령이 2012년 총선 출마 선언을 하자 그의 지역구인 부산 사상구로 달려가 펜을 들었다. 당시 '바람이 다르다' 라는 슬로건을 탄생시켜 문 대통령이 새누리당 텃밭이었던 이 지역구에서 55%란 압도적인 득표율로 당선되는 데 기여했다. 문 대통령이 더불어민주당 대표였던 지난해 1월, 그해 4월 총선을 위한 인재 영입 슬로건인 '사람이 온다!' 를 만들었다.

그는 사회를 비판하는 카피라이터로도 잘 알려져 있다. 2008년 광우병 파동 사태로 촛불시위가 들끓던 시기에 '오늘의 촛불' 시리즈를 50일 동안 연재하면서 '촛불 카피라이터' 라는 별명을 얻었다. 당시 면봉 이미지 옆에 '청와대 주소를 알려 주시면 택배로 보내드리겠습니다' 라는 문구로 이명박 정부를 정면 비판해 논란이 되기도 했다. 2015년 4월 세월호 참사 1주기 때는 '세월호 시력표' 라는 포스터를 제작해 시간이 지나도 세월호를 잊지 않길 바라는 마음을 전했다. 그해 겨울 역사 교과서 국정화 논란이 뜨겁게 일자 '21세기 분서갱유' 란 제목에 '우리 아빠를 조금이라도 부정적으로 기술한 역사책은 모두 불사르세요' 라는 문구로 비판의 목소리를 담았다.

# 채현국 ————

**효암학원 이사장**

| 출생 | 1935년 대구
| 학력 | 서울사대부고, 서울대 철학과
| 경력 | 중앙방송국(KBS의 전신) 공채 1기 연출직, 흥국탄광
경영인, 효암학원 이사장, 대한북레터협회 이사장, 청
년문화포럼 고문

## 성공한 사업가에서 교육가로 … 그리고 대통령과 청년들의 멘토로

아버지 채기엽은 독립운동을 하는 사람들을 지원하는 사업가였다. 그의 나이 두 살에 아버지는 중국으로 떠나 독립운동가들을 도왔다. 그는 어머니와 형과 함께 어린 시절을 보냈다. 한반도가 분단되던 해 서울대 상대 4학년이었던 형은 "이제 우리는 영구분단이다. 잘살아라…"라는 말을 남기고 스스로 목숨을 끊었다. 이 사건은 채 이사장에게 큰 충격을 줬다. 1956년 서울대 철학과에 입학한 그는 학업에 큰 관심이 없었다. 두 학번 위 선배인 배우 이순재와 연극반을 꾸려 활동했다.

대학 졸업 후 한국방송공사(KBS)의 전신인 중앙방송국 공채 1기 연출직으로 입사했다. 그러나 박정희 전 대통령을 우상화하는 드라마 제작 지시에 입사 석 달 만에 사표를 냈다. 이후 1973년까지 10여년간 아버지를 도와 흥국탄광을 운영했다. 그가 합류할 당시 자금난에 시달렸던 흥국탄광은 이후 흥국조선, 흥국흥산, 흥국해운, 흥국화학 등 24개 계열사를 거느린 그룹으로 성장했다. 한때 채 이사장은 개인소득세 납부액 전국 2위에 오를 정도로 돈을 많이 벌었다.

그는 독립운동가를 돕던 아버지의 피를 물려받아 민주화 인사들을 돕는 데 앞장섰다. 김지하, 황석영, 고은 등 유신 시절 수배자들에게 은신처를 제공하고 여러 민주화운동 단체에 익명으로 자금을 댔다.

1973년 그는 잘나가던 회사들을 정리하기 시작했다. 모든 재산을 식원들에게 나눠졌다. 당시 탄광업의 업황은 매우 좋았지만, 그는 미련 없이 회사를 떠났다. 그는 "1972년 국회가 해산하고 유신이 선포되면서 더 이상 사업할 이유가 없다고 생각했다"고 당시를 회상했다.

1988년 경남 양산의 개운중, 효암고를 운영하는 효암학원 이사장으로 취임했다. 그는 이사장의 권위를 내려놓고 직접 화단을 가꿀 정도로 소박하게 살았다고 한다. 그런 그가 유명세를 타게 된 건 2014년 한겨레신문과 가진 "노인들이 저 모양이란 걸 잘 봐두어라"라는 제목의 인터뷰를 통해서였다. 그는 기인의 모습으로 사회 비판적인 발언을 솔직하고 거침없이 내뱉으면서 청년층의 마음을 사로잡았다. 이후 청년의 고민해소와 문화발전을 위한 청년문화포럼의 고문으로 활동했다.

문재인 대통령과의 인연은 올해 1월 '더불어포럼' 상임고문직을 맡으면서다. 이 포럼은 문 대통령을 지지하는 사회 각계 인사들의 모임이다. 문화예술, 민생경제, 사회복지, 장애인·안보·외교, 전문직 등 13개 분야에서 120여 개 네트워크로 나뉘어 사회 활동을 벌이고 있다.

# 한승헌 ——

**전 감사원장**

| 출생 | 1934년 전북 진안
| 학력 | 전주고, 전북대 정치학과
| 경력 | 사법시험 8회, 서울중앙지검 검사, 법무부 검찰국 검사, 한국저작권법연구소장, 연세대 법무대학원 교수, 감사원장, 법무법인 광장 고문변호사, 가천대 법학과 석좌교수

## 盧 대통령 탄핵 당시 문 대통령과 공동변호

19대 대선 과정에서 더불어민주당의 통합정부추진위원회 자문단장을 맡았던 원로 법조인. 1960년대부터 인권변호사로 활동하며 민주화 운동세력을 적극적으로 도왔다. 문재인 대통령과는 노무현 전 대통령 탄핵심판 사건 당시 함께 변호인단을 구성하며 본격적으로 인연을 맺었다.

1934년 전북 진안군에서 태어나 전주고와 전북대 정치학과를 졸업했다. 1957년 제8회 사법시험에 합격해 서울중앙지방검찰청과 법무부 검찰국에서 검사로 일하다 검사 활동 8년 만인 1965년부터 변호사 생활을 시작했다.

변호사 시절에는 민주화 운동세력을 집중적으로 변호하는 인권 변호사로 활동했다. 1975년 '여성동아'에 쓴 '어떤 조사(弔辭)'로 필화를 겪으며 구속돼 9개월간 감옥에 수감됐다. 당시 129명의 변호인단이 변론에 나서며 화제가 됐다. 1980년에도 김대중 내란음모 사건에 연루돼 1년간 징역을 살았다. 시국사건 위주로 변호를 했기 때문에 '시국사건 1호 변호사'라고도 불린다.

시인으로도 유명하다. 1961년 시집 《인간 귀향》을 발간하면서 문단에 등단했다. 인간다운 삶을 추구하기 위한 반어와 저항의 뜻을 담은 시들이 주로 수록됐다. 1967년에는 시집 《노숙》을 발간했다.

1998년 김대중 정부 출범 후 감사원장으로 내정됐지만 한나라당의 반발로 같은 해 8월까지 감사원장 서리를 지냈다. 이후 임명동의안이 가결되면서 1999년 9월까지 감사원장을 역임했다.

감사원장에서 물러난 후로는 법무법인 광장 고문변호사, 사회복지 공동모금회 회장, 사법제도개혁추진위원회 위원장, 전북대 기초교양 교육원 석좌교수, 가천대 법학과 석좌교수, 서울시청 시정고문단 대표 등으로 활동했다. 2004년에는 노무현 대통령 탄핵심판 사건에서 대통령 측 변호인으로 문재인 대통령과 함께 나섰다.

더불어민주당 통합정부추진위원회 자문단장에 임명되면서 문재인 캠프에 합류했다. 통합정부추진위원회는 유력 대선 후보들의 공통 공약을 정리하고 차별화된 공약을 받아들여 국정운영 방안을 제시하는 단체다.

통합정부추진위원회 자문단장을 지낼 당시 '성공적인 통합정부를 위한 제안서' 집필에 합류했다. 제안서에는 정부 구성 시 합리적 보수와 개혁적 진보를 포괄하는 통합 드림팀 구성, 내각과 국무회의가 함께 자율적 권한을 부여받는 책임정부, 국회 상임위원회와 일상적으로 협력하는 정당·의회 협치 등의 내용이 포함됐다.

# 황교익

**맛 칼럼니스트**

| **출생** | 1962년 경남 마산
| **학력** | 마산중앙고, 중앙대 신문방송학과
| **경력** | 농민신문 행복의샘·전원생활 편집팀장, 농민신문 전국사회부 팀장, 향토지적재산본부 연구위원실 연구위원

## '전원생활' 기자 출신 … '더불어포럼' 공동대표

유명 맛 칼럼니스트로 저술 및 방송활동을 활발하게 벌이고 있다. 농민신문에서 발간하는 잡지 '전원생활' 기자로 재직하면서 음식에 대한 경험과 지식을 쌓았다. 1990년대부터 맛 칼럼니스트로 활동하며 당시 일반에 생소했던 분야를 개척했다. 맛집 소개에 그치지 않고 음식의 유래와 기원 등에 대한 전문지식을 갖췄다는 평가를 받고 있다.

우리나라 음식문화와 음식산업을 둘러싼 이슈에 대해 적극적으로 논평하는 것으로 잘 알려져 있다. 프랜차이즈가 한국 요식산업에 미치는 악영향에 대해 의견을 내기도 했고, 최근에는 저가 식용유를 사용한다는 '대왕카스테라' 관련 보도에 문제가 있다고 지적하기도 했다.

지금까지 10여권의 저술에 참여했다. 대표작으로는 《미각의 제국》, 《한국음식문화 박물지》, 《소문난 옛날 맛집》 등이 있다. TV조선의 '황교익의 죽기 전에 꼭 먹어야 할 음식101' 과 SBS라디오의 '황교익 · 강헌의 맛있는 라디오'에 출연했다. tvN의 인기 예능 프로그램인 '수요미식회'에도 출연하고 있다.

페이스북을 통해 대통령 선거 등 정치 분야에 대한 의견도 낸다. 박근혜 · 이명박 정부, 검찰, 언론 등에 대해 비판적인 의견을 담은 글을 게시해 주목받기도 했다. 문재인 대통령 지지모임인 '더불어포럼'의 공동대표를 맡으며 문 대통령과 인연을 맺게 됐다. 더불어포럼은 문 대통령(당시 진 더불어민주당 대표)을 지지하는 전문가 및 시민들의 모임으로 올 1월 공식 출범했다. 황씨는 공동대표 23명 중 한 사람이다.

포럼 출범 직후 황씨는 KBS 프로그램 '아침마당' 출연을 금지당했다고 주장했다. 관련 목요특강 코너에 섭외를 받고 PD 등과 협의하는 과정에서 자신이 더불어포럼 공동대표로 이름을 올렸다는 이유로 출연 취소를 통보받았다고 밝혔다. 이에 대해 KBS 측은 선거 기간에 특정 후보를 지지하거나 관련 직책을 맡고 있는 사람의 출연을 선거가 끝날 때까지 일시적으로 제한하는 조치일 뿐 출연금지와 다르다고 해명했다. 황씨는 KBS가 출연 취소를 결정할 당시 문 대통령이 대선 후보로 등록하지 않은 만큼 선거기간이라고 보기 어려운 점, 박근혜 전 대통령을 공식 지지한 방송인 송해 씨는 출연 제한을 받지 않은 점 등을 들어 반박했다.

황씨의 KBS 출연 취소를 둘러싼 논란은 더불어민주당 측에서 '사법 심판의 대상이 되고 있는 블랙리스트와 무엇이 다르냐'는 내용의 보도자료를 내면서 일파만파로 커졌다. 문 대통령은 이에 대한 해명을 요구하며 KBS 특별기획 '대선주자에게 듣는다'에 불참했고, 예능 프로그램인 '해피투게더3'에도 출연하지 않았다.

## 장하성 ——————
### 청와대 정책실장

| **출생** | 1953년 광주
| **학력** | 경기고, 고려대 경영학과, 미국 펜실베이니아대 경영학 박사
| **경력** | 미국 휴스턴대 교수, 고려대 경영학과 교수 겸 고려대 부설 기업지배구조연구소장, 금융개혁위원회 자문위원, 참여연대 경제민주화위원회 위원장, 한국증권거래소(현 한국거래소) 자문위원, 한국증권학회 이사, 한국금융학회장

## 문재인 대통령이 삼고초려 끝에 영입한 사회 참여형 지식인

문재인 대통령이 삼고초려 끝에 영입했다. 1953년 광주 출생으로 경기고와 고려대 경영학과를 졸업했다. 펜실베이니아대에서 경영학 박사 학위를 받았다.

1990년부터 고려대 경영학과 교수로 재직하면서 한국 자본주의의 대안을 모색해왔다. 참여연대 활동 등을 통해 학계 및 시민사회 영역에서 재벌개혁에 강한 드라이브를 걸어왔다. 참여연대에 오랫동안 함께 몸담아온 박원순 서울시장과도 가까운 사이로 알려졌다. 1997년 참여연대 경제민주화위원장을 맡은 뒤 삼성 계열사 간 부실·부당 거래 문제를 집요하게 파고들면서 기업구조 개선, 소액주주 운동 등을 이끌었다. 2006년에는 한국기업지배구조펀드인 일명 '장하성 펀드'를 만들고, 기업지배구조 개선과 기업 가치 향상을 목표로 하는 행동주의 투자자로 활동했다.

삼성전자 주총 때마다 참석해 삼성 공격에 앞장서며 '삼성 저격수'로 불렸다. 특히 1999년 삼성전자 주총에 참여해 8시간 30분 동안 집중투표제 도입, 경영 투명성 확보를 위한 정관개정을 요구하며 삼성전자를 코너로 몰아 표결까지 가는 공방을 벌인 일화는 유명하다.

문 대통령은 2012년 18대 대선을 준비할 때부터 러브콜을 보냈다. 시민사회에서 경제력 집중 완화와 기업구조 개선 운동에 앞장서온 점을 높게 샀기 때문이다. 하지만 당시 안철수 후보 캠프에서 국민정책본부장을 맡으면서 문 대통령과 대척점에 섰다. 2016년에는 문 대통령이 더불어민주당 비상대책위원장을 제안했지만 역시 고사했다.

문 대통령은 "과거 재벌 대기업 중심의 경제 패러다임에서 벗어나 사람, 중소기업 중심으로 경제·사회 정책을 변화시켜 경제민주화와 소득 주도 성장, 국민 성장을 함께 추진할 수 있는 최고 적임자"라고 인선 배경을 설명했다. 노무현 정부 시절 여성가족부 장관을 지낸 장하진 전 장관이 친누나다. 진보 성향 경제학자인 장하준 케임브리지대 교수와는 사촌지간이다.

## 강경화 ———
**외교부 장관**

| 출생 | 1955년 서울
| 학력 | 이화여고, 연세대 정치외교학과, 미국 매사추세츠대 언론학 박사
| 경력 | 세종대 영어영문학과 조교수, 외교통상부 장관보좌관, 주유엔대표부 공사참사관, 유엔 여성지위위원회 의장, 외교통상부 국제기구정책관, 유엔 인권최고대표사무소(OHCHR) 부대표, 유엔 인도주의업무조정국(OCHA) 사무차장보 겸 부조정관, 유엔 사무총장 정책특보

## '70년 유리천장' 깬 사상 첫 여성 외교부 장관

외교부의 첫 여성장관이다. '유리천장'을 극복한 입지전적 인물로 통한다. 비(非)고시 출신으로는 2003년 윤영관 서울대 교수에 이어 두 번째로 외교부 장관이 됐다. 1955년 서울에서 태어나 이화여고와 연세대 정치외교학과를 졸업했다, 매사추세츠대에서 커뮤니케이션 박사 학위를 취득했다.

연세대를 졸업한 뒤 KBS 영어방송 PD 겸 아나운서로 사회생활을 시작했다. 박사 학위를 받은 뒤에는 5년간 시간강사로 '보따리 장사'를 하기도 했다. 국회의장 국제비서관, 세종대 조교수를 거쳐 1999년 홍순영 외교통상부 장관 시절 장관보좌관으로 특채됐다. 1997년 외환위기 당시 김대중 대통령 당선인과 빌 클린턴 미국 대통령과의 전화통화를 통역하면서 외교가에 이름을 알렸다. 2005년 외교부 국제기구국장(당시 국제기구정책관)으로 승진해 외교부에서 두 번째 여성국장이 되는 기록을 세웠다.

　2006년부터 유엔에서 활약하며 코피 아난 전 유엔 사무총장, 반기문 전 유엔 사무총장, 구테흐스 현 유엔 사무총장과 깊은 인연을 이어가고 있다. 코피 아난 총장 임기 말인 2006년 유엔 인권최고대표사무소(OHCHR) 부대표가 됐다. 2013년 4월 재난 등 비상상황에 처한 회원국을 지원하는 유엔 산하기구인 인도주의업무조정국(OCHA)의 사무차장보 겸 부조정관을 거쳤다. 2016년 10월 중순부터는 구테흐스 당시 당선인의 유엔 사무 인수팀장으로 활동했다. 같은 해 12월 정책특보로 임명됐다. 한국 여성으로서 유엔기구의 최고위직에 올랐다.

　원어민에 가까운 뛰어난 영어 실력과 세련된 매너로 다자외교 무대에서 주목받았다. 인도주의 분야 외교에도 강점이 있다. 2008년 새해 결심의 하나로 염색을 하지 않기로 하면서 반백 헤어스타일을 유지하고 있다.

　문재인 대통령은 "비외무고시 출신이면서도 우리나라 최초·최고 여성이란 수식어가 따라다닐 정도의 외교 전문가로 정부 구성에서 성평등이란 관점에서도 큰 의미가 있다"고 소개했다.

봉욱 ─────

**대검찰청 차장검사**

| 출생 | 1965년 서울
| 학력 | 여의도고, 서울대 법학과
| 경력 | 사법시험 합격(29회), 사법연수원 19기, 서울지검 검사, 청주지검 제천지청장, 대검찰청 첨단범죄수사과장 · 혁신기획과장, 서울중앙지검 금융조세조사1부장, 부산지검 동부지청장, 법무부 인권국장 · 기획조정실장 · 법무실장, 울산지검장, 서울동부지검장

## 수사 · 정책 능력 겸비한 '팔방미인' 검사

정책 기획부터 검찰 행정, 특별 수사, 공안 업무까지 두루 경험한 '팔방미인'으로 통한다. 새 정부가 적극 추진 중인 검찰 개혁을 안정적으로 뒷받침할 수 있는 다양한 경력을 갖췄다는 평가를 받는다.

서울대 법대에 재학중이던 1987년 29회 사법시험에 합격했다. 사법연수원을 19기로 마쳤다. 1993년 서울지검 검사로 검사생활을 시작했다. 법무부 검찰국 검사, 대검찰청 검찰연구관을 거쳐 대검 중앙수사부 첨단범죄수사과장, 기획과장, 서울중앙지검 금융조세조사 1부장, 대검 공안기획관 등 수사 · 기획 분야의 요직을 두루 거쳤다. 울산지검장과 서울동부지검장도 지내 일선 검찰청을 진두지휘한 경험도 있다. 김대중 정부에서는 대통령 민정수석실에 파견돼 근무했다.

2012년 법무부 인권국장, 이듬해 기획조정실장에 이어 법무실장을 시내며 성책 기획과 법무 · 검찰 행정 능력도 검증받았다. 국내 검사

416

최초로 예일대 로스쿨 방문학자로 연수한 경험을 살려 책을 펴내기도 했다. 검찰수사 및 기획업무와 법무부 행정업무 등을 두루 경험했다고 할 수 있다.

강한 업무 추진력과 남다른 설득력으로 후배 검사들에게 존경을 받는다. 특히 한화그룹 비자금 조성 의혹이나 태광그룹 관련 비자금 수사 등 기업형 범죄 수사에서 깔끔한 업무처리를 하는 등 탁월한 능력을 발휘했다. 늘 겸손하고 소탈한 성격이라는 평을 받는다. 독실한 천주교 신사도 일러저 있다.

윤석열 ─────

**서울중앙지검장**

| 출생 | 1960년 서울
| 학력 | 충암고, 서울대 법학과
| 경력 | 사법시험 합격(33회), 사법연수원 23기, 대구지검 검사, 법무법인 태평양 변호사, 서울중앙지검 검사, 대전지검 논산지청장, 대검찰청 중수1과장, 서울중앙지검 특수1부 부장검사, 수원지검 여주지청장, 대구고검 검사, 대전고검 검사

## '최순실 게이트' 수사팀장 맡은 강골 특수통 검사

검찰에서 대표적인 '강골'로 꼽히는 특수통 검사다. 강직하고 소신이 뚜렷해 검찰 내에서 신망이 두텁다는 평가를 받고 있다. 수사력과 돌파력, 지휘통솔력도 뛰어나다. 목표를 정하면 타협하지 않고 정면 돌파하는 스타일로 유명하다. 2013년 국정원 댓글사건과 2016년 최순실 게이트 수사를 이끌어 이름을 알렸다.

서울 출신으로 서울대 법학과를 졸업했다. 김수남 전 검찰총장이 동기다. 대학 재학 시절 열린 5·18광주민주화운동 모의재판에서 검사 역할을 맡아 당시 전두환 대통령에게 사형을 구형한 일화는 유명하다. 이후 강원도에서 도피생활을 했다. 대학 4학년 때 사법시험 1차에 붙었다. 하지만 2차까지 통과하는 데는 9년이 걸렸다. 1991년 사법시험에 합격해 사법연수원을 23기로 수료했다.

2003년에는 검사를 그만두고 법무법인 태평양에서 1년여간 근무했다. 이후 검찰 선배들의 권유로 검찰에 복귀했다. 현대자동차 비자금 사건과 론스타 사건, 부산저축은행 사건 등 굵직한 사건의 수사를 맡았다.

2013년 국가정보원의 '정치 · 대선 개입 의혹' 특별수사팀장을 맡은 것이 검사 생활의 변곡점이 됐다. 원세훈 전 국정원장의 구속 수사를 주장해 법무부와 갈등을 빚었다. 검찰 내부의 반대를 무릅쓰고 용의 선상에 오른 국정원 직원을 체포하기도 했다. 그러다가 결국 절차를 어겼다는 이유로 수사팀에서 제외됐다. 이후 국회 법제사법위원회 국정감사에서 "수사 초기부터 외압이 있었다"며 "상관의 위법한 지시를 따를 수 없었다"고 폭로해 논란을 일으켰다. 이 발언으로 정직 1개월의 징계를 받았다. 당시 그의 "사람에게 충성하지 않는다"는 발언이 화제가 됐다. 이후 대구고검과 대전고검 검사로 떠돌았다.

다시 스포트라이트를 받은 것은 2016년. '최순실 게이트'를 수사하는 박영수 특별검사팀의 수사 실무를 총괄하는 수사팀장을 맡았다. 삼성그룹 뇌물공여 혐의 수사를 지휘했고 이재용 삼성전자 부회장을 구속시켰다. 특검 기간이 끝난 뒤에도 수사팀에 남아 공소유지를 맡았다.

제8장

# 재계 및
# 금융계 인맥

재계 및 금융계 인맥

문재인 대통령은 소통을 중시하기 때문에 재계에도 폭넓은 인맥이 형성돼 있다. 하지만 과거 정치인들처럼 기업인이나 금융인의 어려운 점을 해결해 줄 것이라고 보는 인사들은 아무도 없다. 문 대통령의 투명하고 청렴한 성품 때문이다. 문 대통령은 특정 기업의 의견이 아니라 한국 경제계의 발전을 위해 다양한 의견을 청취할 것으로 기대된다. 문 대통령의 재계 인맥은 경남중, 경남고, 경희대 등 출신학교를 중심으로 형성돼 있다는 평가를 받고 있다.

## 경남고 출신 덕경회 주목

문 대통령은 부산 경남중을 거쳐 경남고(25회), 경희대 법학과(72학번)를 졸업했다. 경남고는 정·관·재계에 수많은 지도층 인사를 배출한 명문고로 꼽힌다.

그중에서도 경남고 출신 경제인 모임인 '덕경회'가 문 대통령의 주요 인맥으로 꼽힌다. 부산 및 경남에서 사업을 하는 기업인 100여 명이 덕경회 회원으로 활동하고 있다. 덕경회 멤버면서 문 대통령과 가까운 재계 인물로는 오완수 대한제강 회장이 대표적이다. 오 회장은 경남고 11회 출신으로 덕경회를 만들고 초대 회장을 지냈다. 오 회장은 2017년 대선에서 더불어민주당 부산선대위 상임선대위원장을 맡은 오거돈 전 해양수산부 장관의 친형이기도 하다. 오 회장은 2017년 대선에서 문 대통령의 지지 세력을 모으는 데 적극적으로 나선 것으로 알려졌다.

　　부산상공회의소 회장을 지낸 송규정 윈스틸 회장(16회) 역시 덕경회의 주요 멤버. 윤성덕 태광 사장과 홍하종 DSR제강 대표도 덕경회에서 활동하고 있다. 문 대통령의 측근들은 "문 대통령이 직접 덕경회에 참석하지는 않지만 일정 부분 친분 관계는 있는 것으로 알고 있다"며 "문 대통령은 가까운 재계 인사들로부터 경제 현안 등에 대해 다양한 의견을 청취할 것"이라고 전했다.

　　경남고는 GS그룹 주요 경영자들의 모교라는 점에서도 관심을 모은다. 허창수 GS그룹 회장이 경남고 21회로 문 대통령의 4년 선배이고, 우상룡 전 GS건설 사장은 25회 동기다. 하영봉 GS에너지 부회장(24회)과 정택근 GS 부회장(26회)도 문 대통령과 고교 선후배 사이다. 조효제 GS에너지 부사장(35) 역시 문 대통령과 같은 경남고 출신이다. 다만 전국경제인연합회장을 맡고 있는 허 회장과 문 대통령의 관계는 다소 껄끄러울 수밖에 없다는 얘기가 많다. 문 대통령은 후보 시절부터 전경련 해체를 찬성하는 입장을 보여왔기 때문이다. 문재인 캠프가 2017년 대선을 앞두고 주요 경제단체장과 간담회를 열었을 때도 전경련은 초청 대상에서 빠졌다.

또 구자경 LG그룹 명예회장의 차남인 구본능 희성그룹 회장과 박영안 태영상선 사장, 정철수 일신화학공업 사장도 문 대통령의 경남고 동기다. 박준 농심 부회장(20회)과 구자신 쿠쿠그룹 회장(14회), 임우근 한성기업 회장(19회), 정동화 전 포스코건설 부회장(24회) 등은 문 대통령의 경남고 선배다. 경남고 후배로는 임형규 전 SK텔레콤 부회장(26회), 정철길 전 SK이노베이션 부회장(27회), 김영상 포스코대우 사장(29회) 등이 있다. LG전자 최고재무책임자(CFO)인 정도현 사장 역시 경남고 30회 출신이다.

경남고 출신 금융권 인사도 다양하다. 경남고를 나온 금융인이라는 의미에서 '경금회'라는 말까지 나온다. 김정태 하나금융그룹 회장은 문 대통령과 같은 경남고 25회 동기다. 김 회장은 주변에서 문 대통령과의 관계를 물어볼 때면 "평소 조용하게 공부를 잘했던 문재인은 정치인이 됐고 고교시절 내내 '주먹' 계열이었던 나는 은행원이 됐다"는 얘기를 종종 했던 것으로 알려졌다.

하나금융지주 사외이사인 윤성복 전 삼정KPMG 부회장(22회)과 신동규 전 농협금융지주 회장(23회), 서준희 전 비씨카드 사장(26회)도 경남고 출신이라는 공통점이 있다. 경남은행 은행장, 우리투자증권 경영지원 및 글로벌사업총괄 부사장 등을 지낸 박영빈 동성코퍼레이션 부회장도 경남고 27회로 문 대통령의 2년 후배다. 보험업계에서는 안민수 삼성화재 사장이 경남고 30회로 문 대통령의 후배다. 이 밖에 김석동 전 금융위원장은 경남중 동문 인맥으로 주목받고 있다. 김 전 금융위원장은 노무현 정부 시절 재정경제부 제1차관을 지낸 인물이다.

## 경희대 학맥 누가 있나

문 대통령은 평소 모교인 경희대에 대한 자부심이 큰 것으로 알려졌다. 2012년 노무현재단 이사장 시절 경희대 총동문회로부터 '자랑스런 경희인상'을 받기도 했다. 자랑스런 경희인상은 그해 경희대와 총동문회 발전에 기여한 동문을 선정해 수여하는 상이다. 당시 문 대통령은 자랑스런 경희인상 트로피를 들고 찍은 사진을 자신의 SNS에 공개하며 "살면서 이런 상은 처음 받아본다"고 수상 소감을 밝혔다. 그는 트로피에 있는 경희대 교시탑 모형을 가리키며 "여기에 데모시절 올라가서 성명서를 읽었다"며 대학시절을 추억하기도 했다.

문 대통령의 경희대 학맥으로는 이봉관 서희그룹 회장(경영학과)이 첫 손에 꼽힌다. 이 회장은 문 대통령과 각별한 사이로 알려졌다. 경희대 총동문회장을 지낸 이 회장은 문 대통령이 2012년 총선에서 국회의원에 당선됐을 때 직접 꽃다발을 전달하며 축하했다. 서희건설과 계열사 유성티엔에스가 대선 직전 '문재인 테마주'로 분류된 것도 문 대통령과 이 회장의 친분 때문이다.

경희대 경영학과를 다닌 최신원 SK네트웍스 회장과 김정완 매일유업 회장, 허동섭 한일시멘트 명예회장도 문 대통령과 같은 대학 출신이라는 점에서 주목받고 있다. 2003년 자랑스런 경희인상을 받은 최평규 S&T그룹 회장도 경희대 기계공학과 출신이다. 하병호 전 현대백화점 사장(정치외교학과), 박기석 전 삼성엔지니어링 사장(화학공학과)도 경희대 동문이다.

경희대 출신 금융권 인사로는 박종복 SC제일은행장(경제학과)과 윤병철 한화생명보험 부사장(영문학과) 등이 있다. 최방길 전 신한BNP파리바자산운용 사장과 김성택 SGI서울보증보험 일시 대표는 문 대통령과 같은 경희대 법학과 출신이다. 양호철 모건스탠리인터내셔날증권 한국지점 회장은 경희대 경영학과를 나왔다.

노무현 정부 시절 알게 된 재계 인맥도 있다. 노무현 전 대통령과 인연이 있었던 이상호 우리들병원 회장이 대표적인 예다. 이 회장의 전 부인인 김수경 우리들생명과학 대표는 2014년 《내 친구 노무현》이라는 소설을 펴내기도 했다. 아프리카TV 설립자인 문용식 전 사장과도 노무현 정부 시절 만난 재계 인맥이다. 문 전 사장은 2012년 대선 경선 때 문재인 캠프에서 디지털캠페인 본부장으로 활동했다. 2017년 대선 때 가짜뉴스대책단장을 맡아 '치매설' 등 문 대통령 관련 유언비어 유포를 방지하는 작업을 수행했다. 노무현 정부 때 경제정책수석비서관을 지낸 김대유 원익투자파트너스 부회장도 문 대통령의 측근이다.

이 밖에 주진형 전 한화투자증권 사장이 문 대통령의 재계 인맥으로 거론된다. 주 전 사장은 삼성증권 전략기획실장, 우리금융지주 상무 등을 거쳤다. 퇴임 후 2016년부터 더불어민주당에서 총선정책공약단 부장단, 국민경제상황실 부실장 등으로 활동했다. 노무현 정부 초대 외교부 장관을 지낸 윤영관 서울대 명예교수의 동생인 윤영찬 전 네이버 부사장은 문재인 캠프에서 SNS본부장으로 활동했다. 윤 전 부사장은 1990년 동아일보에 입사해 기자 생활을 하다 2008년 네이버로 자리를 옮겨 뉴스편집과 대관 총괄, 홍보 등을 담당했다.

재계에선 경남중·고 및 경희대 출신을 일명 'KKK 라인'이라고 부르고 있다. KKK는 경남중과 경남고, 경희대의 영어 이니셜을 따서 만든 말이다. 문 대통령 재임 기간에 이들의 역할이 중요한 것으로 분석

되고 있다. 문 대통령이 후보 시절 재벌 개혁이나 대기업 규제 강화를 강조해 온 점을 감안하면 문 대통령과 연결고리가 있는 인사들이 소통 창구역할을 맡아야 한다는 이유에서다. 또 재계의 현안이나 애로사항 등을 전달하는 것도 필요하다는 목소리가 나오고 있다.

일각에선 문 대통령의 학맥이 화제가 되기는 하지만 정작 학연에는 크게 얽매이지 않을 것이라는 분석이 많다. 평소 학연과 관련된 모임이나 활동에 많이 참여하는 편은 아니었던 것으로 알려졌다. 재계 관계자는 "그럼에도 같은 학교를 나왔다는 것은 아무런 관계가 없는 것보다는 접근이 상대적으로 수월하지 않겠느냐"며 "새 정부와 재계 사이의 갈등을 최소화하고 소통하는 순기능이 발휘되길 기대한다"고 말했다.

# 부록

문재인 대통령은 더불어민주당의 힘만으로 대선에서 승리한 것이 아니다. 교수 등 전문가, 군인, 문화계 인사들이 분야별로 지지 모임을 활발하게 한 것도 당선에 큰 도움이 되었다. 대선 과정에서 구성됐던 더불어민주당 선거대책위원회와 각종 지지모임의 주요 인사를 정리했다.

문재인 대통령은 취임 직후 재임 5년 동안 국정운영계획을 세울 국정기획자문위원회를 출범시켰다. 이 위원회의 구성원을 정리했다.

# 더불어민주당 선거대책위원회

## 중앙선대위원회

▶ 상임선대위원장
추미애 당 대표

▶ 공동선대위원장
이해찬 이석현 박병석 박영선 이종걸 김부겸 김상곤(전 경기교육감) 김효
석 우상호 이미경 진영 염홍철(전 대전시장) 전윤철(전 감사원장) 권인숙
(명지대교수) 이다혜(프로바둑기사)

▶ 선대본부
송영길 총괄본부장, 강기정 총괄수석부본부장, 기동민 신동근 위성곤 박
정 권오중 공동총괄부본부장

▶ 상임고문단
김원기 김상현 오충일 임채정 홍재형 이헌재 문희상 이용득 이용희 강창일
문정수 정찬용 조윤제(서강대 교수)

▶ 후보 비서실
임종석 비서실장, 이춘석 비서실장(원내 담당), 양정철(전 청와대 홍보기
획비서관) 윤원철(안희정 캠프 상황실장) 장형철(이재명 캠프 기획실장)
송갑석(광주학교 이사장) 공동부실장

▶ 선대위원장 비서실
신창현 실장, 유재섭 · 강희용 부실장

▶ 재정위원회
송현섭 위원장

## 본부장 · 단장

▶ 공보단
윤관석 박광온 공동단장, 김진욱 허영일 공동부단장

▶ 수석대변인
유은혜 홍익표

▶ 대변인
김경수 고민정 강훈식 박수현 박경미 고용진 김현 김병욱 박혜자 제윤경 박용진 오영훈 이재정

▶ 외신대변인
이지수

▶ 수석부대변인
권혁기 정진우

▶ 부대변인
임혜자 김효은

▶ 종합상황본부
심민식 본부장, 최재성 1실장, 바번게 2신장, 김영진 · 김병기 공동1부실장, 윤건영 2부실장, 김정우 김영호 이용구 정춘숙 강병원 단장

▶ 총무본부
안규백 본부장, 최충민 송옥주 황희 부본부장

▶ 전략본부
전병헌 본부장, 금태섭 이철희 김한정 권미혁 이근형 부본부장

▶ 직능본부
안민석 본부장, 전현희 수석부본부장, 지용호 유동수 이상직 김원이 부본부장

▶ 조직본부
노영민 문학진 김영록(호남) 공동본부장, 오영식 수석부본부장, 어기구 백재욱 맹용수 이장섭 조승문 권칠승 김낙순 백원우 한병도 부본부장

▶ 정책본부
윤호중 김용익 공동본부장, 윤후덕 김민기 조승래 홍종학 김성주 김기준 김정우 정춘숙 부본부장

▶ 홍보본부
예종석 공동본부장(전 아름다운재단 이사장) 한정애 공동본부장, 김종민 수석부본부장, 손혜원 김도훈 박경규 부본부장 정철 부본부장(정철카피 대표)

▶ 유세본부
노웅래 본부장, 김경협 진선미 공동수석부본부장, 임종성 김광진 조은원 강병원 박찬대 백혜련 조응천 부본부장

▶ SNS본부
유영민 윤영찬(전 네이버부사장) 공동본부장, 최민희 수석부본부장, 문용식 부본부장(가짜뉴스대책단장) 조한기 김영준 부본부장

▶ 방송컨텐츠본부

김현미 신경민 공동본부장, 이훈 부본부장, 박용진 부본부장(1메시지단장), 윤태영 부본부장(2메시지단장), 진성준 부본부장(TV토론단장), 이규의 부본부장

▶ 을지로 민생본부

우원식 이학영 공동본부장, 송옥주 김현권 은수미 부본부장

▶ 국민참여본부

이석현 상임본부장, 이학영 정청래 공동본부장, 정재호 김병욱 유정아 공동수석부본부장, 한병도 천준호 안영배 강신성 함효건 부본부장

▶ 여성본부

남인순 양향자 공동본부장, 서소연 이정근 조현옥 이은희 배재정 부본부장

▶ 공명선거본부

정성호 공동본부장, 위철환 공동본부장 겸 법률지원단장(전 대한변호사협회장), 박주민 안호영 조웅천 공동부본부장 겸 법률지원단장, 송기헌 신형수 오길록 부본부장

▶ 집단지성센터

이원욱 단장, 문미옥 부단장

▶ 국가정책자문단

신계륜 단장


## 후보 특보단

▶ 총괄공동특보단장

김태년 민병두

▶ 조직특보단장

김영주 전해철

▶ 직능특보단장

전현희

▶ 국가균형발전 특보단장

이개호 안호영 김철민

▶ 농수축산 특보단장

김현권 위성곤

▶ 과학기술 특보단장
  문미옥

▶ 환경노동특보단장
  강병원

▶ 법률 특보단장
  박주민 송기헌

▶ 안보(정보) 특보단장
  김병기

▶ 안보(국방) 특보단장
  민홍철

▶ 문화예술교육 특보단장
  도종환 전재수

▶ 청년 특보단장
  김해영

▶ 사법개혁 특보단장
  백혜련

▶ 경제산업 특보단장
  박찬대

▶ 보건복지 특보단장
  전혜숙 신동근 정춘숙

▶ 동물복지특보단장
  박홍근

▶ 상근 부단장
  허동준

▶ 메시지 특보
  윤태영

▶ 홍보특보
  최규식

▶ 공보특보
  김대원 · 조수정 · 최우규

# 위원회

▶ 새로운대한민국위원회
김광두 위원장, 김상조(한성대 교수) 김호기(연세대 교수) 강경량(전 경기 지방경찰청장) 부위원장, 김병기 제윤경 김조원 위원

▶ 일자리위원회
김진표 홍영표 공동위원장, 유웅환 본부장, 송기복 부본부장

▶ 10년의힘위원회
정세현(전 통일부장관) 이영탁(전 참여정부 국무조정실장) 지은희(전 여성 가족부장관) 윤덕홍(전 교육부총리) 김화중(전 보건복지부장관), 강철규(전 공정거래위원장), 박승(전 한국은행 총재)

▶ 국민의나라위원회
박병석 위원장, 양승조 부위원장(정책) 백재현 부위원장(예산) 김용익 부위원장(총괄) 김수현 간사 최재성 최민희 양향자 위원

▶ 인재영입위원회
원혜영 진영 공동위원장

▶ 새로운정치위원회
이인영 위원장 표창원 부위원장

▶ 비상경제대책단
이용섭 단장 최운열 김동열 부단장

▶ 재외국민위원회
김성곤 위원장 정희철 채정석 부위원장

▶ 사회혁신&사회적경제위원회
하승창 서형수 김인선 박미현 박철수 조현옥 공동위원장, 김현성 박상혁 이회수 부위원장

▶ 국토교통정책위원회
조정식 위원장, 민홍철 수석부위원장, 신장용 허종식 부위원장

▶ 노동위원회
김동만 문성현 이석행 이수진 상임공동위원장, 김만재 김영대 배강욱 백순환 김광식 공동위원장, 김경협 본부장

▶ 외교통일정책위원회
심재권 위원장 김영호 부위원장

▶ 국방안보위원회
이선희 박종헌 백군기 송영무 상임공동위원장, 모중화 서훈(안보상황단장) 이인태 장경욱 최준택 하정열 한창희 공동위원장, 기찬수 부위원장 박선원(안보상황단 부단장) 정의용(아그레망외교자문단장) 부위원장

▶ 안전행정정책위원회
박남춘 위원장

▶ 농림해양정책위원회
김영춘 위원장

▶ 방송언론정책위원회
변재일 위원장 박홍근 수석부위원장 김성수 부위원장

▶ 보건복지정책위원회
오제세 위원장

▶ 역사와미래위원회
강창일 위원장

▶ 자치분권균형발전위원회
김두관 이상민 공동위원장, 소병훈 박재호 최인호 부위원장

▶ 지속가능발전정책위원회
김상희 위원장

▶ 인권신장정책위원회
인재근 위원장

▶ 의료정책위원회
전혜숙 위원장

▶ 문화예술정책위원회
도종환 최종원 상임공동위원장, 남요원 위원장 김비오 오상준 원선희 김동완 정우영 박진화 김강덕 박종관 원수연 문병남 주완수 양종승 신대철 정판규 성양희 부위원장

▶ 표현의자유위원회
유승희 위원장, 박주민 이재정 상임부위원장, 허대만 이현주 배영애 부위원장

▶ 국민통합위원회
김홍걸 위원장

▶ 저출산고령화대책위원회
양승조 위원장, 김경윤 부위원장

▶ 중소벤처기업위원회
이재한 위원장, 김기연 길학균 부위원장

▶ 새로운교육정책위원회
김월용 부위원장

▶ 새시대를여는벗들위원회
정찬용 위원장, 민병홍 부위원장

▶ 국민성장위원회
조윤제 상임위원장, 김기정 김인회 송재호 공동위원장, 김남준 김현철 양
현미 이무헌 최상한 최종건 부위원장

▶ 청년위원회
김병관 위원장, 고용국 수석본부장, 임병택 서경원 오현정 안혜영 이동학
성치훈 이나영 박창권 임태호 공동본부장

▶ 농민위원회
최규성 신정훈 상임공동위원장, 김현권 김인식 서정의 공동위원장

▶ 기본소득위원회
이한주 유승희 김기준 공동위원장, 전강수 문진영 부위원장

▶ 공정국가위원회
조원희 김영진 공동위원장, 황승흠 정승일 김용 정종삼 조승문 부위원장

▶ 공익제보지원위원회
신평 이헌욱 공동위원장

▶ 경찰행정개혁위원회
강경량 위원장, 손창완 이상식 윤종기 부위원장

▶ 국방정보단
장경욱 단장, 박견묵 장석철 조경제 부단장

▶ 포용국가위원회
송경용 위원장, 김재훈 부위원장

▶ 보훈국가유공자위원회
김원웅 위원장

▶ 복지국가위원회
김성주 임성규 조흥식 공동위원장

▶ 한중미래협력위원회
김진호 원동욱 공동위원장, 우수근 조택상 부위원장

▶ 대 · 중소기업상생위원회
정국교 위원장

▶ 종교특별위원회
강창일(불교) 김진표(기독교) 오제세(천주교) 공동위원장

▶ 국민주권개헌특별위원회
이인영 위원장

▶ 국가재정위원회
백재현 위원장

▶ 노인위원회
송현섭 위원장

▶ 다문화위원회
김장곤 강신성 위원장

▶ 대학생위원회
고성민 위원장

▶ 원내대책위원회
박완주 수석부위원장

▶ 4차산업성장위원회
정장선 위원장

▶ 4차산업혁명추진위원회
변재일 위원장

▶ 사회 · 경제민주화위원회
이목희 위원장

▶ 소상공인진흥정책위원회
전순옥 위원장

▶ 평창동계올림픽지원위원회
심기준 위원장

▶ 국민의소리특별위원회
김동완 위원장

▶ 장애인위원회
장향숙 박은수 최동익 상임공동위원장, 우창윤 최경숙 이병돈 안진환 윤종술 공동위원장, 조향현 유영희 김영우 공동부위원장 겸 분과위원장

▶ 미디어특보단
민병욱 단장

▶ 60년 민주당 계승위원회
신문식 조재환 신극정 상임공동위원장, 김길성 최순모 공동위원장 염국수석부위원장

## 정책공간 국민성장 — 교수 1000여 명의 싱크탱크(2016년 10월 발족)

▶ 소장
조윤제 서강대 교수

▶ 부소장
조대엽 고려대 노동대학원장

▶ 연구위원장
김기정 연세대 행정대학원장

▶ 상임고문
한완상 전 한성대 총장

▶ 자문위원장
박승 전 한국은행총재

〈산하 7개분과위원장〉

▶ 경제분과위원장
최정표 건국대 경제학과 교수

▶ 안보 · 외교분과위원장
서훈 이화여대 북한학과 교수

▶ 사회 · 문화분과위원장
조흥식 서울대 사회복지학과 교수

▶ 정치혁신 · 사법개혁분과위원장
정순관 순천대 행정학과 교수

▶ 과학기술분과위원장
원광연 KAIST 문화기술대학원 초대원장

▶ 지역균형발전분과위원장
안성호 대전대 행정학과 교수

▶ 정책기획관리분과위원장
송재호 제주대 교수

## 〈10개 핵심 추진단장〉

▶ 국민성장추진단장
김현철 서울대 국제대학원 교수

▶ 한반도 안보성장추진단장
최종건 연세대 정외과 교수

▶ 더좋은더많은일자리추진단장
김용기 아주대 경영학과 교수

▶ 산업 경쟁력 추진단장 :
이무원 연세대 경영대 교수

▶ 바특궈검찰개혁 추진단장 :
김남준 전 민변 사법위원장

▶ 안전사회 추진단장 :
안종주 경기대 행정사회복지대학원 초빙교수

▶ 지역분권성장 추진단장 :
박경환 전남대 지리교육과 교수

▶ 쉼 있는 우리 문화 추진단장 :
양현미 상명대 문화예술경영학과 교수

## 〈기타 주요 인사〉

▶ 정책네트워크위원장
정해구 성공회대 교수

▶ 국민참여센터장
소준노 우석대 교수

▶ 연구위원회 총괄간사
이진석 서울대 의대 교수

▶ 주요 인물
이제민 연세대 경제학과 명예교수, 정영일 서울대 경제학과 명예교수, 양
봉민 서울대 보건대학원 교수

## 더불어포럼—각계 지지자 모임(2017년 1월 발족)

▶ 상임고문 :
  채현국 효암학원 이사장

▶ 공동대표
  권기홍 전 노동부 장관
  김응룡 전 프로야구 감독
  김진경 프랑스 앵코뤼프티블상 수상 동화작가(전 청와대 교육문화비서관)
  노영민 전 국회의원
  박양우 전 문화관광부 차관
  박종관 전 충북민예총 이사장
  박진화 화가(전 민족미술인협회 회장)
  백현순 한국 춤협회 이사장(한국체육대 교수)
  안도현 시인(우석대 교수)
  원수연 드라마 〈풀하우스〉 원작 만화가(웹툰협회 회장)
  유시춘 소설가(전 국가인권위원회 상임위원)
  이명환 소설가
  이승정 전남예총회장(한려대 교수)
  이영욱 전 한국문화관광연구원 원장(전주대 교수)
  이제훈 서양화가(전태일기념사업회 이사)
  정기현 순천 현대여성아동병원 원장
  정동채 전 문화관광부 장관
  정상철 배우(전 국립극단 단장)
  조현재 전 문화체육관광부 차관(국제관광인포럼 이사장)
  최경숙 전 한국여성장애인연합 공동대표
  홍순계 남북경제협력포럼 회장
  황교익 맛 칼럼니스트
  황지우 시인(전 한국예술종합학교 총장)

## 언론 특보—2017년 3월 임명

▶ 신문 · 통신 분야
  민병욱 전 동아일보 논설위원(단장)
  박노승 전 경향신문 편집국장

이래운 전 연합뉴스 편집국장
이양수 전 중앙일보 편집국장
방준식 전 스포츠조선 대표
김혁 전 한국일보 경제산업부 차장
이현우 전 서울경제 논설위원
김용태 전 한경비즈니스 편집장
김대원 전 무등일보 서울취재본부장
강성주 전 전북도민일보 편집부국장
허정도 전 경남도민일보 대표

▶ 방송 분야
김찬태 전 KBS 선거방송기획단장
최일구 전 MBC 뉴스데스크 앵커
이승열 전 SBS 앵커
민경중 전 CBS 보도국장
김석환 전 KNN 대표이사
이기표 전 KBC 경영본부장
신호균 전 JTV 전주방송 대표이사
강중묵 전 부산MBC 대표이사
박진해 전 마산 MBC 대표이사

## 10년의 힘 위원회 ─ 김대중 노무현 정부 장차관모임(2017년 2월 발족)

▶ 공동대표
정세현 전 통일부 장관
이영탁 전 국무조정실장

▶ 상임고문
박승 전 한국은행 총재
강철규 전 공정거래위원장
윤덕홍 전 교육부총리

▶ 회원
변양균 전 기획예산처 장관
김성진 전 해양수산부 장관
박봉흠 전 기획예산처 장관

추병직 전 건설교통부 장관
윤대희 전 국무조정실장
권기홍 전 노동부 장관
김용덕 전 금감위원장
최낙정 전 해양수산부 장관
변재진 전 보건복지부 장관
이재용 전 환경부 장관
이규용 전 환경부 장관
조연환 전 산림청 청장
조정희 전 감사원 사무총장
안종운 전 농림축산식품부 차관
김칠두 전 산업자원부 차관
이진순 전 한국개발연구원 원장
김대유 전 대통령비서실 경제수석
조순용 전 대통령비서실 정무수석
김진우 전 한국에너지기술연구원장 ·
김세옥 전 대통령비서실 경호실장
문원경 전 소방방재청장
김찬순 전 여성가족부 차관
김형기 전 통일부 차관
서범석 전 교육부 차관
김홍걸 전 국가보훈처 차장
이관세 전 통일부 차관
김성진 전 여성부 차관
이삼걸 전 행정자치부 차관
염상국 전 대통령비서실 경호실장
남영주 전 국민권익위원회 부위원장
박양우 전 문화관광부 차관
서훈 전 국가정보원 제3차장

## 국민 아그레망 — 외교자문그룹(2017년2월 발족)

▶ 단장

정의용 전 주제네바대표부 대사

▶ 단원
　황원탁 전 외교안보수석
　라종일 전 국가안보보좌관
　이태식 전 주미 대사
　조병제 전 주말레이시아 대사
　이수혁 전 국가정보원 제1차장
　최병효 전 주LA 총영사
　추규호 한일미래포럼 대표
　박흥신 전 주프랑스 대사
　석동연 전 주홍콩 총영사
　임창순 전 주칠레 대사
　정해문 전 한·아세안센터 사무총장
　신봉길 전 한중일 3국 협력사무국 사무총장
　양봉렬 전 주말레이시아 대사
　추연곤 전 주과테말라 대사
　김병권 전 주아르헨티나 대사
　최석영 전 주제네바 대사
　백성택 전 주아세안대표부 대사
　안명수 전 주투르크메니스탄 대사
　이연수 전 주벨라루스 대사
　서형원 전 주크로아티아 대사
　신연성 전 주LA 총영사
　신길수 전 주그리스 대사
　김현종 전 통상교섭본부장

## 더불어국방안보포럼 —군 출신 1800여명 지지모임(2017년 2월 발족)

▶ 대표
　이선희 전 방위사업청장

▶ 회원
　백군기 전 의원(육군 대장 출신)
　송영무 전 해군참모총장
　장영달 전 의원(국회 국방위원장 출신)
　박종헌 전 공군참모총장
　백종천 전 청와대 국가안보실장

윤광웅 전 국방부 장관
황병무 전 국방대 명예교수
노창남 전 육군 대령

## 비상경제대책단 — 당내 경선때부터 활동한 정책그룹

이용섭 전 행정자치부·국토교통부 장관(단장)
고동원 성균관대 교수(금융)
김동열 현대경제연구원 이사(중소기업)
김성진 숭실대 교수(국제경제)
김수현 세종대 교수(주택건설)
김현철 서울대 교수(국제경영)
이동걸 동국대 교수(가계부채)
장근호 홍익대 교수(통상)
최윤재 고려대 명예교수(국제경제)
조훈 KAIST 교수(가계부채)
황성현 인천대 교수(재정)

# 국정기획자문위원회 위원

## 국정운영 5개년 계획 작성(최장 70일간 활동)

▶ 위원장
김진표 더불어민주당 의원

▶ 부위원장
홍남기 국무조정실장, 김태년 더불어민주당 의원, 청와대 정책실장(미정)

▶ 기획분과
윤호중 더불어민주당 의원(분과위원장), 김경수 더불어민주당 의원, 김호
기 연세대 교수, 이태수 꽃동네대학교 교수, 홍익표 더불어민주당 의원

▶ 경제1분과
이한주 가천대 교수(분과위원장), 박광온 더불어민주당 의원, 윤후덕 더불
어민주당 의원, 정세은 충남대 교수, 홍종학 19대 의원

▶ 경제2분과
이개호 더불어민주당 의원(분과위원장), 강현수 충남연구위원장, 김정우
더불어민주당 의원, 조원희 국민대 교수, 호원경 서울대 교수

▶ 사회분과
김연명 중앙대 교수(분과위원장), 김은경 지속가능센터 '지우' 대표, 김좌
관 부경대 교수, 오태규 前 관훈클럽 총무, 유은혜 더불어민주당 의원, 최
민희 19대 의원, 한정애 더불어민주당 의원

▶ 정치 · 행정분과
박범계 더불어민주당 의원(분과위원장), 송재호 제주대 교수, 윤태범 방송
대 교수, 정해구 성공회대 교수

▶ 외교 · 안보분과
김기정 연세대 교수(분과위원장), 김병기 더불어민주당 의원, 김용현 동국
대 교수, 이수훈 경남대 교수

누가 새 정부를 움직이는가
## 문재인 사람들

제1판 1쇄 인쇄 | 2017년 5월 22일
제1판 1쇄 발행 | 2017년 5월 25일

지은이 | 한국경제신문 편집국
펴낸이 | 한경준
펴낸곳 | 한국경제신문 한경BP
편집주간 | 전준석
기획 | 유능한
저작권 | 백상아
홍보 | 이진화 · 남영란
마케팅 | 배한일 · 김규형
디자인 | 김홍신
본문디자인 | 디자인현

주소 | 서울특별시 중구 청파로 463
기획출판팀 | 02-3604-553~6
영업마케팅팀 | 02-3604-595, 583  FAX | 02-3604-599
H | http://bp.hankyung.com  E | bp@hankyung.com
T | @hankbp  F | www.facebook.com/hankyungbp
등록 | 제 2-315(1967. 5. 15)

ISBN  978-89-475-4208-1  03340